项目支持：北京中医药大学 2020 年度基本科研业务费项目
"方廷钰教授中医翻译理念谱系学研究"
（2020-JYB-ZDGG-090）

名师中医翻译理念谱系学研究

主编　王曦

中国海洋大学出版社
·青岛·

图书在版编目（CIP）数据

名师中医翻译理念谱系学研究／王曦主编．－－青岛：中国海洋大学出版社，2023.10
　ISBN 978-7-5670-3662-8

Ⅰ．①名… Ⅱ．①王… Ⅲ．①中国医药学－英语－翻译－研究　Ⅳ．①H315.9

中国国家版本馆 CIP 数据核字（2023）第 191338 号

出版发行	中国海洋大学出版社
社　　址	青岛市香港东路 23 号　　　邮政编码　266071
出 版 人	刘文菁
网　　址	http://pub.ouc.edu.cn
订购电话	0532-82032573（传真）
责任编辑	杨亦飞　　　　　　　　　　电　话　0532-85902533
印　　制	北京虎彩文化传播有限公司
版　　次	2023 年 10 月第 1 版
印　　次	2023 年 10 月第 1 次印刷
成品尺寸	170 mm ×240 mm
印　　张	16.5
字　　数	260 千
印　　数	1～1 000
定　　价	59.00 元

发现印装质量问题，请致电 18600843040，由印刷厂负责调换。

编委会

主　　编　王　曦

顾　　问　方廷钰

副主编　陈　铎　翟书娟

参　　编（按姓氏拼音排序）

曹盛楠　戴静怡　樊雪敏　葛宇飞
何　畅　洪珮嘉　胡向付　黄晓暄
李　艺　李懿洺　孟　曦　宋英琼
徐逸行　杨端虹　杨雯珺　张清钰
张兴悦　张煦东

前言
PREFACE

中医译家翻译理念研究意义重大,谱系学研究方法有助于深入研究译家翻译理念。北京中医药大学专家方廷钰教授著作颇丰,在海内外中医翻译界有较大的影响力,但其中医翻译理念未曾得到足够的研究。本书旨在运用谱系学研究方法深度探寻方廷钰教授的中医翻译理念的主线、形成渊源及话语系统。

中医文化是中华民族的文化符号之一,是国家文化软实力的重要组成部分。习近平总书记指出:"中华优秀传统文化是中华民族的突出优势,是我们最深厚的文化软实力","中医药是打开中华文明宝库的钥匙"。中医药走向世界离不开中医翻译。中医翻译的质量更离不开理论建设,对中医翻译重要译家的理念研究有助于加强中医翻译理论建设,以进一步推动和完善中医翻译工作,助力中医国际化发展,提升我国文化软实力。

目前,中医翻译领域的理论建设主要依赖译家的著书立说及学术界对各位译家翻译理念的研究,但相关研究较少,尚未引起业界学者的研究兴趣和关注,目前还处于相对滞后的状态。当前中医译家翻译理念研究多集中于探讨某个或某类术语的翻译技巧或原则,难以看出其翻译理念的形成过程和理论渊源,缺乏系统性和普适性,尚未上升到理论高度。

通过谱系学方法梳理译家生平和译著,通过访谈和译文分析,从细节入手研究影响译家中医翻译理念形成的理论流派和时代原因,有助于从理论上系统掌握中医译家的翻译理念。应用谱系学方法研究译家思想理念的研究模式在西方十分盛行。西方引领翻译研究取得学科地位并走到学术研究系统中心的，是多元系统及其他文化学派的翻译理论和研究模式。我们应先了解译家的理论背景和渊源，真正理解其理念术语含义，找到通往译家翻译理念的道路，进而更真切、更深入地理解其在翻译理论界的意义。

关于中医译家翻译理念的谱系学研究方法尚未有人尝试。谱系学是尼采与福柯批判策略的重要方法。尼采把主体哲学的源头追溯到柏拉图主义，在哲学中引入意义和价值，提出谱系学。福柯继承了尼采的谱系学，将其运用到对西方社会历史的微观分析中。他分析了在西方历史中，人如何在真理、权力和个人行为领域里被建构为知识、权力和道德的主体的同时被客体化，成为受规训的对象。

在我国，谱系学研究已被广泛应用到社会学、教育学、文化和翻译研究等领域。例如，蒋童在《韦努蒂翻译理论的谱系学研究》中对译家理念渊源、变迁及流派进行了研究。谱系学的多源探索在该书中具体表现为韦氏的学派归属探源、理论话语探源以及理论话语研究探源三个主要方面。该书系统地研究了韦努蒂翻译理论，其研究方法为本书的撰写提供了参考。

本书包含大量对方廷钰教授访谈的珍贵内容，介绍了其生平，向读者展示了其中医翻译理念生成的时代背景、其与中医翻译相关的学术生涯，详细介绍了对其中医翻译理念生成产生重要影响的论文、专著、国际会议和翻译标准、理论，并基于以上研究总结出方廷钰教授中医翻译理念的内、外部话语系统。

本书通过对中医翻译家方廷钰的中医翻译理念研究，扩充了中医译家翻译理念的研究，推动了中医翻译领域的理论建设。限于水平，本书难免存在不足，敬请专家和读者指正。

王　曦

2023 年 2 月

目 录
CONTENTS

第一章　方廷钰中医翻译理念谱系学研究的可能性……………………1

第二章　方廷钰的童年及学生时代……………………………………21

第三章　方廷钰的工作及学术生涯……………………………………27

第四章　方廷钰中医翻译理念探源……………………………………37

  第一节　汉英翻译理论探源……………………………………39
  第二节　中医翻译流派探源……………………………………43
  第三节　中医翻译理论及方法探源……………………………56
  第四节　中医翻译重要会议的影响……………………………60
  第五节　中医翻译国际标准的影响……………………………68
  第六节　中医英语教材(含双语)的影响………………………73
  第七节　中医药英汉、汉英辞典的影响………………………79
  第八节　中医英译著作(含英语版中医著作)的影响…………84
  第九节　中医药中文论著的影响………………………………92

第五章　方廷钰中医翻译理念话语的内部系统………………………99

  第一节　注重规范……………………………………………101

第二节　坚持对应 ··· 108
　　第三节　强调灵活 ··· 116
　　第四节　添加释义 ··· 123
　　第五节　提倡简洁 ··· 125
　　第六节　译者主体性 ··· 130
　　第七节　关照读者 ··· 134
　　第八节　考据溯源 ··· 145
　　第九节　与时俱进 ··· 148

第六章　方廷钰中医翻译理念话语的外部系统 ···················· 153
　　第一节　价值认同 ··· 155
　　第二节　文化身份 ··· 159
　　第三节　主体之争 ··· 165
　　第四节　寻求合作 ··· 170
　　第五节　伦理诉求 ··· 176
　　第六节　法律保障 ··· 179
　　第七节　规范之路 ··· 182
　　第八节　统一之路 ··· 190
　　第九节　学科建设 ··· 192
　　第十节　学科发展 ··· 197

结　语 ·· 203

参考文献 ·· 211

附　录 ·· 221
　　附录一　方廷钰重要著作及发表年份 ·························· 223
　　附录二　采访问题及回答内容总结 ····························· 226

第一章

方廷钰中医翻译理念谱系学研究的可能性

一、中国翻译行业的发展

翻译是文明交流的重要媒介活动,不同语言背景、宗教背景的文化需要通过翻译进行信息交互,以达到文化交流的目的。唐玄奘西去天竺求取真经,携带大量梵文佛经回到中土,最终落足白马寺,将卷帙浩繁的经文译为中原汉文,极大地促进了佛教文化在中国的交流传播,掀起了中国历史上的第一次翻译热潮。中国派遣文明使节东行日韩、南下西洋等壮举,促进了中国与世界各地的经济商贸交流,传播了中国的优秀文化。近代,中国遭到西方资本帝国主义国家的侵略,救亡图存成为时代讴歌的奋斗口号。欲振兴中华的有志之士积极学习西方国家的科学技术、政治制度和文化教育,翻译事业迎来了新的大潮。梁启超在《论译书》中写道:"处今日之天下,则必以译书为强国第一义。"① 在此背景之下,中国诞生了一大批翻译西方作品、将西方思想引入中国的翻译家。其中著名的代表有翻译了《天演论》、提出"译事三难:信、达、雅"的严复;为中国"搬来一座奥林匹斯山"的罗念生;翻译界的"神雕侠侣"、将中国古典传统文学推向世界的杨宪益和戴乃迭夫妇;将西班牙经典作品引入中国、首次将历史学研究中的"点烦"之法运用于文学翻译的杨绛;被称颂为"哪怕莎翁生在中国,也恐怕只能写成这样了吧"的朱生豪……在众多翻译家的不懈努力下,中国翻译事业从朦胧走向现代,中国也逐渐脱下封闭的陈腐外衣,换上开放和交流的新装。现代以来,尤其是改革开放之后,随着世界经济全球化和社会信息化进程的高速发展,中国逐步扩大对外开放范围,提高对外开放水平。在此宏观背景下,不同国家、不同组织团体、不同跨国公司之间的经济、政治、文化等领域交流合作日益加深,而不同语言、不同文化背景的交流合作十分依赖翻译的桥梁作用,故中国的翻译行业取得了蓬勃的发展。中国翻译协会统计数据

---

① 苏艳. 中国传统译论中的社会维度——梁启超《论译书》的现代阐释[J]. 解放军外国语学院学报,2008(3):76-81.

显示,中国现有在岗聘任的翻译专业人员约 6 万人,翻译从业人员保守估计达 50 万。商业领域内,翻译内容主要包括将与外资企业或跨国公司关联的国外资料、网站、软件需求与本地进行对接,即完成语际的翻译,以达到对外宣传的目的;翻译各种技术转让的资料、产品介绍、合作文书,还有一些会议、会谈的现场口译。政治领域内,翻译的主要作用是促进交流对话的有序进行,推进会谈的正常展开,以解决争端和分歧,达成共识,促成合作。文化领域内,通过对书籍、音乐、影视剧作品的翻译,实现文化对外传播或引进国外文化的目的,促进文化交流,共同推动人类文明进步。瑞典汉学家、诺贝尔文学奖 18 位终身评委之一的马悦然说:"没有翻译,就没有世界文学。"可见翻译对文化交流进步的重要性。

梳理完翻译行业的发展,我们基本了解了中国翻译行业的发展脉络,并对翻译的意义进行了简要的探讨。接下来,编者将简单梳理翻译理论发展的历程,以便更清晰地掌握翻译理论领域的研究动向。

二、翻译理论研究的发展

翻译理论的发展可追溯至公元前 3 世纪的古罗马翻译家西塞罗。他根据翻译实践经验,首次将翻译区分为创造性翻译和非创造性翻译,由此确立了翻译的两种基本方法。而后的翻译理论家、翻译学派和翻译研究组织机构围绕直译和意译、忠实与不忠实、精准与不精准等问题展开了谈论。

翻译家贺拉斯提出译者要忠实原著,不要逐字直译,而应采用灵活的翻译方法。翻译家纽马克说:"译者的责任是对每个词有所交代,而不是每词比译。"中国翻译家林语堂也曾表示:"忠实并非字字对译之谓,译者对于原文有字字了解而无字字译出之责任。"圣·吉洛姆认为文学翻译宜运用意译,翻译《圣经》则要直译;奥古斯丁认为《圣经》的翻译要凭灵感。此外,在中世纪,罗马波依休斯宁提出,翻译内容应精确而不应一味追求风格的优雅,直译应为第一原则。意大利作家但丁则认为文学不可译。文艺复兴时期,泰特勒和坎贝尔认为,优秀译作的衡量应当遵循三大原则,即译文必须完全复写出原作的思想,译文的风格和笔调必须和原作属于同一性质,译文必须具有原文的流畅性。就整体而言,西方翻译理论体系的发展集中于两个方向的研究,即文学翻译方向和语言学翻译方向。[1]美国翻译理论家尤金·A.奈达提出了翻译的功能对等理论,即"翻译是在译语中用最切近而又最自然的对等语再现源语的信息,首先是意义,其次是文体"。经济全球化以来,在不同文化交流背景下,翻译理论又出现了文化翻译方向。比较有代表性的翻译理论有美国翻译理论学家劳伦斯·韦努蒂于1995年在《译者的隐身》中提出来的归化和异化理论。归化即把源语本土化,以目的语或译文读者为归宿,采取目的语读者所习惯的表达方式来传达原文的内容。归化翻译有助于读者更好地理解译文,增强译文的可读性和欣赏性。异化则指"译者尽可能不去打扰作者,让读者向作者靠拢",在翻译上即指迁就外来文化的语言特点,吸纳外语表达方式,要求译者向作者靠拢,采取作者所使用的源语表达方式来传达原文的内容,即以源语文化为归宿。使用异化策略的目的在于考虑民族文化的差异性、保存和反映异域民族特征和语言风格特色,为译文读者保留异国情调。归化和异化理论的创新性和适用性,使其迅速成为翻译理论的经典研究范式,并沿用至今。此外,翻译目的理论和翻译中的文内文外因素理论的出现进一步完善和发展了翻译理论体系,在指导翻译人员进行翻译实践中发挥了重要的作用。

随着社会的发展、物质文化水平的提高,文化交流越发频繁,翻译实践得到了前所未有的丰富。旧的翻译理论已逐渐跟不上时代的发展,传统的翻译秩序逐渐崩坏,旧的翻译规范逐渐失灵,这就要求研究人员提出一种新的研究方法,开辟新的研究角度,以新的观点审视新的问题。中国外交部翻译司培训处处长孙宁说:"当前我国口译研究总体逊于笔译研究,对非文学翻译的建设性批评少于对经典译文的挖掘。"故而,相关翻译研究工作者不可忽略创新理论研究之重要性。基于社会实际需要和理论研究的必要,我们把目光投到了法国哲学家、社会史学家保罗·米歇尔·福柯的谱系学方法上,以期利用谱系学的相关研究方法对译家翻译理念进行研究,最终从别样的视角挖掘翻译理论创新性研究的可能性。

三、谱系学的研究方法

在讲解如何利用谱系学角度研究译家翻译理念之前,有必要对谱系学研究

---

[1] 张维.浅议西方翻译理论的发展[J].文学教育,2009(2):103.

方法进行介绍,这就要提及福柯。

福柯(1926—1984),是社会学、文化研究、文学理论、权力体系、女性主义等领域研究者都绕不过的一座高峰,其在这些领域的地位就好比生物学领域的达尔文、政治经济学和哲学领域的马克思、心理学领域的弗洛伊德。福柯的主要代表作品有《疯癫与文明》《性史》《规训与惩罚》《临床医学的诞生》《知识考古学》《词与物》。这些著作是人类文化研究中不可消磨的瑰宝。除了遗留的著作与思想之外,福柯还开辟了两种人文科学研究的方法——知识考古和谱系学方法,几乎成了每位人文研究工作者的必备研究范式。福柯的思想发展分为三个阶段:知识考古学阶段、权力谱系学阶段和伦理学谱系学阶段[①]。

1970年之前是福柯思想的第一个阶段,即知识考古学阶段。所谓知识考古,即以考古学的方法梳理人类知识的历史,似乎是在追寻落在时间之外,今天又归于沉寂的印迹。这实际上就是对话语进行描述,但不是描述书籍之中的记载,也不是描述理论的历史沿革,而是研究通过时间内化为医学、政治经济学、生物学的日常而神秘的总体。该阶段福柯的研究成果主要包括《疯癫与文明》《临床医学的诞生》《词与物》与《知识考古学》。在这一时期,福柯深入精神病医院观察医护人员和"癔症"患者的生活行为,查阅大量的文献资料,参加各种文化研究会议,对自己的思想进行了广泛而深刻的思考,创新地运用知识考古学的方法对精神病学、疯癫病症、医院、临床医学乃至整个人文学科进行了全面的话语分析。他对知识史、思想史和科学史进行了全新的阐述和解释,形成了与传统认知截然不同的观点。他还对传统思想史的连续性与主体性观念、认识的理性、科学的客观性和渐进性等观念进行了大胆的批评,重新解释了科学、知识与思想背后的深层的"无意识"结构,并对知识考古学的认识论、方法论进行了系统的总结与阐述。

1970年至1976年为福柯思想的第二阶段,即权力谱系学阶段。知识考古学理论发表之后,福柯很快发现了该理论存在许多缺漏,且细节处的论证不够严密。福柯在考古学的基础上对原先的理论成果进行了修正、发展与升华。六

---

① 张士东,张兵兵.《韦努蒂翻译理论的谱系学研究》评介[J]. 外语论丛,2018,3(1): 63-68,170.

年的时间里,福柯相继写成《话语的秩序》《尼采、谱系学、历史》《规训与惩罚》与《性经验史》的第一卷。在这些作品中,福柯结合非话语实践与话语实践进行了理论性的分析,并将社会学研究中常用的权力谱系学研究方法加到知识考古中,进一步对精神病学、犯罪学、刑罚理论、监狱、性以及权力理论进行分析,从本质上改变了以往对权力的否定性看法。他主张对权力生产性功能进行微观分析,成功阐释了现代知识和权力间的共生关系。自此以后,人们对于权利的认知发生了改变。权力不再是自上而下的征服,而是一种无所不在、每个人都深陷其中的"场",个体就处在权力、知识共同形成的"场"中,有人被重新塑造,有人则被彻底奴役,臣服于权力,最终消失在历史之中。从此,谱系学研究被应用到许多研究之中,推动了人文社会科学的发展。

1976年至1984年是福柯思想的第三阶段,即伦理学谱系学阶段,这个时期也是这位天才生命中的最后余晖。历时八年,除去对自己提出的学说的完善,福柯还以极少有研究人员涉足的性经验为出发点,对性背后蕴含的伦理、道德和性发展史背后的自我意识组织方式的演变进行了历史方向的考察。最终,他得出结论,性经验的伦理道德发展方向从"以伦理为导向的道德"逐步演变成"以规范为导向的道德"。他还从古希腊生存美学中吸取了许多有益的思想,提出了现代生存美学的观念,并试图以此来解决现代伦理面临的困境。只不过还没等福柯将这一理论进一步完善,他便病发离世。

从福柯研究重点和研究成果的演变不难看出,福柯的研究内容主要集中在知识、权力与伦理三个问题上。福柯以考古学研究历史的方法研究人文社会科学,无疑是一种别开生面的方法创新。这种方法打破了原有的知识和实践之间的隔阂,将社会科学的研究方法引入文化研究,强调了话语体系及其背后无形的权力体系的重要性,以上种种都证明其研究启发性之高。

谈及谱系学,我们往往将其理解成一种通过对以往经验和发生事件概括、总结、升华的传统的研究方法,其中"谱"被解释为广大而周遍的范式。但事实并非如此,谱系学实际上是一种分析方法,一种深刻的哲学观点,一种基于尼采权力之上的哲学。谱系学本身是现代社会中的一种权力策略和战术,表现形式为"批判、斗争、解放"。谱系学的概念是福柯哲学中的核心概念之一。此概念来自尼采的《道德的谱系》(*On the Genealogy of Morality*)。福柯在学习尼采谱系学观点的基础之上进行批判、吸收、革新,站在巨人的肩膀上提出了对谱系学的新的看法和观点,推动了谱系学的进一步完善和发展。

谱系学的全称为"Genealogy",源自希腊语"γενεά (Geneá)",意为"传承,代际",而加上"λόγος (logos)"以后,构成了一种考察封建贵族的家族起源、出身和血统的方法,换言之,就是家谱学。这种方法在中世纪对于厘定贵族家庭的起源、地位和权力方面起了重要的作用。也就是说,"Genealogy"是一种定位与分类的方法,是一种贵族类型学的方法。谱系学注重对价值和意义的研究,是一种既考察高贵价值又解剖卑微道德的谱系。

谱系学的分析方法,旨在从身体的视角来审视现在的历史和真实的历史。它考察产生知识的真理体制和求真意志是如何在某种权力形式和权力关系中诞生的;它考察将个体视为劳动的、说话的、知识的、生物的主体是如何在权力—知识中被制造出来的;它考察某种话语是如何被权力—知识关系在欲望的主体上产生出来并散播的。因此,谱系学的方法就是一种生命政治的解剖术,一种微观权力的光谱分析,一种现代社会规训权力和治理术的发展史。

福柯作为谱系学的代表人物,其谱系学思想与提出者——尼采的谱系学思想有一些出入。福柯的谱系学思想是对尼采谱系学思想的继承与发展。但他们的问题不同,解决问题的方式也不同,在这种不同中,福柯做出了自己独创性的贡献。福柯追随尼采,把谱系学视为对现代历史主义及其宏大的哲学基础批判,视为对整个西方形而上学传统的彻底批判。就尼采的共同源头而言,福柯与德里达对"本体论—神学—起源—目的论—末世论"的西方形而上学传统的批判之努力是十分接近的,不同之处在于,福柯更注重对整个西方现代性哲学的批判。在尼采和福柯那里,谱系学的思想与生命的本能与欲望、权力的意志与关系以及对身体的惩罚的政治密不可分。对于福柯来说,尼采的谱系学思想提供了一种打破现代性权力—知识—主体关系的工具,有助于分析和解构西方早期现代性以及整个西方形而上学的基本前提。但相较于尼采,福柯否定"具有距离感、形而上学、超历史"的研究视角,反对历史学所谓的目的论。他的谱系学思想是一种全新的历史观,是反对最大的形而上学家柏拉图建立在"理念"之上的一系列历史学。这种历史感有三种用法,与柏拉图式的三种历史学模式针锋相对。第一是戏仿的用法,用来破坏现实性,与作为回忆或认可的历史学模式针锋相对；第二是分解的用法，用来破坏身份，与作为连续性或传统的历史针锋相对；第三是献祭的用法，用来破坏真理，与作为知识的历史学模式针锋相对。无论如何，这就是使历史摆脱与记忆模式（无论该模式是形而上学的，还是人类学的）的联系，使历史成为一种反记忆，并在历史中展现一种完全不同的时间。在尼采的哲学中，谱系学体现了一种彻底的"历史感"。这意味着，任何所谓的起源都是偶然和任意的，都是一系列机缘巧合和外在条件的产物，并不隐含或指向某种非历史、超历史、绝对、神圣和超验的目的或真理。具体地说，尼采哲学中的谱系学包括道德在内的任何意义、价值或目的。它一方面是生命作为权力意志的无限创造、解释和再解释的产物，另一方面是诸多权力意志的相互冲突、否定、掩盖、压迫、取代和顺从的体现。在这种谱系学的视野中，真理和谬误、善与恶、彼岸和此岸等形而上学的二元对立完全被颠覆，真理在某些条件下是根深蒂固的谬误，作为奴隶道德评价标准的善与恶恰恰是对主人道德的评价标准（好与坏）的颠倒，彼岸是对此岸的否定性想象。在尼采那里，"权力意志"作为一个谱系学的原则存在，有了这个原则，我们能对历史进行一个"正确"的观照；而福柯放弃了这个原则。也就是说，尼采的历史是效果史，是"真正的历史"，是"没有目的的偶发历史"，总归有一个"权力意志"作为主体，但是福柯的历史主体只是一种"权力关系"，甚至可以说没有主体。①

福柯的谱系学思想包括道德谱系学与权力谱系学两方面。因为道德本身就是人们根据权力斗争而虚构出来的，所以对权力的支配和斗争关系及其操纵机制、策略的批判，必然涉及对道德主体历史的批判。福柯的谱系学研究，是要揭示并拆解知识同权力以及道德间的互相勾结、相互利用的错综复杂的关系，使那些局部的、不连贯的、被贬低的、不合法的知识运作起来，反对声称普遍性与客观性的真理，揭示其背后所隐藏的微妙、精细而复杂的权力支配机制与策略，反对知识的集中化效果，反对现代统治机构对知识的垄断。谱系学"是一项解放历史知识，使其摆脱奴役的事业，也就是它有能力对统一的、形式的和科学的话语进行反抗和斗争"。

---

① 邹益民．谱系学：尼采与福柯对主题哲学的批判[J]．上海交通大学学报（哲学社会科学版），2019，27（2）：97-107．

福柯的谱系学包含两大步骤和任务：一是放弃对"深层"的探索，将目光集中于表层，寻找时间的细节、微小转变以及细微轮廓的外现。福柯说："谱系学是灰色的，注意细节的……谱系学要求耐心和对话细节的知识与广泛的原材料的积累。"由于不存在什么深层的本质、深刻的意义需要解释，因而每个事物都是可以解释的，而且对每个事物都可以有多种解释。但每一个解释毫无疑问都不是必然的、唯一的、绝对正确的，都包含着任意的成分。谱系学就是要记录这些解释而不是唯一解释的历史。二是标出对象的发生，打破人们对纯粹、高尚本源、本质、同一的幻想，为考察对象的发生提供空间。

谱系学对历史中的一致性和规律性持坚决的拒斥态度。它明确地告诉人们："这些一致性和规律性完全是'虚构'的，是纯粹的假面具。"福柯提出，现代主义有两种表现形式：一是把概念、模式、制度、利益或感觉强加到历史中，强加到其他时代，然后宣称发现这些较早期的概念、制度等具有的意义；二是决定论，这种决定论是在过去的某一点发现的核心，然后揭示从那里到现在的发展的必然性。在福柯看来，历史并非存在终极目的，历史并不是普遍理性的进步史，也不是黑格尔意义上的绝对观念展开的历史，它是人类统治到另一种统治前进的权力的戏剧，是一部"没完没了重复进行的关于统治的戏剧"①。

概言之，福柯的谱系学力图使一直看着"熟悉"的过去看起来"陌生"，在人们过去认为"简单"的地方发现"复杂"，在过去人们发现"同一"的地方找到"差异"。福柯的谱系学是一种把握"异"的方法。福柯的谱系学思想在现实社会的不同领域有许多应用，如文化遗产研究、翻译。谱系学反对唯一，反对本源，注重来源的特质，打破了历史的统一性，追寻断裂与偶然，从细节出发，破除中心权力的制约，重新对世界进行了否定和肯定，在对价值进行重估的基础上创造了新的价值，推动了知识谱系的拓展、近代认知模式的扩容、现代知识性生产的建制。

四、应用谱系学方法研究译家翻译理念的可能性

那么，是否可以将谱系研究的方法应用到译家翻译理念的研究工作中

---

① 王利民. 解释过去，了解现在：从系谱学看福柯的历史社会观[J]. 社会，2000(12)：22-24.

呢？答案是可以。通过回溯翻译行业的发展历史,我们发现翻译实践工作即翻译行为本身,实际上是一种信息交流的媒介,也就是"桥梁"。故而有关翻译的研究工作大多是机械式地分析源语—翻译—目的语的关系,不论是西塞罗的创造性翻译和非创造性理论,还是直译与意译,乃至于翻译行为理论等都是一种线性的双边关系,是点对点的研究。而后出现的翻译理论开始对这一线性关系进行了衍生,即原文—源语读者—译者—翻译—目的语读者。在此关系脉络的影响下,奈达提出了著名的功能对等理论,强调判断译文好坏的唯一标准就是目的语读者对于译文的反应是否与源语读者对于原文的反应一样。如果源语读者被原文情节感动得潸然泪下,而目的语读者同样被译文中相同的情节感动得泪不自禁,说明译文很优秀。这个理论即使到今天依然是评价译文优劣的重要准绳。但我们很容易发现上述研究理论的弊端,即它们都在强调线性关系中几者的相互关系,却忽略了蕴藏在翻译行为中的无形的因素。后来,文化研究盛行,翻译理论研究也开始与文化研究结合,于是在挖掘源语与目的语读者的不同需求与不同背景后,结合传播学的相关知识,诺德提出了翻译文内文外因素理论。文内因素指译文的字词句段、语法结构、修辞手法、主题、人物等,文外因素指目的语读者的背景、译文的用途、传播方式、出版机构、传播目的等。而其他重大理论成果中比较有代表性的就是归化和异化理论。翻译理论研究与文化研究的结合已逐渐开始往线性关系的外延去发展,也就是说,原有的线性研究模式已逐渐开始不适应越来越频繁的文化交流。

此外,此前针对翻译家的研究主要遵循历史方面的研究模式,譬如生卒年、较为重大的人生节点和人生经历、家庭背景、主要学术思想、代表著作,其主要依据时间顺序有序推进。这样研究的好处是线索清晰、容易达成,劣势是过于单薄、独立,没有办法将翻译家与其他学者和研究人员分离开来,没有办法建立一个群体性的研究模式。虽然目前针对译家翻译理念的研究逐渐兴起,但是有关其翻译理念的梳理不够清晰明了,论述较为含糊,多是从民族和国家的文化背景着手研究,纯粹的理论研究较少,并且没有形成严密的体系,研究和讨论的也多是翻译技巧与翻译语言方面的内容。

而福柯的谱系学研究范式很好地弥补了原有的翻译理论研究存在的线性研究的片面性与译家翻译理念研究时的模糊性。谱系学研究就好比将原本在历史轴线上、分散在不同地点、诞生在不同背景下的翻译理论都放在同样一个树形模型上进行讨论。这种树形研究能够将所有理论的发展脉络梳理得井井有条,有着鲜明的时间线,同时其内涵能够在树形图中得到延展。而且,谱系学研究范式能够更好地体现各种各样的翻译理论和研究方法之间的权力关系。这种应用统计学中常用的方法能够帮助研究人员清楚地掌握一个理论从创立到完善的过程,能够帮助研究人员将原本不明显的因素加入研究,有利于体味不同因素和不同时代背景对于翻译理论发展的重要影响。而对于译家翻译理念研究来说,谱系学研究将译家从单独的整体规划到一个庞大的知识权力体系下,很好地避免了传统研究方法将译家翻译理念研究与其他的学科研究混淆,也避免了翻译学思想研究的孤立性和狭隘性。

与传统的线性研究方法相比,谱系学研究拥有更为广阔的研究视域空间,能够以一种更宏大的视角来审视翻译事业的发展。与单纯依靠时间线的纵向研究相比,谱系学研究方法拥有无可比拟的立体结构空间,能够将不同的翻译理论与时代背景联合起来,同时能提供一种新的研究视角,可以将历史研究方法中的同时间线横向对比引入翻译理论研究,如此,能够增强翻译理论研究的综合性与社会性。此外,在人文社会科学研究逐渐"泛文化"的今天,谱系学研究方法与译家翻译理念研究结合,可以很好地刨除许多研究误区,能通过建立完整的翻译理论谱系权力体系,发现新的研究要素,推动新的研究发展。总之,谱系学研究方法是福柯留给后世的宝贵经验财富。推进译家翻译理念谱系学研究的尝试是极为有益的,这既是对谱系学研究适用性的有效检验和普及,也是对翻译理论本身的完善,更是对人文社科研究的重大启示,应当引起重视。

五、应用谱系学方法研究中医译家翻译理念的可能性

中医翻译的研究离不开对中医译家翻译理念的研究。编者参考相关文献,总结了中医译家翻译理念研究的历史背景、发展进程及现状,对于不同学者对现有中医译家翻译理念进行研究时所采用的方法进行了概括和分析,通过横向对比,对其进行了全面的梳理与分析总结,令读者能够简洁清晰地了解目前"研究中医译家翻译理念"可采用的方法,对未来的实践与研究有所助益。同时,编者总结了目前这一类研究中存在的局限和不足,使读者能够明了中医译

家翻译理念研究的现状。

17世纪中叶,自我国开始与欧洲各国进行医学方面的交流,中医翻译就已经出现,并随着翻译需求的增加而不断地发展、壮大。中医翻译出现至今,历时300余载,经历了五个阶段,逐步发展、扩大至中医针灸翻译、中医学史翻译、中药学翻译、中医典籍翻译、中医术语翻译和中医术语英译标准化等大量翻译领域。

随着近代历史的不断发展,翻译者从"欧洲人占多"逐渐发展为"以中国译家为主体",中医翻译的中心地区从外国逐步迁移回中国[①]。新中国成立后,中医翻译得到了更加良好且适宜的发展环境,英译比例明显上升,发展越发快速、全面,质量不断提升。

随着全球化进程的加快,翻译事业蓬勃发展,围绕翻译所进行的学术研究也越发多元、丰富,不再局限于研究翻译本身,开始注重研究翻译中的其他要素。而在翻译活动所涉及的译者、委托人、赞助人、读者等多方参与者中,最重要的即译者一方。20世纪70年代之后,西方翻译研究拓宽了其研究对象的范围,开始关注翻译家在翻译进程中的作用,重点研究译者在翻译过程中所选择的翻译方式、翻译策略和翻译原则等核心要素。

但西方现代翻译事业的良好发展,在中医翻译方面没能完全体现出来。国外虽然早有针对中医翻译的研究,但由于中西语言上的差异,中医理论的艰深晦涩、难以把握,以及中医目前还未获得西方医学界广泛认可的现状,西方学者对于中医翻译的关注不多,中医翻译的研究内容依然处于一种零散的状态,大多数学者只针对个案进行研究,难成体系。虽然数量不多,但国外中医翻译研究的方法多样,采取新颖的数据收集、分析方法,引入先进的研究翻译理念,为国内学者提供了富于创造性的新思路。

1979年后,翻译研究由以实践为主逐步转向对翻译理论方面的探索,关于翻译史的研究得到重视,其中不可或缺的一环即翻译家研究。近年来,关于翻译家研究的论文逐年增加,中国译界对翻译家研究的关注度也逐步升高。但总体来看,对于译家翻译理念的研究在我国学术界依然处于起步阶段,学术成果

---

① 张晶. 方廷钰中医术语翻译理念实证研究[D]. 北京:北京中医药大学,2018.

稀少,基本未被开发。

纵观我国中医翻译研究领域现状,依然是以研究具体实践方法为主,理论研究虽有推进,但依旧相差甚远,二者处于一种失衡的状况。这样的失衡使针对中医翻译的研究缺少可供引用的、确凿的理论依据,导致研究结论缺乏客观性和有力的理论支持。

为了改善这一状况,针对译家翻译理念所进行的研究必不可缺。译者可以说是翻译过程中的核心主体,译家翻译理念会影响其对于作品的选择,指导整个翻译行为的进行,并直接关系着最终翻译成果的质量优劣。而对于更加符合中医翻译本身特点及发展规律的译家翻译理念,将它们进行总结、梳理与提炼,并应用至具体的中医翻译研究中,这对于建设中医翻译理论体系有着重要的现实意义。

综上所述,研究者除了关注某一译者具体的翻译作品外,也应当重视其在翻译过程中所遵守的翻译原则,聚焦领域内重要译者的翻译理念,挖掘其作品中所蕴含的学术思想,不断地发展与完善中医翻译理论体系的建设,进而推动中医翻译工作的不断优化、发展,推动中医药走出国门、走向世界,促进中医药文化的发展与壮大。

中医翻译发展至今,经历300余年历史,涌现了多名国内外翻译大家。他们为中医翻译的进行提供了丰富的翻译技巧、翻译理论与翻译原则,贡献良多。

魏迺杰曾经编译出版数部中医英语教科书及词汇用书,编写了《汉英·英汉中医词典》。他不仅注重研究中医翻译,同时十分关注中医翻译中的理论研究问题。他结合中医语言结构本身的特点,提出"通俗翻译"的新思路。经过不懈的研究与努力,他的翻译在一定程度上体现了中医词汇的多样性,揭示了中医名词随着语境改变而产生的微妙变化,体现了中医文化的精髓。作为一名建树颇多、译著等身的中医翻译家,魏迺杰在海外有着广泛的影响力,为中医的传播与发展做出了极大的贡献。

腊味爱,法国中医翻译家,被誉为"欧洲现代针灸学鼻祖""法国针灸之父"。他促进了针灸研究在法国的发展,推动了中医药在西方国家的传播。他的中医研究主要分为翻译研究和学术理论研究两方面,其研究成果主要包括"古文字中医"理论、三才思想、中医与《周易》结合研究,以及中医与古天文学结合研究四大方面。

保罗·U.文树德,德国著名汉学家,长期从事中医史的研究,翻译的中医典籍有《难经》《〈黄帝内经·素问〉词典》《〈黄帝内经·素问〉译注》《本草纲目》等。他独创了一套中医术语体系,并在其翻译作品中有所体现。作为一名有着深厚中医历史文化功底及中医知识储备量大的翻译家,文树德非常重视中医翻译中的隐喻,为现代国内外研究中医翻译的学者提供了新思路,对翻译研究的覆盖面进行了极大的拓展。

李照国,著有《汉英中医药大词典》《汉英-英汉医学英语构词法词典》等,曾参与《黄帝内经·素问》《黄帝内经·灵枢》等英译本翻译。他在《中医英语翻译技巧》中,将中医术语的翻译原则总结为自然性、简洁性、民族性、回译性与规定性,提出在这五种原则的指导下,结合使用直译、意译、音译等翻译技巧,对中医文本进行翻译。

现有文献的研究对象主要是魏迺杰、腊味爱、文树德、李照国、谢竹藩等著名中医翻译家,对于其他在这一领域有所建树的大家涉及较少。针对中医译家翻译理念这一领域的研究依然处于萌芽状态,尚未引起广大学者的关注。

综合考察现有的文献,针对中医译家翻译理念研究的文献进行整理分析,编者将李照国所采用的谱系学研究方法归结为以下几种。

1. 在介绍译者著作的基础上,通过具体的翻译实例,对译者所体现出的中医翻译理念进行介绍、概括、提炼和总结

例如,通过列举李约瑟译出的具体中医词汇,梳理论证了他所采用的翻译方法,即由表入里从实而译、组合词素构建新词、灵活多样数法并举等,为后来的译者提供了借鉴。

2. 某一著名翻译家来点评另一名中医翻译学家的观点

例如,在《Nigel Wiseman 的中医翻译思想评介》中,李照国系统性地介绍了 Nigel Wiseman(魏迺杰)的翻译思路。通过归纳梳理魏迺杰对于中医语言与概念、中医术语的分类与研究、中医名词术语英译标准化研究三大方面的认识,李照国解读了其独特的、富于实践性的中医翻译方法,为后来的译者提供了借鉴。

3.从某一特定理论角度出发,依据该理论对于翻译概念的陈述与定义,分析该译者的翻译原则,阐述其在实践中所遵循的翻译理念

例如,李照国从翻译目的论的角度,论述了魏迺杰努力在中医的英译中保持中医概念的整体性和独立性不被破坏的翻译理念、来源导向的翻译原则,以及采取直译、选择已有对应词和音译或创造对应词三种翻译方法,从目的论角度出发,肯定了魏迺杰在中医文献翻译中采取源语导向翻译法的成功和成就。

4.从历史研讨角度出发,结合中医及中医翻译的历史发展演变过程,总结中医翻译所适用的翻译思想、翻译理论及翻译原则

例如,通过列举某一中医医学词汇在翻译过程中词义的变化,论证了若要准确译出某中医术语的内涵,不仅要准确理解其含义,也要了解词语在历史中演变的过程,搞懂它的原始含义,以"追本溯源"为指导思想,摸清其现实的发展及其发生发展的历史轨迹,才能做到游刃有余,翻译得更好。

5.从中医本身出发,结合其作为传统医学最为突出的特点,结合现存的某些翻译观点,舍本求源,借由中医学最本质的事实,探求与事实最为贴合的中医翻译理念

例如,中医学所体现的和谐思想,与翻译学中的"和谐翻译观"可谓殊途同归,都以和谐为目的,体现了认识论和方法论上的统一。由此可见,"和谐翻译观"将对中医翻译的进行起到积极的指导意义。在这一翻译观的指导下,我们要提出关于辩证运用归化、异化两种翻译手法,规范中医术语英译,在注重医学翻译的同时,坚持中医蕴含的中国文化的表达,以和而不同、客观平等的态度对待源语和目的语,灵活辩证地使用多种翻译策略进行中医翻译。

目前,针对中医译家翻译理念的研究,大多采取以上五种方法中的一种或多种。加强对译家翻译理念的研究,是目前翻译界研究的发展趋势之一。通过深入分析译者在翻译过程中采取的思维模式,探究其所采取的翻译原则、方法和技巧,有助于我们弥补现有中医翻译体系的不足,进而开展更深一步的理论研究。目前,国内中医翻译界对于理论的研究相当薄弱,针对中医译家的研究缺乏研究理论的支撑,在客观性、创新性等方面都存在不足。尽管针对中医译家翻译理念的研究现状不算乐观,但它无疑将在未来成为中医翻译研究的重要一环。谱系学研究并非只针对译家在翻译中所使用的技巧、原则和策略,而是

将眼光放得更加宽广,从更高一层的思维角度出发,探究与中医翻译特征相符合的翻译思维模式,并将之总结归纳为话语体系。基于此种研究视角所取得的学术成果,既能指导翻译工作的进行,也可以为针对其他方向的中医翻译研究所取得的最终结论提供可靠的理论支撑,弥补目前翻译理论方面的缺失。

总而言之,中医译家翻译理念谱系学研究对于中医翻译研究工作有着不可或缺的重要意义。学界应当提高对其重视程度,关注其对于中医翻译理论建设所能起到的重要作用,加强对译家翻译理念的研究,提升研究数量,结合历史背景,扩展研究范围,深化研究深度,探源译家翻译理念流派关联,以此为依托,平衡目前中医翻译研究"轻理论、偏实践"的现状,促进中医翻译研究的整体良性发展。因此,在未来的中医翻译研究中,对中医译家翻译理念的谱系学研究势必会成为其理论体系中必不可少的一环,成为支撑中医药翻译发展的有力支柱。

六、应用谱系学方法研究方廷钰中医翻译理念的可能性

现在,中医译家翻译理念研究依然处于起步阶段,研究对象相对有限,且大多数研究都是通过解构译者的译作(著作)或者从某个单一的思考角度出发,点对点地分析其在翻译过程中遵循的思路,最终的结论也往往只是对于译者翻译策略与技巧的总结,细节有余,宏观不足。这样的研究方法很难总结出一套完整的中医翻译理论体系,离上升到思想理论的高度还有很大距离。

为了弥补目前状况的不足,可以从以下两方面着手进行改善。

一方面,在未来针对中医译家翻译理念所进行的研究中,研究者可以扩大研究对象范围,除了知名中医翻译家,还可以选取其他在此领域有所建树且从业时间久的翻译学者进行研究,如方廷钰。这样不仅可以有效减少研究课题的重复,增加研究结论的多样性,让更多有所成就、贡献颇丰的译者走入大众视野,还能够促进对这一领域研究的不断拓展,结合不同历史时代的需求及中医翻译特征,丰富现有的中医翻译理论体系,寻求理论研究的新视角,进一步推动中医翻译理论建设的完善与发展。方廷钰曾翻译多部中医论著,编写中医双语词典、专著,出席中医英译重要学术会议并发言,在国内外中医翻译界具有较大的影响力,是我国教育部中医药外语学科学术带头人、国家中医药管理局

"十二五"中医药英语学术带头人、北京市重点学科中医人文学建设子课题负责人。但当前关于方廷钰的研究基础较为薄弱。其一,有关中医译家翻译理念研究的著作极少,多在个人研究中简要引用。编者对中国知网中SCI来源期刊、EI来源期刊、核心期刊以及CSSCI数据库进行检索,仅筛选出15篇以中医译家翻译理念研究为内容的核心论文,发表于2004年至2016年。其二,对方廷钰中医翻译理念进行的研究更少。在上述15篇核心文献中,没有出现对方廷钰中医翻译理念进行的研究。目前有一篇《译者主体性视域下方廷钰中医术语翻译理念解读》发表在《国际中医中药杂志》上,一篇对话方廷钰关于"一带一路"中医翻译问题的访谈稿发表在《亚太传统医药》上,一篇北京中医药大学的硕士研究生关于方廷钰中医术语翻译理念实证研究的学位论文。因受硕士论文规格的局限,该研究论文仅给出了方廷钰中医术语翻译理念,并未从译学理论研究史的高度深入挖掘方廷钰中医翻译整体理念形成的渊源和导致形成过程中变化的因素,实属遗憾。

另一方面,研究者可尽量深化现有的研究方法,不拘泥于对细节的探讨,对其进一步开展更加全面、系统、深刻的研究,从整体观念入手,探究译家所采取的翻译策略背后的因素,从思维层面挖掘促成其翻译行为的动因,寻根究底,将这样的思维原因提炼出来,总结成一整套相对贴合中医翻译特点、能够在中医翻译行为中起到指导作用的翻译理论,为未来中医翻译工作的开展提供助力。而目前在这一领域中,研究者所采用的研究方法较为有限,亟待创新。国外翻译界在研究译家翻译理念方面起步较早,所采取的方式方法也比国内要丰富。研究者可以参考借鉴国外相关领域学者所采用的研究方法,取长补短,为方廷钰中医翻译理念研究注入新鲜血液。在我国,谱系学研究已被应用到文化和翻译研究领域,其译家翻译理念的多源探索可具体表现为译者的学派归属探源、理论话语探源以及理论话语研究探源三个主要方面。

谱系学方法可通过多源探索较好地研究影响方廷钰中医翻译理念的因素及其译法的变化。方廷钰致力于中医翻译实践及研究40余年,其理念的形成经历了我国当代不同时段的中医翻译需求,受到多种汉英翻译理论及中医翻译流派的影响,因此,更适合利用谱系学进行探究。但是当前并未查到国外有专门关于方廷钰中医翻译理念进行的研究。在运用此方法研究时,研究者应当深入探求方廷钰中医翻译理念的内部和外部话语系统,积极思考其形成过程及意义价值,以便更好地推进方廷钰中医翻译理念研究,助力中医翻译工作的进一步发展,为中医药走出国门、推广至全世界的伟大事业贡献力量。

第二章

方廷钰的童年及学生时代

第二章 方廷钰的童年及学生时代

方廷钰生于1935年,正值战乱不断的年代。长年的战争不仅带来众多死伤,也使国家积贫积弱,人民生活困难。当时社会生产力低下,人民群众的生活条件恶劣,自然灾害频发,加上当时的医学技术不发达,人民卫生意识淡薄,医疗知识储备不足,易发生大规模的瘟疫,对人民的生命健康造成极大的威胁。根据夏明方的《民国时期自然灾害与乡村社会》一书中的相关资料,编者了解到:1912年至新中国成立之前,我国死亡人数超过万人的大型自然灾害有70余次,其中疫情灾害19次,占重大自然灾害的25%,也就是平均每两年发生一次重大疫情。尤其是发生于1932年的以霍乱为主的全国性大型疫灾,覆盖范围极广。疫情发生后,国民政府的抗灾救灾能力极为薄弱,未及时采取应对措施,导致死亡人数极多,估计40万~50万人[①]。

此外,当时的医师、医院、医疗资源急缺也很严重。我国在1906年才有了卫生行政机构,对于管理和应对重大公共卫生事件经验较少。根据数据统计,至1934年,全国医师共7881人,药师共380人。这直接导致了民众对于医疗常识的缺失。面对重大的疫情,他们常通过迷信的方式来"救灾"。比如,方光焘的《疟疾》和鲁彦的《岔路》描述过疟疾和鼠疫,但当时的居民并不懂得积极预防配合治疗的道理,反倒迷信神鬼习俗能消除疫病。这些文学作品中的种种描述反映出旧中国农村的封建迷信对居民身心健康的严重危害。

但旧中国的卫生事业也不是毫无发展。1905年(清光绪三十一年),清政府警政部警保司下设卫生科,卫生科在1906年改属民政部。1907年,民政部改为内务部,卫生科改为卫生司,设在北京。1911年辛亥革命后,内务部内仍设卫生司。1927年,南京国民政府在内务部设卫生司,掌管全国卫生行政。1928年,卫生司改为卫生部,内设医政、保健、防疫、统计、总务五个司,另设中央防疫委员会,该委员会为设计审议机构。1931年,卫生部改为卫生署,隶属

---

① 夏明方.民国时期自然灾害与乡村社会[M].上海:中华书局,2000.

内务部。1936年卫生署直属行政院。抗日战争胜利后,卫生署于1947年扩大为卫生部。卫生署(部)直辖的卫生事业单位有检疫防疫、卫生实验、医疗研究三个系统,并在南京、广州、兰州、天津设立了中央医院,在福州设立了东南鼠疫防疫处(下设鼠疫防疫大队),在江苏淮阴设立了黑热病防疫处。

方廷钰儿时居住在上海,当时西医在中国尚未发展起来,一般家庭也负担不起西医昂贵的治疗费和医药费,大家有病都看中医。因为没有条件注射疫苗,方廷钰儿时出了麻疹不能吹风,病情十分严重,是小儿科的中医大夫治好了他的麻疹,挽救了他的生命。虽然当时他没有立志学医,但每次有中医大夫救治病患时,他都会充满兴趣地认真观看,对救死扶伤的中医大夫非常钦佩。方廷钰在童年时期就接触了一些简单的医学知识,对中西医都有了一定的了解。上学时,方廷钰不仅聪明、理解力强,还是个非常刻苦努力的好学生。在业余时间,他很喜欢读古今中外的经典著作。这为他未来的教学和科研打下了很好的基础。1948年,方廷钰考入上海的公立学校格致中学。该校的前身是格致书院,它的倡始者是当时的英国驻沪领事麦华陀,促成者是晚清重臣李鸿章。格致书院有书院之名,但并非传统书院;设在租界,但并非租界的公立学校;有传教士参与其事,但并非教会学校;含有官方资金,但并非官办学校。格致书院是上海这个特殊城市的产物,是异质文化交织的结果,是近代中国最早的中西合办、系统传播自然科学知识和培养科技人才的新型学堂之一。1915年至1942年,师生历经中国政局变幻、抗日战争爆发等时艰,以及租界教育向民国教育体系的演变。吴学谦、钟沛璋等进步学生建立了地下党支部,播撒革命火种。1941年年底,日军占领公共租界,接收英美资产,控制了工部局。格致中学当时被称为"特别市市立格致中学",寄办于育才中学,半天上课,备受摧残。1945年8月,日本投降。民国政府教育局成立,10月更改校名为"格致中学",任命周斐成为校长。格致中学迁回原址,教学步入正轨。抗战胜利,格致中学集中了许多优秀教师,重点抓好自然学科,强化学生的动手能力。随时局变化,进步师生参与"反内战"活动,学生地下党和地下学联为迎接上海解放、保护学校做出积极贡献。方廷钰在学校刊物《格致学生》上发表了反对体罚学生的文章,展现了其反抗封建权威的精神,被当时的中共地下党员发现,他通过了组织考察,参与了地下学联和反蒋爱国主义活动。1949年8月,方廷钰加入新民主主义共青团(即共青团),后担任团总支部书记。

1949年,中华人民共和国成立。14岁的方廷钰对新中国充满热爱,憧憬着长大后可以为国家建设做出贡献。他认真努力地学习文化知识,成绩一直非常优异。1954年,他被保送至现在的北京外国语大学。北京外国语大学的前身是1941年成立于延安的中国人民抗日军事政治大学三分校俄文大队,后发展为延安外国语学校。自建校以来,该校隶属于中国共产党领导,新中国成立后,学校归外交部领导。1953年夏,学校第一次实行全国统一招生,学制由三年改为四年。第一届四年制新生主要从京、津、沪、宁等大城市招收高中毕业生,共招新生94人。学生实行助学金制。1954年8月,外国语学校经高教部呈请国务院批准,改称北京外国语学院,并于1959年与北京俄语学院合并组建新的北京外国语学院。1980年后,北京外国语学院直属国家教育部领导,并于1994年正式更名为北京外国语大学。北京外国语大学对苏联的教学模式进行了实践、创新,逐步建立了具有鲜明特色的外语教育体系。在这里,方廷钰从语音到语法再到文法,系统地学习了英语语言知识。

1957年,方廷钰被错划为"右派",离开了学习知识的课堂。挫折对于意志不坚定的人而言是毁灭性的,但挫折永远羁绊不住拥有远大理想和坚定信念的人。方廷钰在每天的劳动工作后,仍不忘读书钻研,利用业余时间翻译了一些国外报纸上的文章,还注释了一些英语读物。这些文章在之后得以出版。

方廷钰在学校的打字室工作并参与编写了北京外国语大学主编的《汉英词典》。他负责编写其中的300多词条时,因为没有参考资料,遇到动物类词汇翻译时,他就到动物园和中国科学院动物研究所去调查研究;遇到植物类词汇翻译时,他就跑去植物所;遇到中医药类词汇翻译时,他就前往北京中医学院和中医研究院,并结识了医史学家马堪温老师。方廷钰说,当时除了咨询相关专家,还需要自己动脑筋研究怎么翻译中医,因为做中医术语英译,不仅需要扎实的英语基础和翻译知识,还需要丰富的中医药知识。

中医术语往往来自中医药典籍,不读通透就难以确切理解,没有确切理解就难以准确翻译。中医药典籍都是用古汉语著成,这对现代译者来说是一个巨大的障碍。想要准确地翻译中医,首先要系统地了解中医理论知识,这对于方廷钰来说是一个新的知识领域,毕竟当初有所了解的中医知识并不全面甚至可能还有一些概念的理解是错误的。方廷钰坚持认为做翻译,尤其是做医学翻译,最重要的一点就是要严谨。为此,他开始尽力查找、学习翻译时需用到的中医药知识。

  方廷钰在学习过程中发现,想要对中医文献进行翻译,绝不是一件简单的事情。因为许多中医的名词概念不仅仅是一个词语,还包含着深远的中国传统文化意义。要想准确译出中医术语蕴藏的文化十分困难,然而方廷钰并没有因为遇到了这些困难就放弃,反而更激发了他的求知欲和探索欲。他孜孜不倦地学习,汲取对自己有用的知识,不断地完善自己的译文,立志发挥自己的语言专业特长,将中医翻译做好。通过学习,他掌握了很多宝贵的中医翻译知识,还初步形成了一套自己的方法理念。一直以来,很多学习英语专业的人不愿涉足中医翻译,认为这是过于复杂的学科领域,但方廷钰坚持认为,从事英语专业的人做中医翻译有语言上的优势。他倡导大家利用好自己的专业优势,不畏困难,不断学习、思考中医概念,将中医翻译做好。功夫不负有心人,经过多年的努力,他终于成了中医翻译大家。

第三章

方廷钰的工作及学术生涯

在那些困难的年月里,方廷钰始终没有放弃、没有消沉,一边劳动一边自学英语。凭着勤奋和努力,他打下了非常扎实的英语语言基础,为后来的英语工作做足了准备,也争取到了踏入翻译及英语教育行业的机会。

"文革"结束后,出版界是变革和崛起比较早的一个行业。在"文革"动乱中,我国面临严重的"书荒",城乡居民无书可读。在中国共产党的引领下,我国出版业开始了波澜壮阔的改革开放历程。中央多次肯定出版业是我国文化体制改革的排头兵,在这个过程中,全国出版界从解放思想、转变观念到体制机制改革,开创了良好局面。从文化产业来说,出版界的出书量逐年增加,销售额逐年增长,引领了我国文化产业发展。

1979年5月,《外语教学与研究》杂志编辑部向北京外国语学院党委递交了《关于成立出版社的报告》;同年8月28日,国家出版局批准成立外语教学与研究出版社(简称"外研社")。方廷钰彼时常去外研社,在那儿,他接触到一些英语教材和语法书籍,对英语教育产生了浓厚的兴趣,逐渐产生了当英语老师的愿望。

在改革开放进程中,教育部在北京召开了全国外语教育的座谈会,总结了自新中国成立以来外语教育的经验和教训,讨论了怎样加强外语教育和提高外语教育水平。会议指出,为实现四个现代化,为加强与世界各国人民的友好往来,我国迫切需要加强外语教育。这是新中国成立后教育部首次组织召开的座谈会,旨在研究我国外语教育,具有特殊的历史意义,吹响了外语教育改革的号角。然而,当时的英语教师人才相对匮乏,尤其是中医英语教师。

由于具有出色的英语水平和中医英语翻译能力,1980年,方廷钰在马堪温的引荐下进入北京中医药大学工作,成了一名英语老师。北京中医药大学始建于1956年,前身为北京中医学院,隶属原来的卫生部,是国务院批准的最早创办的高等中医药院校。1960年,它被中央确定为全国重点高校,为五所全国重点医学院校之一。1971年7月至1977年11月,它与卫生部中医研究院(现中国中医科学院)合并,但仍保留学院名称和建制。1978年,它再次被确定为全国重点大学;1993年,正式更名为北京中医药大学;2000年,与北京针灸骨伤学院合并,组成新的北京中医药大学。

方廷钰非常热爱这所学校,他认真努力地备课,很快就胜任了教师的岗位与职责。方廷钰工作作风十分严谨细致,后来担任了北京中医药大学人文学院外语部的主任。北京中医药大学是一所中医药院校,除了专业院系外,还设有国学院、第一临床医学院(即北京中医药大学东直门医院,也称为北京中医药大学第一临床医学院,创建于1958年)、第二临床医学院、第三临床医学院(北京中医药大学第三附属医院的前身是北京冶金医院,始建于1964年,1991年11月划归冶金工业部,是北京市定点中西医结合医院,2006年7月划转至北京中医药大学,2007年7月成为北京中医药大学第三临床医学院)三家直属附属医院和国医堂中医门诊部等教学机构。方廷钰所在工作岗位有很多医学英语翻译上的科研需求,因此,他将自己的学术科研方向渐渐转向医学英语,尤其是中医方向的英语翻译,夜以继日地读书钻研,丰富并提高了自己的中医翻译能力。

方廷钰作为北京中医药大学外语部的翻译人才,曾赴中日友好医院担任建院翻译。中日友好医院是由日本政府提供无偿援助和无偿建设(包括建筑费用及设备费用)、中日两国政府合作建设的大型综合性现代化医院,也是我国改革开放后首批国外无偿援助项目,于1984年10月23日开院。1982年,卫生部邀请北京中医药大学协助筹办中日友好医院。在前期的筹备工作中,需要签署中文和日文协议,还需要一份英语版的协议作为法律依据。方廷钰接受了这一重要任务,和两位来自日本的英语学者一起从事英语版本协议的起草。该协议于1984年完成。

1984年,世界银行批给我国一笔贷款,北京中医药大学拿到100多万美元,用于购买电脑和培养人才。同年,方廷钰作为访问学者被公派到哈佛大学教育学研究生院学习。通过学习和工作,他接触和了解到本学科的学术前沿动态,夯实了基础理论,拓宽了知识面,提高了学术水平,为回校发挥学术带头人和学术骨干作用打下了基础。他还积极承担了波士顿科学博物馆的义务讲解工作,传播优秀的中国文化。

在作为访问学者的一年中,方廷钰除了完成自己的专业学习,还仔细考察了美国与中国的不同,认为中国不能盲目套用西方制度,应探寻适合自己发展的道路。

方廷钰热衷于在生活环境中学习语言。一次,方廷钰在街上见到有人喝醉了,耍酒疯。警察把那个人制服并说了句"Take it easy."。"Take it easy."本来是放松的意思,但在这种情况下,怎么能是"放松"呢?方廷钰对此细细思考后发现,"Take it easy."有"不许胡来"的意思。

还有一次,方廷钰要过马路,虽然前面有斑马线,但汽车开得太快了,也没有红绿灯,他不敢硬闯,半天都没能穿过马路到对面去。这时来了个美国老太太对他说:"Don't worry, it's yours."意思是"斑马线是为你而设的,不用担心。"他才知道在美国,司机看到位于斑马线上的行人时是一定要停车的。

为了了解纽约的城市布局,方廷钰不坐车,也不坐地铁,喜欢走路。有时他从唐人街开始,从第一街、第二街、第三街开始走,走两个小时就可以到达最繁华的"42nd Street"。纽约曼哈顿市区大部分区域的布局像棋盘一样,横平竖直,绝大多数东西向街道称为"Street",数量有200多条,南北向的街道数量较少,只有十来条,被称为"Avenue"(简记为"Av"或"Ave")。街道名有"East 42nd Street""West 42nd Street",但这些街道并不是按名字次序一条条往下排的,中间会穿插很多其他名字的街道。方廷钰认为一路走来,他既可以了解有多少条穿插进去的道路,也可对美国有更多的了解。

方廷钰于1985年回国,继续在北京中医药大学从事教育工作。第二年,方廷钰加入中国民主同盟(简称"民盟")。民盟是中国共产党领导的爱国统一战线的组成部分,中华人民共和国现有的民主党派之一。它是中国共产党通力合作的参政党,主要由从事文化教育及科学技术工作的高、中级知识分子组成,具有政治联盟特点,致力于建设中国特色社会主义事业的参政党。新中国成立后,民盟以中国人民政治协商会议通过的《共同纲领》为政治纲领,在中国共产党的领导下,积极参加新中国人民政权工作和国家事务管理,推动盟员和所联系的知识分子学习中国共产党的指导思想,努力为社会主义建设事业服务,特别是在参加国家文教建设方面发挥了重要的作用。在民盟组织的教育下,方廷钰更加坚定了建设中国特色社会主义的信念,也了解了如何发挥民主党派参政议政的作用。

1989年,民盟北京中医药大学支部成立了,方廷钰担任民盟北京中医药大学支部主任委员。在方廷钰的带领下,北京中医药大学民盟组织积极参与并支持学校的建设,为学校的发展建言献策,推荐了合格的民盟成员担任学校的中层干部。

1994年,方廷钰担任北京朝阳区政协委员。作为民主党派人士,他深知自己一定要把握发展的根本任务,紧紧围绕经济建设这个中心,自觉服务改革发展稳定的大局,积极为经济建设建言献策;要能"谋长远之道,建有用之言,献务实之策";既要实事求是讲真话、肝胆相照讲心里话、认真负责讲建设性的话,又要区分场合,注意对象,把握时机;要有全局的高度、大局的意识,不仅要会摆问题,更要献良策,"建议"要有前瞻性、"意见"要有针对性、"措施"要有可操作性,多为政府排忧解难,多为人民群众解疑释惑。

1998年,他被提名担任第九届全国政协委员,之后担任了第十届全国政协委员。在担任第九、第十届全国政协委员期间,他兢兢业业,全心全意为人民服务;关注民生,积极参加政协组织的活动;提交了百余件提案、建议,包括提出全民医保、为儿童免火车票、取消择校费、在全国推广免费婚检、取消手机漫游费、重视食品安全问题、从源头降低药价、推广全民医保、经济适用房向拆迁户倾斜等与民生密切相关的大量提案,引起了无数人的共鸣。他说:"做政协委员不能信口开河,必须要有实际的调查、积累,才写得出有分量的提案。一份好的提案,不能是凭空想来的,而是从老百姓那里得来的。"这种调研精神在方廷钰的中医翻译研究中也有所体现,他总是强调:翻译要忠于原文,要研究清楚原作的意思。

他还兼任北京中医药大学侨联主席与北京市朝阳区和平街道侨联主席,积极开展侨联工作的同时,宣传维护归侨侨眷合法权益,为归侨侨眷排忧解难。2011年1月,北京市华侨服务中心揭牌开放,广大归侨、侨眷长期盼望的活动中心终于得到落实,归侨、侨眷们都知道活动中心的建成有方廷钰的一份功劳。

2008年,方廷钰卸任全国政协委员,北京市委统战部对他的评价是"最尽职的委员之一"。此时的他虽不再担任政协委员和民盟内主要职务,但他仍然一如既往地关心社会热点和民生问题。同年,方廷钰担任了世界卫生组织传统医学大会翻译组组长。2009年起,他担任民盟的特约信息员,每年上报信息十余条。2012年,他上报的信息"严格执行小升初派位规定"得到了北京市有关领导的批示,为此,他两次获得民盟朝阳区委颁发的特等奖。

方廷钰虽年事已高,但仍奔波于教学一线,为博士、硕士研究生授课,做学术报告,学生们都很喜欢他。方廷钰根据国内某中医药大学博士学位论文标题的随机抽样结果(即没有任何一篇题目被正确译为英语),写了一篇国内中医院校博士生学位论文标题英译错误分析的论文,发现了尽管学生擅长英语选择题考试,也能进行简单的口语交流,但英语写作方面的能力很匮乏的问题,并提出从本科开始,英语教学应加强写作训练,研究生阶段尤其要重视写作的建议。

对于年轻人学中医翻译及做中医翻译实践中的问题,方廷钰认为,首先,英语功底要好,能掌握并熟练使用词汇的搭配,因为从细节处能够看出一个人的英语基本功。关于术语的翻译,事实上,医学术语字典上都可以查到,比较好翻译,关键是如何把各个成分搭配起来,连接成正确的句子,才体现真正的语言水平。其次,要了解中医医理。所谓的"中国通",是指那些精通中国文化的外国人,他们中文很好,英语是他们的母语,但这远远不够,会中文的外国人并不一定懂中医。因此,要做好中医翻译,还需懂得基本的中医医学理论知识,不然就会闹笑话。

方廷钰不曾止步,他一直在写作,一直在学习,一直在进步。2009年,他主编出版了一套供中医院校高年级学生学习的中医英语教材、辞书和英文版中医药书籍。顺应互联网的发展,他与北京中医药大学的其他两位老师(贾德贤、嵇波)负责完成的"北京中医药数字博物馆(英文版)"获得了2011年联合国教科文组织世界信息峰会的电子健康与环境组大奖,为国家赢得了荣誉。"北京中医药数字博物馆(英文版)"下设12个分馆,即中医文化与历史馆、医疗馆、中药馆、针灸馆、医学气功馆、养生馆、美容馆、推拿馆、宫廷医学馆、教育馆、科技馆和国际交流馆,分别从不同侧面勾画出华夏五千年的中医药发展历史,展示了北京地区的中医药发展现状。该馆旨在利用IT技术构筑集中医药数字收藏、展示、教育和研究于一体的数字化、多功能平台,让世人了解、认识中国传统医药学的发展历程、探寻中国医药学发展脉络和规律,展示中医药的最新研究成果。它的服务对象是海外中医药业内专业人士、广大中医药学爱好者。各馆的中医术语英文翻译基本统一,风格一致,语句简短、流畅,语法规范,拼写正确。当前世界范围内还没有其他英文版的中医药数字博物馆,"北京中医药数字博物馆(英文版)"为世界独创。

多年来,方廷钰指导了无数北京中医药大学的学子及青年教师。他经常鼓励大家要把中医翻译当成事业做好,既响应了中国共产党的号召,也利于中医药文化的传播。

2018年,习近平主席在会见世界卫生组织总干事陈冯富珍时指出要"促进中西医结合及中医药在海外发展",为"中西医并重"这一方针增加了一大砝码。2014年11月,习近平主席在澳大利亚见证了北京中医药大学和西悉尼大学签署在大洋洲建立中医中心的合作协议。中医药作为我国文化的软实力,逐渐受到世界瞩目。习近平主席强调,文化教育交流贵在心灵沟通。中澳两国虽然历史文化不同,但多年来两国在人文领域相互借鉴和交流合作方面取得了丰硕的成果。中医药学凝聚着深邃的哲学智慧和中华民族几千年的健康养生理念及实践经验,是中国古代科学的瑰宝,也是打开中华文明宝库的钥匙。深入研究和科学总结中医药学对丰富世界医学事业、推进生命科学研究具有积极意义。习近平主席说,中医孔子学院把传统和现代中医药科学同汉语教学相融合,必将为澳大利亚民众开启一扇了解中国文化的窗口,为加强两国人民心灵沟通、增进传统友好搭起一座新的桥梁。

自党的十八大以来,以习近平同志为核心的党中央高度重视中华优秀传统医药文化的传承发展,明确提出"着力推动中医药振兴发展",并从国家战略的高度对中医药发展进行全面谋划和系统部署,明确了新形势下发展中医药事业的指导思想和目标任务,为推动中医药振兴发展指明了方向、提供了遵循。习近平总书记指出,当前中医药振兴发展,迎来了天时、地利、人和的大好时机,希望广大中医药工作者增强民族自信,勇攀医学高峰,深入发掘中医药宝库中的精华,充分发挥中医药的独特优势,推动中医药事业和产业高质量发展,推进中医药现代化,推动中医药走向世界,切实把中医药这一祖先留给我们的宝贵财富继承好、发展好、利用好,充分发挥中医药防病治病的独特优势和作用,在建设健康中国、实现中国梦的伟大征程中谱写新的篇章。

2019年,方廷钰曾多次赴瑞典、西班牙、美国、波兰等国讲中医、讲针灸,为当地民众科普中医药文化。中医药在我国有着悠久的历史,具有很高的实用价值和丰富的科学内容,是我国医药宝库中的重要组成部分。它不仅是中国的优秀文化遗产,也是世界的优秀文化遗产。中医药文化不仅是中华优秀文化的典型代表,更是提升中华文化自信的突破口。目前,中医药已传播至196个国家和地区,中药逐步进入国际医药体系,已在俄罗斯、新加坡、古巴、越南和阿联酋以药品形式注册。在"一带一路"建设中,沿线国家在医疗卫生领域的合作越来越广泛,中医药这张名片越擦越亮。中医药文化在对外传播过程中以其深厚的文化底蕴和历史根基赢得了国际社会的广泛认同。

方廷钰的学术成就是非常辉煌的,其主要成果详见附录一。方廷钰是教育部中医药外语学科学术带头人,是国家中医药管理局"十二五"中医药英语学术带头人,是北京市重点学科中医人文学建设子课题负责人。他还担任了中华中医药学会中医翻译专门委员会顾问、世界中医药学会联合会翻译专业委员会首席顾问、世界卫生组织传统医学大会翻译组组长、国家卫计委来华留学生中医双语教材编委会顾问。

方廷钰在国内中医翻译领域具有学术泰斗级地位。自20世纪70年代起,他便负责编写《汉英词典》(商务印书馆出版)中的中医药词条。在其从事中医英语学术研究的数十载,他参与编纂《中华人民共和国药典(2005版)》(简称《中国药典(2005版)》)等中医英语相关词典2部,主编词典2部,译著15部,主编21世纪高等中医英语规划教材《基础中医英语》等6套中医英语教材,并多次为硕士、博士生编写、修订中医药英语教材,发表论文60余篇。

方廷钰在海外中医翻译界也享有盛名。他于1984年至1985年赴哈佛大学教育学研究生院任访问学者,曾多次受邀赴瑞典、美国、西班牙等国讲学,参加学术会议介绍中医。他主持了世界卫生组织传统医学大会和其他中医国际翻译会议。其最有代表性的译著当属 The Essential Book of Traditional Chinese Medicine。该书于1988年由美国哥伦比亚大学出版社出版,对中医起源、气血阴阳等基础理论、中药方剂及中医各科都有详细的介绍,为中国大陆学者在美国翻译出版的第一部系统介绍中医的专著。《宗教研究评论》(*Religious Studies Review*)杂志曾评论其拥有"传奇式的翻译水平"。他领导制作了"北京中医药数字博物馆（英文版）"，该项目于2011年获联合国教科文组织世界信息峰会电子健康与环境组大奖。方廷钰成绩斐然，为了探寻他是如何一步步努力实现的，编者带着问题专程采访了他，详见附录二（一）。

第四章

方廷钰中医翻译理念探源

第四章　方廷钰中医翻译理念探源

方廷钰致力于中医翻译40余年,著作颇丰。为深入研究方廷钰中医翻译理念的形成渊源,对其研究成果进行谱系学系统研究是十分必要的。为系统掌握方廷钰中医翻译理念,编者对方廷钰进行了访谈,了解了对其中医翻译理念产生重大影响的历史事件,并结合不同时代背景,从译史和译论的高度去发现其理念渊源。他丰富的论著和讲座稿为编者的研究提供了重要帮助。

第一节　汉英翻译理论探源

翻译实践是把一套语言符号或非语言符号转换成另一套语言符号或非语言符号的社会活动,而翻译理论是从这项活动中概括出来的系统化的理性认识。就二者的关系而言,翻译理论不仅可以指导翻译实践,还可对其进行描述、解释、规范、启发和预测。在中医翻译理论领域,朱文晓、童林、韩佳悦在《中国中医药翻译研究40年(1978—2018)》一文中指出:"由'技'到'论'的转变一方面有利于鼓励更多学者对中医药翻译开展形而上的研究;另一方面从学科发展角度来看,有利于拓展翻译学科的理论范围。"目前,该领域的专家主要借鉴语言学和翻译学理论并结合自身翻译实践探讨中医翻译理论。

众多学者借鉴了归化异化理论。归化和异化是两种翻译策略。归化法要求译者向目的语读者靠拢,采取目的语读者习惯的目的语表达方式来传达原文的内容;而异化法要求译者向作者靠拢,采取相应于作者所使用的源语表达方式来传达原文的内容。郭先英认为,在把中医的基本理念介绍到西方,被西方人理解和接受方面,归化译法功不可没;异化译法则更有利于保留中医中的东方哲学和文化内涵。毛红、赵震红认为,在对待中医典籍翻译的文化因素中,要避免翻译时过度归化的现象,尽可能地采用异化的方式保留中医中的文化特色。梁俊熊、王冠军提出，在中医文献的英译中，语言内容方面应更多地应用异化法，以期忠实地传递当中蕴含的文化信息；语言结构方面应遵从归化的原则，以保证行文流畅，符合译文读者思维习惯。

一些学者借鉴了功能对等理论，这对方廷钰中医翻译理念的形成有较大影响。奈达认为，翻译旨在用最恰当、自然和对等的语言，从语意到文体再现源语的信息。其核心理念是"译文读者对译文的反应与原文读者对原文的反应基本一致"，强调译文的交际功能，重视译文的可懂性、可读性和可接受性。李永安、李经蕴举例指出了功能对等理论在中医翻译中的应用。该理论在中医翻译目的语的选择、源语与目的语语言形式的对应、中医文化因素的处理方式以及中医翻译的全盘西化等方面都有所体现。盛洁通过从功能对等理论角度分析魏迺杰和罗希文的《伤寒论》译本，认为在对中医病症名进行英译时，首先应寻找其西医中的对应语而借用之。如果没有，则挖掘其深层含义，对语义进行适当调整或增补，并尽量以简练自然的方式表达出来。对于那些无法通过前两种方法进行翻译的病症名，则采用音译，将其融入上下文语境，同样可以起到很好的交际作用。

还有学者借鉴了一些其他理论，对方廷钰中医翻译理念的形成有较深影响。"语言国情学"是指人类语言虽然存在"共核"，但是一种语言中总有一些反映该民族特有的事物、思想和观念，在别国语言中找不到对应表达的词语，即使有一些翻译方法的提及，也是缺乏理论指导的，如李照国列举的中国儒家信奉的"礼"、中医的"阴""阳""气"。此类词汇在我国语言中所占比例较小，但作用极为重要，是一种文化区别于另一种文化的象征，翻译时尽可能采取音译。"关联理论"关注的核心是交际和认知，认为若文本话语的内在关联性强，则读者在阅读中无须付出太多推理努力，就能取得好的语境效果。同时，读者理解话语的标准就是在文本话语与自己的认知语境之间寻求最佳关联。直接翻译和间接翻译也是在关联理论指导下提出的。张斌研究了在关联翻译理论指导下的中医隐喻翻译，分析了中医隐喻直接翻译、间接翻译以及直接和间接相结合翻译的效果。文化图式理论也被多次提及。图式指过去反应或过去经验的一种积极组织，是一种知识结构，是每个人过去获得的知识、经验在头脑中储存的方式；而文化图式是包括风土人情、生活习俗、思维方式等内容建立起来的知识结构。彭庆华认为,中医话语中蕴含中医特有的文化图式,这些图式普遍存在于中华民族的认知语境之中,但西方读者对此是陌生的。因此,译者有必要在译文中增加相关解释和细节,并可在此基础上对源语进行适当的变通。蒋学军将中医典籍中的文化图式划分为中国古典文化哲学、宗教、比喻修辞格和典故四类,并提出"中医文化的翻译应该采取以异化为主、以归化为辅的策略,要大胆使用异化手段将'中医文化图式'译为'中式英语'"。所谓"中式英语",是指承认标准英语的外部规律,遵循英语语言的一般语理和语性,以某种偏离目的语主流文化和语言表征常态表述中国文化中个性化的精神内容和形态。

方廷钰从译者主体性、功能对等理论、"信、达、雅"等角度谈论了中医翻译,具有创新性。首先,译者主体性是指译者为实现翻译目的而在翻译活动中所表现出来的主观能动性,是一种自觉的人格意识及创造意识。译者一方面以自己的主观能动性克服客观制约性,另一方面受时代语境等客观外部环境和思维方式等译者自身因素的影响。多数学者认为,译者主体性主要体现在为我性、能动性和受动性三个方面。为我性体现了主观能动性发挥的方向性和目的性,与汉斯·弗美尔的翻译目的论理念相一致,即任何翻译都是出于某种文化目的。译者总是按照自己所意识到的目的语文化需要,决定其翻译选择和翻译策略。能动性主要体现在译者利用自己的主观能动性和创造意识,克服双语差异、文化语境和政治语境差异等客观条件的制约,发挥主体选择作用。受动性表现在译者不仅受到原作者语言风格和译语文化、政治、社会意识形态、读者期待等外部因素的制约,还受到译者自身因素的制约,如译者自身的认知图式、思维方式、价值标准和情感意志。译者主体性是在为我性基础上包含受动性的能动性,是受动性转化的能动性,是能动性与受动性的统一。方廷钰的翻译理念同目的论和功能学派有一致之处,即把翻译目的、译文所属的领域与目标读者放在首要位置,最大限度地照顾目标读者的语言习惯和期待视野,彰显了译者在翻译过程中的能动性、为我性和受动性。他坚持把握原文含义,在保证译文可读性的基础上,重视原文核心内涵的传递和表达,同时重视读者的反馈,及时补充更新译文,以发展的眼光看待现有的规范,提供符合时代发展的高质量译文。

其次,方廷钰在《功能对等理论关照下的中医病名翻译》一文中探讨了功能对等理论对中医病名翻译的指导,并提出了三条译者可以遵循的原则:一是尽量使译文符合原文语义,体现原文文化特色,做到形式和功能的对等;二是当语义和文化不能兼顾,信息传递与形式对应之间出现不可协调的矛盾时,功能的对等应优先于形式的对等,译文需舍弃形式,从而实现功能对等;三是若形式的改变仍不足以清晰表达原文语义及文化,这时可采用重创的翻译技巧来达到意义上的对等。重创是指将源语的深层结构转换成目的语的表层结构,也就是将原文的文化内涵从译语词汇的字里行间表达出来。具体到中医病名英译上,方廷钰根据功能对等理论以及中医病名和西医病名的关系,将中医病名分为三类,并提出具体的翻译策略。一是中西医病名相同,含义相同,采用直译;二是中西医病名相同,但含义不同,采用借译或重创;三是中西病名不同,内涵有交叉,若虽不同名,但内涵对应,则可借译,若是中医特有病名,且内涵与西医病名不完全对应,则可重创。

最后,严复在《天演论》的"译例言"中提出"信、达、雅",如今被后人确立为翻译标准。"信"指忠实于原文,不悖于原文;"达"指不拘泥于原文形式,译文表达通顺明白;"雅"指选词得体,译文简明优雅。方廷钰在《中医翻译探讨》一文中指出:"中医名词术语翻译要做到'信'和'达',也就是正确无误地表达中医名词术语的含义。'雅'不能强求,也难以办到。"因此,他提出了更符合中医翻译的"信、达、切"原则。"中医文章、句子翻译应做到'信、达、雅',因为中医文章有许多比拟化、艺术化的文句,翻译时不能不考虑文句优美,同时,要充分注意到中英两种语言的不同表达方式。例如,中文中常重复使用指代同一事物的主语,而英语要使用代词'it''they'等,从而使文章读起来通顺简洁。"在《中医典籍翻译以"信"为首——以〈黄帝内经〉为例》中,方廷钰通过对比四位中外中医翻译家《黄帝内经·素问》的译本,来发掘目的语是否真实地反映源语的含义、有无文化缺失和误读误译的情况。四个译本分别来自德国汉学家、中医翻译家文树德(译本于 2011 年出版)、美国学者伊尔扎·威斯(1～34 篇的节译本属 2002 年的再版本)、中国中医翻译家李照国(译本于 2005 年出版)和著名中医典籍翻译家罗希文(1～22 篇的节译本于 2009 年出版)。可以说,对照译本都是有丰富中医药翻译经验的翻译家的新作品。通过对比,他们发现四个译本均存在误译错译等现象。于是,他们对此进行了总结:"对西方学者来说,翻译中医典籍时,重要的不仅是流畅的语言表达,更重要的是忠实于原文。

如果只有流畅的语言,那就是'美言不信'。换句话说,没有传达原作的意思,西方读者会认为中医信口开河,严重影响中医的信誉和国际传播。因此,我们翻译典籍,必须坚持以'信'为首的原则,这一点是无论如何马虎不得的。"

在多年实践的基础上,方廷钰提出了"中医翻译的五个基本条件和两个层面"。"五个基本条件":一是普通英语水平,语义能力的搭配性;二是汉语和医古文水平;三是中西医药知识;四是西医词汇;五是中医英语表达法。"两个层面":一是中医名词术语翻译,二是中医句子文章翻译。为了更深入地理解方廷钰的翻译理论,编者就中医英汉、汉英翻译理论这一主题进行了深度采访,详见附录二(二)。

中医翻译不仅涉及医学知识,更涉及博大精深的中华文化。编者认为,在翻译时,不宜简单借用西医词汇过度归化,而应在未来发展中逐渐使用能保留中医文化特色的异化翻译。

总而言之,方廷钰的翻译理论强调译者本身的各项能力,注意译文的交际功能,重视中医药背后深厚的文化属性。所以,中医翻译从业者要注意提升自身中医翻译的五个基本条件,翻译时要考虑译文读者的特性和原文的文化内涵。中医翻译要顺应我国文化传播的形式,符合文化自信的价值观,故对于翻译策略的选择,译者应谨慎斟酌。

第二节 中医翻译流派探源

随着中医药的不断发展,西方国家对中医产生了浓厚的兴趣。要想将中医传播至国外,首要任务是让西方人理解中医特有的、有着丰厚文化底蕴和民族特色的专有词汇及诸多理念。在这样的时代背景下,20世纪70年代,中医翻译事业崛地而起。在不同的发展阶段,国内外相应地产生了不同的思想流派。这些思想流派对方廷钰影响颇深,有些是他中医翻译理念的思想来源,有些他会选择性地批判对待。本节重点参考了李照国的《中医翻译研究教程》中的流派分类。

一、国内中医翻译学家思想流派

(一) 释义派

释义派是 20 世纪 70 年代中医翻译事业刚刚起步的标志。由于当时西方人对中医不甚了解,翻译的首要目的是要让西方人尽可能深入、准确地了解中医理念和术语的真正内涵,这解释了释义派形成的必然趋势。通过词典解释性的方式翻译中医术语,虽然能够让西方人更好地理解中医内涵,却使原本简洁明了的中医理念和术语变得冗长、乏味,不符合术语的翻译原则。但不可否认,释义派为中医翻译事业立下了汗马功劳。

首先,要想把中医术语和理念这样带着浓郁民族特色、涵盖中国古典文化以及古哲学的理论介绍给西方人,必须了解中西方的语言文化和医学理法,仔细研究二者的异同,竭力找出西方人容易接受的表达方法。释义派系统分析、探索了中医翻译事业的研究思路。虽然当时是国内中医翻译事业的起步阶段,但专家学者非常重视翻译实践,在实践过程中不忘通过自己的经验和经历总结中医翻译的相关思路和方法。虽然有一些可能与现在普遍接受的方法有所不同,但这并不意味着当时的思路不正确,而是由于时代潮流的进步和发展导致的,语言本身的发展也影响了翻译的思路和结果。释义派还有一个非常重要的贡献,即为后来其他流派的发展奠定了基础。虽然词典解释性的翻译方法比较烦琐,但在西方国家对中医不甚了解的年代,是最能让西方人了解中医理念真正内涵的有效方式。

值得一提的是,当时开启释义派的学者主要是中医院校和西医院校从事中西医结合研究的专家、学者以及个别从事英语教学和翻译的老师,他们有着良好的英语基础,又经常有机会跟西方人交流。在这样的背景下,他们很容易产生向西方传播中华优秀传统文化的志向。职业使然,在中医翻译时多加解释,向西方传播中医文化和知识,成为他们的一个重要课题。

(二) 词素派

词素派是通过仿造单词,打造一套既具有中医特色又符合科技英语词汇结构的中医术语体系。方廷钰反对使用西医英语词素自造中医词,他认为自造词不但难以被读者理解接受,还会造成译者的使用混乱。释义派的翻译比较烦冗复杂,不利于中医文化的交流和学习,尤其是在交流过程中,过于冗长的中医术语使进行对话不太容易。但鉴于释义派的词典解释性翻译,西方人对中医术语和中医理念有了一定程度的了解,所以想要创造一套中医专属的、简洁的术语体系迫在眉睫。在此背景下,词素派顺势而生。这样的理论看似科学可行,但在实践过程中并没有被推行。因为在这一阶段,中医翻译仍然处于不断探索的阶段,没有过多的经验参考,这是他们在致力于使中医术语简洁化历程中做出的探索和尝试。虽然词素派没有被推广开来,但他们做出的贡献是不容忽视的。

首先,词素派创造的一些中医术语流传了下来,并且应用广泛,如将针灸译为"acupuncture",这是针灸现行的标准译法。此外,这种创造性的译法也为后来的学者、翻译流派提供了新思路,如简洁性这一特点贯穿于后来各个流派的中医翻译理念中。这也为后来的中医翻译学者进行中医翻译搭建了更广阔的平台,拓展了中医翻译实践和研究的视野,提醒后来者不要拘泥于现有的翻译思路,而应尽力探索、分析、学习,努力找出更适合中医翻译的体系。再者,词素派为中医术语翻译的标准化奠定了坚实的基础。词素派的创造,目的就是为了形成中医翻译特有的一套理论体系,为中医术语的翻译建立一个标准,尽可能避免不同学者将同一个中医术语译为不同的形式,因为这可能会给西方人理解中医理念造成一定的困扰。方廷钰认可词素派的构词法理念,但是他反对依据词素自造词。他认为,中医翻译轻易造词容易造成误解和读者认知上的混乱。

(三)联合派

此前虽然有中医院校和西医院校从事中西医结合研究的专家、学者以及个别从事英语教学和翻译的老师在从事中医翻译事业,在推进中医在西方国家的发展,但是国内中医翻译者的人数和力量非常有限,大家几乎是自己翻译自己的,很少有机会坐在一起交流、探讨怎么规范翻译中医术语。在这样的背景下,联合派出现了。联合派,顾名思义,就是将全国上下的中医翻译学者联合起来,将他们的力量凝聚起来,为他们搭一座沟通的桥梁,创造出"1+1>2"的优良结果。此前,虽然有学者意识到这个问题,组织了一部分学者一起翻译,但大多数是自己身边的同事或少数团体,并没有将全国的学术力量凝集起来。联合派改进了这一点,并迅速扩大了中医翻译的团队。通过联合派,全国的专家和学者不再闭门造车,他们一起探讨,他们的思想发生有效的碰撞,产生夺目的火花,他们合作编写、联合出版,这在很大程度上提高了中医翻译的效率和质量。方廷钰积极参加这些中医英译学术活动,做出了巨大贡献。在这期间,他们较为系统、完善地将中医的基本理论、临床实践、防病治病和养生保健等理法方药介绍并传播至西方,大大促进了中医西传的进程。

联合派的主要贡献体现在以下几个方面。首先,联合全国上下的中医翻译学术力量比个人单打独斗高产很多。他们联合编写和翻译了汉英对照中医系列丛书。这些丛书不仅供西方人学习,也让国人了解了很多中医翻译的基本方法,为许多具有中医背景或英语学习背景的人打开了一扇崭新的大门,使他们对中医翻译产生了浓厚的兴趣,为他们日后参与到这项伟大的事业中奠定了牢固的基础,极大地拓展了中医翻译的领域,壮大了中医翻译的队伍。其次,在联合全国学术力量讨论学习的过程中,联合派建立了中医翻译学术组织和团队,这是一个学术领域发展的标志性进步。任何一个学术领域的发展都应建立相关的学术组织和团队,供爱好和发展这一领域的同仁学习和交流。与同行交流、探讨,远比自己一个人独自思索进步得快;与他人讨论,可以取长补短,互相学习,共同进步。此外,联合派的成立规范了中医基本名词术语的翻译。20世纪70年代,国内中医翻译事业刚起步,许多名词术语的翻译不一致,还处于探索阶段,学术界流通着不同版本的翻译,这不利于中医走出去。在联合派成立之前,没有此类专门的平台供大家交流、碰撞,"统一、规范这些术语的翻译"这一想法不太现实。联合派成立后,组织专家学者对中医翻译面临的问题和挑战进行了认真的总结研究,制订了较为规范的编写方案,对此前学者进行的研究和翻译做了对比分析,在他们的基础上制定了较为统一的翻译策略,为后人的中医翻译之路扫除了不少障碍。除此之外,联合派还加强了中医翻译的学术研究。其实在早期,即使是中医翻译刚起步时,专家学者就在注重实践的同时,不断探索、总结翻译方法和经验。但联合派更加重视中医翻译的学术研究,在整理和总结翻译经验的基础上,逐步上升到理论研究和体系构建的阶段。自此,中医翻译界的学术研究之风有了很大提升。

（四）理法派

理法派是指对中医翻译的理论和法则进行探索、研究和构建的学派。虽然翻译是一门实践性和应用性非常强的学科，但我们依然要重视对其进行理论研究。实践是理论的基础，只有实践过，才可以得出一定的理论成果，而得出理论成果并不是最终的目的，这些理论成果最终要指导实践。有了这些理论成果，我们的实践过程才会不断进步和完善。方廷钰认为在中医翻译过程中，尤其是中医翻译发展到一定阶段时，对它的理论和法则进行探索、研究和构建非常重要。方廷钰非常关注李照国的中医翻译理论研究，赞同李照国的以下观点：一是研究中医翻译的理论体系时，必须了解中医所涉及的哲学、文化和民族特色，理解中医独特的医理；二是要想将中医翻译到西方，让西方人能明白其中的深刻内涵，除了研究中医，对西医的学习也是必不可少的，学者需要从二者中找出异同，将中西医有机地结合起来，融会贯通，充分发挥好翻译作为桥梁的作用，让中医为西方所接受，让西方人体会到中医的治疗效果，感受到中医的独特魅力；三是研究时还需考虑中西方文化方面的差异，只有将一切影响因素都考虑到，才能更客观、更全面、更准确地总结构建出中医翻译的标准体系。

但需注意的是，理法派的使命不单是对翻译实践经验的总结和分析，更注重对理论的研究和体系的构建。理法派大致于20世纪90年代形成，到现在虽已经历相当长的一段时间，但这一学派仍处于探索阶段。尽管如此，理法派做出的贡献不容忽视。在长期从事翻译实践和理论研究的过程中，理法派代表学者撰写了《中医翻译导论》和《中医英语翻译技巧》两本著作，这是当时非常杰出的研究中医翻译的理论体系、方法体系和标准体系的成果，甚至对现在的中医翻译仍然有很大的指导意义，并为之后中医翻译理论和法则的研究及进一步构建与完善奠定了必要的基础。

理法派撰写的一些著作出版后，很快便在国内引起了广泛的讨论和学习，国内中医翻译专家和学者对其中提出的理论体系、方法体系和标准体系做了深入的思考和探讨，总结出大家普遍认可的、相对统一的、能为大家所接受的指导体系，为中医翻译发展成独立的学科做出了卓越的贡献。因为中医翻译要想成为独立的、有专业特色的学科，就必须要有理论指导和方法引领。学科的建立，使得对中医翻译感兴趣的人才数量有了显著的增加，这也为他们提供了一个良好的平台,有了学科,就有了一个相对明确的翻译体系和标准,他们不用再像之前的学者那样单打独斗,也减少了翻译版本参差不齐的现象,壮大了中医翻译的队伍,极大地发展了中医翻译的力量。

(五)规范派

从20世纪70年代初国内中医翻译事业起步到现在,中医基本术语和基本理论英译的统一化和规范化问题一直是从事中医翻译的专家和学者潜心研究、想努力推进和实现的目标。规范派就是努力推进和实现中医基本名词术语英译统一化和规范化的学者的统称。要想使大家统一认识和规范中医翻译,将朱自清的关于译名统一化的四点建议用在这里非常恰当,即政府审定、学会审定、学者鼓吹和多数选择。政府在一个国家是非常权威的存在形式,一般而言,政府代表了大多数人的意愿和想法,代表了一个国家的主流思想。虽然中医翻译属于学术话题的范畴,但仍需要通过政府的审定,不能忽视政府在其中发挥的作用。中医翻译既然是一个学术问题,最重要的还是需要相关学会的审定。学会代表了一个领域最前沿的研究成果,经过学会审定后的中医翻译实践是经得起各界人士推敲的。而学会的审定也为学者在随后实践中的大力鼓吹奠定了理论基础。最后一点建议即传播过程中最为理想的结果——多数人的选择和支持。只有把握好这四点建议,将它们有机地结合起来,才能使中医规范化的进程更顺利。

规范派在发展过程中制订了许多标准化方案,主要包括国家中医药管理局组织制订的中医名词术语英译标准化的方案、谢竹藩对三大块(即中医基础理论、诊断学和治疗学)中医名词基本术语英译及其标准化问题的研究及中医临床术语国家标准方案等一系列方案。虽然这些方案或多或少存在不足,包括覆盖面的大小、采取的翻译方法和原则的异同,但不可否认,它们使得中医翻译规范化向前迈出了一大步。

除了制订的诸多标准化方案,规范派还在其他方面做出了重要贡献。首先,突出的一点是他们在制订方案时,不仅考虑了中国译者的翻译习惯,还仔细考虑了西方读者的文化特色和阅读习惯,将二者结合起来制定合理的标准,这在目前国内和国际上颁布的几个中医名词术语英译的国际标准上都可体现出来。除此之外,考虑到国内学者对中医文化的理解程度及国外学者对英语语言特色的把握程度,在中医翻译过程中,规范派将中西方学者联合起来,有效地完善了中医名词术语英译的标准化制定问题。

要想实现规范化,需要学者对不同时期、不同地域、不同学者的翻译风格、研究风格做深入的分析和对比。这个过程潜移默化地拓展了专家学者的学术视野、翻译格局,他们对整个中医翻译的理解也更加深入。方廷钰认为中医翻译标准化任重道远,他在担任世界中医药学会联合会翻译专业委员会首席顾问、世界卫生组织传统医学大会翻译组组长、卫生部来华留学生中医双语教材编委会顾问等职务时,都在积极地为推动中医翻译标准化贡献自己的力量。

二、国外中医翻译学家思想流派

(一)拉丁派

拉丁派是指以拉丁语为基础,翻译中医的西方学者。中医自17世纪开始传入西方;到19世纪末,中医基本理论和方法以及部分中医典籍被翻译介绍到西方。17世纪及以前,欧洲通用的雅致语言是拉丁语,所以有相当一段时间向西方介绍中医信息或翻译中医资料的人士都使用拉丁语。随着时代的发展,中医翻译发生了天翻地覆的变化。19世纪之前的拉丁派主要以拉丁语为中医西传的媒介,20世纪的拉丁派主要借用拉丁语翻译中医的基本名词术语,而不是翻译中医理法方药的全部内容。就当时的翻译实践和研究及翻译进展来看,20世纪的拉丁派大致包括两个方面:一是完全以拉丁语为基础,为中医创造规范化的术语体系,代表人物为满晰博;二是以拉丁语为基础翻译中药名称,而不是所有的中医概念和术语。

虽然满晰博所创立的以拉丁语为基础的中医术语没能传播开来,但以拉丁语为基础的其他一些中医术语传承不断,直到今天都绵延不绝,主要体现在中药和方剂名称的翻译方面。方廷钰在翻译中药名称时,除了喜欢使用拼音,还喜欢加入拉丁语,因为他认为"拉丁语指代单一、确切,不易出现混乱而导致误读",而中药材英译一直比较混乱,难以起到对应作用。

20世纪90年代之前,中药名称一般都用拉丁语翻译,很少有用英语翻译的做法。但随着中医在西方的广泛传播和应用,中药名称的音译逐渐普及开来。

就目前中药名称在西方的传播情况来看,以汉语拼音音译的形式是其发展的必然趋势。

以下是中药名称音译的典型例子(括号部分为拉丁语):

当归:Danggui (*Angelicae Sinensis Radix*)

党参:Dangshen (*Codonopsis Radix*)

生地黄:Sheng Dihuang (*Rehmanniae Radix*)

防风:Fangfeng (*Saposhnikoviae Radix*)

甘草:Gancao (*Glycyrrhizae Radixet Rhizoma*)

葛根:Gegen (*Puerariae Lobatae Radix*)

桂枝:Guizhi (*Cinnamomi Ramulus*)

人参:Renshen (*Ginseng Radixet Rhizoma*)

中医方剂名称多以相关的中药名称命名,所以在翻译中医方剂名称时,除了剂型,如"汤(decoction)""丸(pill)""散(powder)""膏(extract, paste)""片(tablet)""颗粒(granule)"多以英语翻译为主之外,方剂名称中的中药名称仍以拉丁语为基础进行翻译。以下是几则常见方剂名称的翻译:

桂枝汤:Ramulus Cinnamoni Decoction

麻黄汤:Herba Ephedrae Decoction

升麻葛根汤:Rhizoma Cimicifugae and Radix Puerariae Decoction

犀牛地黄汤:Decoction of Cornu Rhinoceri and Radix Rehmanniae

槐花散:Flos Sophorae Powder

桑菊饮:Decoction of Folium Mori and Flos Chrysanthemi

(以上方剂名称选自《汉英中医辞典》)

除了以药物命名,方剂名称中还有一些与文化或习俗相关,如温脾汤(即以"温补脾阳,攻下冷积"之功效而命名),清营汤(即"清营透热,养阴活血"),清宁丸(源自《老子》"天得一以清,地得一以宁"),资生丸(源自《易经》坤象卦"至哉坤元,万物资生,乃顺承天")。对于这些方剂名称,译者一般意译,如将"温脾汤"译为"Decoction for Activating Spleen Yang",将"清营汤"译为"Clearing-Nourishing Decoction"或"Decoction for Clearing Heat and Nourishing Blood"。

随着中医的不断传播,药典撰写也更加重视实用贸易治疗。方剂名称的音译在西方逐步得到普及,成为中医方剂名称翻译的必然趋势。而拉丁语和英语的翻译,将成为方剂名称西译的一座过渡性桥梁。现在《中华人民共和国药典》并未采取拉丁文译法,而是使用汉语拼音。方廷钰主张使用汉语拼音加剂型英译法翻译方剂名称。

(二)考据派

考据派的理念就是以中国古典文化的典籍,特别是以中医的文献典籍为基础,诠释和解读中医的基本概念和术语,并以此为依据对其进行翻译和表达,具有比较浓郁的传统文化色彩和比较客观的忠于原文的精神。

在西方中医翻译界,文树德对中医一些核心概念的理解和翻译体现了对文史、文献和文化的高度关注,他是西方考据派的代表人物。他总结了拉丁派的做法及其他西方人士的译法,认为这些译法和理念都不符合正确解读和传递中医基本信息的要求。他提出西方译者翻译中医有三大常见错误。一是西方学者翻译的很多中医基本名词术语并不能完全体现中医对人体生理和病理的认识。例如,西方很多学者和翻译人员将中医中的"气"译为"energy"或者"vital energy",虽然解释了"气"具有推动力的功能,但忽视了"气"的温煦、保护、气化等功能。而将"气"直接音译,为中医翻译开辟了一个非常有意义的路径。二是用拉丁语或希腊语翻译中医的术语是非常不妥的,使得中医的核心术语很难达到西医术语的水平。因为很多中医术语有其特定的具体概念,并没有通俗含义,这决定了它们很难被译为西方语言。三是将结构精美、寓意深刻的中医概念和术语完全按照西方人的思维方式进行解读和示意,并按照西方人的习惯和传统进行翻译和表达。这一翻译方法使得中国特有的民族文化一步步向西方文化靠拢,失去了独有的文化特色。

重视考据就会在翻译中注重中医学概念和术语中的文化内涵和渊源,从而影响译者对翻译理念和词语的选择,促进译者了解并掌握中国医史。考据派的风格主要体现在对中医基本的概念和术语的翻译上。下面编者就这些概念,结合其他相关术语或表达法的解读解释,来对文树德以考据为基础、翻译《难经》中的基本概念和术语的思路和方法进行分析总结。

1. 关于"气"的翻译

"气"最初被译为"energy"或"vital energy"。20世纪90年代后,音译的"qi"或"Qi"普及开来并成为国际通用译法。而文树德从自己考据的角度将其译为"influence",似乎不太贴切,但也是有着考据方面考虑的。将"气短"译为"short breath"也是结合了实际的。

2. 关于"经"的翻译

文树德将"经络"中的"经"译为"conduit",而现在流行且比较规范的译法是"meridian"和"channel"。他将与经络循行相关的"三阴三阳"译为"minor yang(少阳)""yang-brilliant(阳明)""great yang(太阳)""great yin(太阴)""minor yin(少阴)""ceasing-yin(厥阴)"。而从规范化和标准化的角度来说,直接音译的效果可能更好。但文树德按照考据的角度来翻译有一定的道理。

3. 关于"脏腑"的翻译

文树德坚持将"脏腑"译为"depot"和"palace",源自对古代文献的考据。"脏腑"的"脏"源自"藏"(即收藏之所),"腑"源自"府"(即提供人居住的府邸)。

4. 关于"邪"的翻译

远古时期,人们不知道是什么导致了疾病的产生,认为是妖魔鬼怪的邪恶之气导致了疾病的产生,于是将致病因素称为"邪"。所以文树德将"邪"译为"evil",比较符合古人之观念。

5. 关于"脉象"的翻译

文树德对"脉象"的翻译既考虑了原文的原始含义,也考虑了"脉象"的实际表现。例如,他将"细"译为"fine",将"微"译为"feeble",将"数"译为"frequent",将"迟"译为"slow",将"急"译为"tense",将"缓"译为"relaxed"。

6. 关于"三焦"的翻译

文树德将"三焦"译为"triple burner",与以往译法并无不同。

7. 关于"色"的翻译

中医中的"色"指面容、面色,故文树德将其译为"complexion"。

8. 关于"证"的翻译

关于"证",中医翻译界有比较流行的翻译——"syndrome"。但"syndrome"

在西医中的含义与"证"在中医中的含义有较大的差异。"syndrome"指的是有一系列症状表现,但病因不明确的病变;而中医的"证"指的是一种疾病在不同阶段的表现,其性质是明确的、病因是清楚的。故文树德将其译为"evidence",虽与原有的意思有相近之处,但显得有些空泛。

9. 关于"六淫"的翻译

文树德采用比较朴实的译法从实而译。翻译时,他不仅注重《难经》原文的内涵,还保持了其行文风格。例如,他将"数则为热"译为"frequency indicates heat",将"迟则为寒"译为"slowness indicates cold"。

10. 关于病理现象的翻译

文树德将"烦"译为"uneasiness",将"腹满胀"译为"swollen and full abdomen"。对于人体的一些病理变化,其译文虽然比较符合实际,但与比较流行的译法还是有一定差距的。

11. 关于特有术语的翻译

文树德将"奔豚"译为"running piglet",将"骨痿"译为"bones to weaken"。虽然这些翻译有些直接,但颇为生动形象。

12. 关于西医术语的借用

对于中医中的心肝脾肺肾等人体器官的名称,文树德直接借用西医术语来翻译,他将"黄疸"译为"jaundice"是比较典型的实例。

方廷钰特别注重中医翻译的考据研究。他在指导青年教师和学生翻译古代医学文献时,会带领他们钻研一些药物的考古正名问题,强调"古代医生有地域、方言等区别,即使同一个药也会有不同的叫法"。

(三)通俗派

就目前中医翻译在国内外的发展情况来看,通俗译法颇为常见,甚至早已非常流行。从某种角度上看,似乎影响最为深入广泛的便是通俗派。方廷钰亦受此派的影响,在翻译的过程中,为照顾读者的理解,他会选择尽可能通俗易懂、见词明义的表达。

所谓通俗,指的是翻译时采用普通词语和普通表达方式,翻译中医学上颇有特色的一些专业概念术语和句式。但如此通俗的翻译方法并不是通俗派译者独有的译法,这种译法在其他流派中也有体现。

如在翻译《难经》四十四难时,文树德将"唇为飞门"中的"飞门"译为"flying gate",将"齿门户门"中的"户门"译为"door gate"。这也属于比较通俗的译法。欧明在其早期编写的《汉英常用中医词汇》中将"心火"译为"heart fire",将"肺火"译为"lung fire",将"命门"译为"gate of life",也属于比较通俗的译法。王吉民和伍连德在《中国医史》中,除使用音译之外,还将"内经"译为"internal classic",将"脏腑"译为"viscera"。在 2004 年全国科学技术名词审定委员会公布的《中医药学名词》中,"风热疮"被译为"wind heat sore","五色"被译为"five colors",等等。从以上所举的几个例子可以看出,无论是早期、中期还是现在,都可以找出许多类似通俗的翻译事例,这说明通俗翻译的做法是比较普遍的,甚至比较流行。原因有三:一是注重读者对中医基本概念的理解;二是人类通俗易懂的语言;三是自然对应的追求。

中医翻译面临的首要问题就是中医理论的深奥和语言的古奥。很多中医概念和术语的含义显得既明又幽,既实又虚。这种不确定且多变的概念,使得中西方在交流时产生了严重的语言冲突,要想将中医结构简朴的概念和术语简洁而明确地译为英语,难度之大可想而知。① 唯一可能采取的方法就是按照集字链的结构,在英语中寻找其形式上比较对应的词语,然后再通过反复的交流和传播,将其实际内涵传递给以英语为母语的读者。这说明:通俗易法的普遍流行与中医语言特点,以及在西方的传播和发展有着颇为自然的关系。

可以看出:通俗译法在长期以来的中医英语翻译中是比较普遍流行的,在任何时代任何流派的译者中都可以找到通俗翻译的实例。但就通俗译法的发展而言,魏迺杰是最为突出的代表,他是第一个明确提出且系统研究实践和推进通俗译法的译者和研究者。

鉴于中医语言的独特风格、内涵以及长期以来的翻译体会,魏迺杰认为英语语言虽然是世界上词汇最为丰富的语种之一,但要从中找出几个能够准确、完整地再现中医原意的对应词是十分不易的。魏迺杰认为,以仿造为主的翻译方法,不与任何一种传播目标相冲突,故优于拉丁派和考据派,以仿造(即直

---

① 刘时觉. 中医研究的基本语言学问题[J]. 中医研究,1992(2):7-10.

译)为主的翻译方法,最能忠实地反映中医概念。这种翻译方法可以确定,不论中医未来在国内外的发展如何,西方人都能够领略传统中医的全貌。

为进一步推广仿造译法,魏迺杰专门编写了《实用英文中医辞典》,对中医语言中700多个常见的汉字逐一进行了仿造式的翻译,为相关术语的翻译构建了框架基础。① 术语或者概念中出现某个汉字时,魏迺杰认为应给予直接翻译,基本不调整位置。例如,将"泛"译为"flood",将"肾虚水泛"译为"kidney vacuity water flood",将"运"译为"move",将"运脾"译为"move the spleen"。

魏迺杰是如何具体运用通俗译法的呢？下面摘取一些选自《实用英文中医辞典》的实例。

1. 关于"上工"等概念的翻译

魏迺杰将"上工"译为"superior practitioner",比译为"superior craftsman"自然流畅,"上工"指高级医师,"practitioner"更好,可指代医师,"craftsman"指工人。

2. 关于"治未病"的翻译

魏迺杰将"治未病"译为"treating disease before it arises",这属于解释性翻译,是意译,这样翻译是结合了上下文的。

3. 关于"补"的翻译

中医译家一般将"补"译为"tonify""reinforce""replenish",将"养"译为"nourish",将"滋"译为"enrich"。魏迺杰将"补"译为"supplement",与较为流行的译法存在一定的差异,但基本意思还是比较明确的。

4. 关于"经络"的翻译

魏迺杰将"络"译为"network vessels"失之偏颇,"络"是"经"的分支,不是现代医学上血管的分支。

5. 关于"腠理"的翻译

"腠理"泛指皮肤、肌肉和脏腑的纹理以及皮肤、肌肉间隙交接处的结缔组织。魏迺杰将其译为"interstice"是比较可取的。

---

① 谢竹藩,刘干中,吕维柏,等. 评魏迺杰先生的《实用英文中医辞典》——论魏氏直译法 [J]. 中国中西医结合杂志,2005,25(10):937.

方廷钰中医翻译理念的产生受到中西方重要中医翻译流派的影响,但他有自己的思辨和原则,对上述流派博采众长,且能批判对待,从而形成了自己较为完备的中医翻译理念系统。

第三节　中医翻译理论及方法探源

随着我国综合国力的增强,我国的文化需要更好地传播出去。中医是我国优秀的传统文化,有着数千年悠久的历史。但是中医翻译方面的著作和论文不多,中医的英语翻译尚未形成统一的标准。随着译者对中医翻译进行更深入的实践和探讨,中医英语翻译的理论必将迎来新的发展,中医英语翻译会更加准确、达意,中医更易被外国人理解、认可并接受。

编者以"中医翻译理论技巧著作对方廷钰的影响"为访谈主题,由浅入深地展现了方廷钰如何从中医翻译论著中批判性地吸收新的思想,并对其进行发展和创新,从而不断地补充和完善自身的中医翻译理论体系,提升中医翻译理论和技巧。方廷钰从事中医药英语教学和中医翻译理论与实践研究40余年,是该领域居主导地位的专家之一。研究方廷钰如何在阅读这些著作时逐渐形成自己的翻译理念体系,不仅能够更加明晰中医翻译领域中的翻译理念研究,也能给莘莘学子指明学习的方向,使其不在繁复的中西医翻译理念和翻译理论中迷失,不局限于一方天地。

在中医药对外传播的几十年间,关于中医翻译理论和技巧方面的探索及研究从未停止。许多学者在不同时期、不同阶段梳理、总结了中医翻译理论与技巧,并以专著、期刊或论文等形式提出自己主张的理论与方法。方廷钰早年向马堪温学习,之后受谢竹藩的影响。除了向老一辈学习,方廷钰还特别关注并研究后来一些青年学者提出的中医翻译理论和技巧,如李照国、魏迺杰。优秀的青年学者通过学习、研究老一辈留下的宝贵财富,不断地发展创新,为中医翻译留下了许多珍贵的思想。方廷钰在学术交流中也受到了他们的影响。

马堪温,男,1950年毕业于燕京大学,后在北京医学院任医学史助教。

1960年至1962年,他在中医班学习,后在中国中医研究院做医史文献研究工作。他曾任该院研究员、教授,被聘为中华医学会医史学会常务理事并荣任许多国内外学术团体委员和大学教职,如国际医史学会执委会常委、国际亚洲传统医学研究会副主席、伦敦大学高级研究员、维也纳大学客座教授,至今已从事医学史研究50余年,出版专著《中国医学简史》等,发表中英文论文百余篇。他曾在德、英、奥等国考察研究和讲学,多次应邀出席国际学术会议讲演。近年,他尤其重视东西方比较医学史研究,为国际著名医史学者。

谢竹藩,男,浙江宁波人,中西医结合学界奠基人之一。他从医60余年,精通多国语言,由西医内科高级医师转学中医,进而成为中西医结合大家,再而成为中西方医学交流使者,是当之无愧的中西医结合泰斗,开辟了医学界无可比拟的先驱之路。他是中医药名词术语国际标准研究的先驱。2003年,谢竹藩编写的《英文中医名词术语标准化(英)》出版,阐述了目前中医翻译中存在的问题及翻译的基本原则、方法、程序和特点等方面的内容,尤其对中医名词术语的翻译及医古文常用修辞手法的翻译和词类活用的翻译等进行了较为系统的论述,为中医英语翻译规范化奠定了基础。该书对于推行中医疗法起了积极的作用。世界卫生组织西太区(WHO/WPRO)2004年在北京召开的"制定传统医学名词术语国际标准"研讨会上,将该书确定为世界卫生组织制定中医药名词术语国际标准的基准材料,并在该书基础上形成了世界卫生组织国际标准的初步方案。

李照国,笔名牛喘月,陕西省三原县人,1984年毕业于西安外国语学院,获英语语言文学学士学位,被分配到陕西中医学院从事英语教学和翻译工作;1989年,考取西安医科大学英语系语言学与应用语言学专业硕士研究生,毕业后任教于陕西中医学院,从事英语教学和翻译研究工作;1996年,考取上海中医药大学针灸博士研究生,从事中国古典文化的学习和翻译研究;1999年,获博士学位后留校任教;2007年4月,被调入上海师范大学外语学院;2013年7月,任上海师范大学外国语学院院长,全面负责学院工作。

大学毕业后,李照国主要从事中医英语翻译、教学和研究工作,承担本科生、硕士生和博士生的中医英语、中医翻译和高级翻译等课程的教学工作,指导中医翻译专业硕士研究生,先后出版研究专著、译著,发表研究论文、杂感、散记和札记数百篇。其中,关于中医翻译理论技巧著作包括1993年出版的《中医翻译导论》、1997年出版的《中医英语翻译技巧》等。

魏迺杰,英籍汉学家、语言学家,1976年毕业于爱丁堡海瑞尔沃特大学,获西班牙语、德语翻译学士学位;2000年,获英国埃克塞特大学补充健康应用语言学博士学位。他在台湾生活了20余年,任教于台湾长庚大学,从事中医英语和医学拉丁语教学,熟悉中西方的语言与文化,并且长期钻研中医理论知识及中医文化。他对中医英译问题的研究长达30余年,主要介绍中医知识和中医英译,包括中医名词术语的翻译及其标准化、中医英语语言。

魏迺杰在其博士论文《中医术语翻译——源语导向法》"Translation of Chinese Medical Terms: A Source-Oriented Approach"中,提出并详尽介绍了源语导向翻译法,认为这是翻译中医术语的最佳选择。具体译法包括五种:直译法、仿造法、造词法、音译法和比照西医法。魏迺杰在《中医术语的源导向翻译》(*Source-Oriented Translation of TCM Terms*)的报告中指出,根据调查与分析,在全世界主要出版中医文献的出版社中,大约3/5的出版物采用了他的术语体系,美国甚至有2/3的出版社以他的词汇体系为出版标准。

方廷钰多次赴瑞典、西班牙、美国、波兰等国讲学。2008年,他担任世界卫生组织传统医学大会翻译组组长,主持了世界卫生组织传统医学大会和其他中医国际会议翻译,并多次赴欧美参加学术会议介绍中医。他在国内也参加了众多中医翻译的学术会议,如世中联翻译专业委员会学术年会。在国内外学术交流中,方廷钰对接触到的上述中医翻译专家学者的观点比较赞同,他们的中医翻译理论及方法对他的中医翻译理念产生了重要影响。例如,魏迺杰主张的直译法、音译法和比照西医法,李照国主张的中医翻译原则中的回译性、民族性,谢竹藩主张的名词术语标准化。但他没有直接地、完全地接受这些学者的所有中医翻译理论及方法,而是结合自己多年的中医翻译实践,有选择地接受和综合改造这些观念,形成了自己的中医翻译理论及方法。

关于他的中医翻译理论技巧,方廷钰在《中医翻译探讨》中说明了中医翻译的五个基本条件,分别是普通英语语义搭配能力、汉语和医古文水平、中西医药知识、西医词汇、中医英语表达法;中医翻译的两个层面包括中医名词术语的翻译及中医句子文章的翻译,说明了两个层面各自翻译的原则。在中医名词术语翻译方面,他提出:要做到"信""达",词义与中文要相应,少用释义性译文,采取通行且已被认可的译名,注重翻译的回译性,以及不要轻易造词。在中医句子、文章的翻译方面,他强调要做到"信、达、雅",汉英中医词典仅作为参考,注意词的搭配性,举例说明以动词、形容词、名词为中心的翻译方法和四字格的翻译法,最后仍以例子的形式展现了中医翻译中的用词不当、错译及误译。

方廷钰在国内进行了多场演讲,分享了他多年总结的中医翻译经验。2008年,他在上海举办的第十八届世界翻译大会上做《翻译——通向中医国际化》报告;2015年,他在浙江江山中医药名词术语规范通则及其成果应用培训中发表《医学英语特点和中医英语翻译》演讲,并进行培训;2017年,他在由世界中医药学会联合会翻译专业委员会主办、广州医科大学承办的世界中医药学会联合会翻译专业委员会第八届学术会议上做《中医翻译方法与技巧》报告。

方廷钰主编的《中医英语300句》于2016年出版和2018年再版。此书精选出300句有关中医经典经文、中医、经络、针灸、推拿、方剂以及临床各科的句子,通过翻译技巧、词汇和语法分析,让学生知道如何正确地翻译中医文本。该书使用的翻译技巧、语法等给刚入门的学生带来许多惊喜,他们在学完该书后受益颇多。方廷钰积极带领北京中医药大学的老师和学生学习、钻研中医翻译理论、技巧和方法,发表多篇学术论文。2015年至2017年,方廷钰耐心地指导年轻教师、学生撰写出版了中医翻译著作《现代化中医药常用术语英译》。

在翻译中医著作时,方廷钰依据个人的翻译理论和翻译实践,形成了一套完整的翻译理念。通过前文介绍可以看出,他的中医翻译理论及方法重点参考了当今几位重要的中医翻译家。他能够辩证地看待每一位中医翻译家的观点,有选择地将他们的观点纳入自己的中医翻译理念体系。可以说,方廷钰的理念博采了众长;也可以说,他的理念主要基于其多年的翻译实践经验所成,恰与其他翻译家不谋而合。方廷钰非常关注当前国内外的中医翻译学者,他与李照国、魏迺杰和谢竹藩保持着学术交流。他在自己的中医翻译实践和论著中也参考、引用过这些中医翻译家的理论及方法,尤其是直译和功能对等。但是,他也提出了一些和这些学者不同的观念,如"不要轻易造词""不要完全借用西医词汇"。方廷钰建议青年教师和学生多读这方面的相关论著。

第四节 中医翻译重要会议的影响

中医药历史凝结着祖先的智慧与深厚的传统文化底蕴。因此,要想将中医药文化系统翻译出来,必须形成系统化的翻译方法,而各类中医药翻译会议的举办无疑为中医翻译专家提供了绝佳的信息交流平台。在会议上分析中医翻译问题与研究中医翻译策略,有利于中医翻译事业形成体系,大大提高了翻译效率与质量,为中医药的国际传播打下了坚实的基础。方廷钰作为中医翻译界的专业学者,经常参加各类国内外中医翻译传播会议进行学术交流,以下为一些中医翻译组织、会议及方廷钰的会议观点介绍。

一、中医药翻译重要会议组织

(一)世界中医药联合会翻译专业委员会

2008年8月2日,经中华人民共和国国务院批准、民政部登记注册,世界中医药学会联合会翻译专业委员会(World Federation of Chinese Medicine Societies Specialty Committee of Translation)成立。该委员会是中医翻译的第一个国际学术组织,以"研制一个标准、坚持两个特色、促进多方合作"为中心,组织相应的国际学术研究和学术合作,在中医术语翻译及其国际标准、中医翻译的理论体系构建、中医和中国文化翻译的网络平台建设、中医药全球发展人才培养和服务方面发挥着重要的作用,致力于团结世界各国从事中医药和中国传统文化翻译的专家及学者开展学术研究、大力推进中医药和中国传统文化的国际交流与传播。该委员会的成立"结束了中医翻译长期以来缺乏国际学术组织的历史,必将为中医药与中国文化的对外传播和翻译开辟更为广阔的前景"。目前,已有50个国家和地区共计157个团体成为该会会员。

自成立以来,该委员会完成了问世于春秋战国到秦汉时期的中医五大经典的翻译,即《黄帝内经》《难经》《神农本草经》《伤寒杂病论》《黄帝外经》;对外翻译和传播了唐宋至明清时期问世的许多中医典籍以及20世纪以来问世的一些颇为重要的中医现代学术著作;先后撰写出版了《中医翻译导论》《中医英语翻译研究》《中医英语翻译技巧》《中医英语教程》《中医翻译教程》《中医翻译研究教程》等重要学术著作,为中医翻译的学科建设和人才培养奠定了基础;编辑出版了《汉英中医词典》,为推进中医名词术语翻译国际标准和国家标准的实现创造了条件。

2017年,委员会举办了首届世界中医翻译大赛,到2020年已成功举办四届。大赛秉承"公平、公正、客观、准确"的原则,参赛作品由世界知名中医翻译专家组成的终评专家委员会举行复评与终评,方廷钰也在其列。大赛举办以来,委员会收到了来自不同国家地区、各行各业参赛选手的参赛作品,无疑促进了中医翻译事业的发展与中医药的对外宣传。

(二)联合国信息峰会电子健康与环境组

联合国信息峰会电子健康与环境组是联合国教科文组织自2003年起主办的数字内容大奖"世界信息峰会大奖"中的一个比赛组别。大奖赛每两年举办一次,面向全球八个领域进行项目征集,由100多个国家的负责人进行评选,每个领域选出五个网站或项目授予该领域"世界信息峰会大奖",为了在全球各地挑选及推广在内容及应用方面都表现卓越的电子产品及项目,以拉近信息科技与普通百姓生活的距离。任何符合大赛参与标准的网站、企业、资讯项目或个人均可报名参加。这是唯一由联合国组织的专门针对数字内容的大奖,也是全球互联网领域的最高奖项。在大赛电子健康与环境组方面,产品项目的竞选要求包括"能沟通多方合作、能使用ICT等来发展以消费者为中心的健康管理模式,以及能够通过网络技术对健康问题及健康体系进行管理"。

2011年,方廷钰领导制作的"北京中医药数字英文博物馆(英文版)"从160多个国家报送的460个参赛作品中脱颖而出,被评为该组五个最优秀的作品之一,是中国在本届评比中获奖的两个项目之一,其贡献获得了中外中医药界的一致肯定与推崇。"北京中医药数字博物馆(英文版)"的建设,是中医药发展史上的一个飞跃和创新……本馆利用IT技术构筑集中医药数字收藏、展示、教育和研究于一体的数字化、多功能平台,让世人了解、认识中国传统医药学的发展历程,探寻中国医药学发展脉络和规律,展示中医药的最新研究成果。本馆的服务对象是海外中医药业内专业人士、广大中医药学爱好者、渴望利用中医药为自己服务的患者以及想学习中医英语的人群。世界人民可以通过这个窗口了解灿烂的中医知识和文化、中医独特的疗法和养生之道,便于中医药在世界范围内普及和推广。英语翻译为本馆的一大特点,各馆中医术语的英文翻译基本统一,风格一致,语句简短、流畅,语法规范,拼写正确……在中外专家审定会上,专家们认为这是他们看过的最好的中医药英文翻译版本。他们相信外国读者会对我们的产品感兴趣,能够达到普及中医药的目的。

二、中医药翻译重要会议

新中国成立后,我国翻译事业处于百废待兴的状态,翻译工作与会议侧重点为制订全国翻译计划,如1951年4月的"五四"翻译座谈会、1951年12月的第一届全国翻译工作会议、1954年的全国文学翻译工作会议。在此期间并未举办大型中医药翻译会议,中医翻译成果寥寥无几且水平良莠不齐。改革开放后,中医药走向世界被提上日程,中医药的地位与知名度日益提高,国内外中医药翻译会议如火如荼地举办,中医药翻译事业进展飞速。接下来,编者按照时间顺序介绍国内外的一些重要中医翻译会议。

(一)中华中医药学会翻译分会系列会议

1996年,中华中医药学会翻译分会成立,为国家二级分会。自成立以来,翻译分会举办了多种学术研讨会、中医双语教学、中医翻译培训班;此外,翻译分会还积极组织学会成员编写和翻译各种中医药书籍,承担并完成国家中医药翻译、对外传播和宣传项目等。例如,翻译分会于2004年组织翻译并出版了《常见病临证要览丛书》(英汉对照);2005年完成中管局国合司的(汉译英)《中国中医药法律法规文件》和《中医药国际行业标准》;2006年组织编写并出版《新世纪中医英语教程》(上下册);2016年组织编写并出版了"全国中医药行业高等教育'十二五'规划教材"、《中医专业英语》等。

除此以外,翻译分会举办或承办了多次研讨会,如2004年11月,翻译分会与澳门国际中医药学会在上海展览中心联合举办了"中医英译的标准化与国际化"专场研讨会讨论中医英译标准的问题;2008年8月,翻译分会承办了第十八届世界翻译大会的"中医翻译分论坛",扩大了中医药翻译在国内外的影响,对推动中医翻译的发展做出了积极的贡献。

中华中医药学会翻译分会每年举办的中华中医药学会翻译分会年会是中医翻译界一年一度的学术交流会,是中医翻译和中医药跨文化传播交流合作的重要平台。近两年,翻译分会紧跟国家发展策略与中医药翻译进度,为"健康中国"建设及中医药文化的海外传播做好语言服务,在年会上汇集中医药翻译领域专家进行讨论,为深入推进国家"中医药走出去"战略、中医英语语料库建设、中医英译实践与研究、中医对外宣传以及教育、中医药翻译专业人才培养等方面做出突出贡献。

(二)国际中医药教育研讨会

2004年,第二届国际中医药教育研讨会开辟了中医翻译标准化的研究专场,会上指出:"中医英语翻译译法没有统一的标准,会造成国外中医学习者理解上的困难和混乱,十分不利于中医的对外推广。因此,当务之急是建立一套中医翻译的标准,以规范每年大量出版的中医英译类刊物。首先,体现在对中医术语英译的规范化。中医术语作为中医框架的基石,其英译的标准化必将有力地规范各中医译本,从教材上缓解国外中医学习者的难度。"会上对中医英译标准化的探讨,为中医药传播体系化奠定了基础。

(三)中医基本名词术语英译标准国际统稿会

2006年3月31日至4月2日,人民卫生出版社承办的中医基本名词术语英译标准国际统稿会在北京召开。会上,世界中医药学会联合会(简称"世界中联")创会副主席兼秘书长李振吉提出:"本次会议将研究成立中医药名词术语英译标准审定委员会和世界中联翻译专业委员会筹备委员会……美国国家针灸与东方医学认证委员会(NCCAOM)不仅参加今天的会议,而且与世界中联达成了共同建立'中医英文标准化名词术语体系'的共识。本标准建立后,世界中联、世界针灸联合会(简称'世界针联')联合国际考试部、美国NCCAOM考试系统、我们组织编写的标准化中医教材及图书都将使用这些词汇。"

会上,中医名词术语国际标准制定取得进展。中外专家首次对中医基本名词术语的英译,在宗旨、原则和方法三方面达成了共识。宗旨方面:力求英译

"信、达、雅",既要反映中医的本意,又要符合英语国家的语言习惯。原则方面应遵循五个要点:一是对应性,英译词义应尽量与其中医内涵相对应;二是简洁性,在不影响清晰度的前提下,译名越简单越好,应避免辞典式释义;三是同一性、同一概念的名词只用同一词对译;四是回译性,英译的名词术语在结构上应与中文形式尽量一致或相近,能较好地实现中英文信息的双向传递;五是约定俗成、目前已通行的译名,与前述原则虽不完全符合,仍可考虑采用,但对学术内容不正确的翻译需改正。对于疾病、中药和方剂的名称英译方法,提出了三点建议:一是若中医名称只有唯一的西医对应词,可采取双译法;二是中药名称采用保险译法,即汉语拼音、拉丁药学名和英译名;三是方剂名称采用双译法,即汉语拼音名(英译名)。①

(四)国际多语种中医药与中国文化翻译研讨会

2008年8月1日至8月3日,世界中联翻译专业委员会成立,举办了首届国际多语种中医药与中国文化翻译研讨会。会议研究了中医外语语料库的建设、中医药与中国文化翻译的理论与实践、中医药名词术语国际标准化与双语词典的编写、中医翻译专业研究生培养、临床翻译与口译研究等,致力于中医药和中国传统文化的翻译和研究,促进中医药和中国传统文化的国际交流与发展。

(五)世界中医药学会联合会翻译专业委员会学术年会

世界中联翻译委员会成立以来,每年都会举办学术年会,目前已成功举办十一届。会议主要深入探讨中医药文化国际传播与中医外语教育。会上,专家学者会从宏观到微观阐释中医及中华文化国际化进程中取得的成绩、面临的挑战及可以期待的前景;自中国特色社会主义进入新时代以来,专家学者在会上探讨了在新时代背景下如何培养具有中医药背景的国际化复合型人才及如何建设相应交叉学科,提出了新时代如何准确有效地传递中医药文化的精髓并进一步促进中医国际教育交流与合作。该系列会议在推进中医翻译领域的国际合作与学术交流、探讨中医药与中国文化走向世界的战略和策略等方面成果显著。

---

① 信息之窗.专家研讨中医名词术语英译标准[J].中国现代中药,2006,8(4):61.

(六)传统医学国际分类会议(2010年第二次会议)

"为了推进 ICD-11(International Classification of Diseases-11,即国际疾病分类第 11 版)传统医学(主要是中医药)部分的编制工作,世界卫生组织于 2010 年 12 月 6 日至 10 日在日本东京召开了第二次 ICTM(International Classification of Traditional Medicine,即传统医学国际分类)会议。"① 根据李照国在其一篇文章中的论述,虽然此次会议的主题不是中医药翻译,但在一定程度上研讨了传统医学名词术语的英译及其国际标准化问题。会上,专家学者在术语翻译方面发出了两个重要的信号:一是重新审视传统医学术语的国际标准;二是重新确定传统医学术语的翻译原则。与中医术语翻译有关的主要进展包括提出翻译过程中尽量不使用相关西医概念和术语以及正确认识和重视音译,并且指出了一些需要进一步商讨与完善的问题,如在会上提出的原则与现行国际标准之间的争议、"所有的名词术语都必须有相应的中英文定义"的要求与已颁布国际标准缺少定义的矛盾等。

(七)中国传统文化翻译与国际传播学术研讨会

2019 年 7 月 13 至 14 日,首届中国传统文化翻译与国际传播学术研讨会在北京语言大学举办,并举行中国中医药研究促进会传统文化翻译与国际传播专业委员会成立大会。会议目的为"促进以中医药文化为特色的中华文化与世界多元文化多领域、多形式和深层次的交流与合作,打造有利于中华文化和中医药文化创新发展和国家战略实施的开放式创新平台,助力中华文化和中医药文化走出去"。会议主要议题包括传统文化翻译与国际传播、典籍外译与国际传播、中西医药文化对比、中医药典籍外译、中医药文化海外传播战略、中医药术语标准化与翻译、机器翻译与中医药语料库建设、传统文化与中医药典籍外译人才培养,等等。截至目前,该会议已成功召开两届。

三、邀请方廷钰参与的会议及相关成果介绍

方廷钰作为中华中医药学会翻译分会首席顾问、世界中医药学会联合会翻

---

① 李照国. 中医名词术语英译国际标准化新进展——从世界卫生组织传统医学国际分类东京会议谈起[J]. 中西医结合学报,2011,9(1):113-115.

译专业委员会首席顾问、世界卫生组织传统医学大会翻译组组长,多次主持、参与世界卫生组织传统医学大会和其他中医国际翻译会议,发表主题报告、致辞及主持翻译工作等。以下是对方廷钰会议报告、会议翻译工作成果的具体介绍。

方廷钰多次参加世界中联翻译专业委员会学术年会并做主旨发言。例如,在第七届学术年会上,方廷钰做了题为"'一带一路'建设,语言为先"的主旨发言,强调在"一带一路"倡议背景下,高校培养英语、俄语、阿拉伯语中医翻译人才对于传播中医文化的重要意义,并据此指出中医翻译人才培养的可行措施;在第八届翻译年会上,方廷钰作为特邀嘉宾做了题为"中医翻译方法与技巧"的主旨演讲,论及中医药翻译现状,提出了中医翻译的四个基本条件、两个层面,辅以翻译实例,系统总结了中医翻译原则并提出了对译界的希望。

方廷钰在中华中医药学会翻译分会学术研讨会上,多次受邀为学术研讨会做总结寄语及专题发言。例如,在翻译分会第四届学术研讨会上,方廷钰围绕"中医四字格的翻译和回译性"问题进行了深入的剖析,对如何进一步提高中医四字格的翻译水平提出了独到见解和中肯的建议。会议现场反响热烈,掌声不断。在翻译分会2019年会暨学术研讨会上,方廷钰受邀参会并发表了热情洋溢的寄语。

2004年,方廷钰在上海第二届国际中医药教育研讨会上做了《中医翻译探讨》特邀报告。报告中,方廷钰回顾了中医药翻译历史,简要说明了中医药翻译现状,阐述了中医翻译的五个基本条件和两个层面,举了大量例子说明中医翻译中的用词不当、错译、误译并提出修改意见;在翻译技巧方面,方廷钰提出了以动词、形容词、名词为中心的翻译方法。方廷钰在结尾提出,中医翻译应当与世界接轨,遵守世界卫生组织通过的决议,并对方剂、中药、书名等的翻译提出了建议。该报告而后被收入《中国教育》2005年7月第4期[1]。

方廷钰不仅在会上做报告阐述观点,还承担了许多中医国际会议的翻译工作。在2008年世界卫生组织传统医药大会上,方廷钰率领北京中医药大学人文学院师生负责大会的翻译、联络、贵宾接待与陪同等工作。在欢庆晚宴上,卫生部副部长、国家中医药管理局局长王国强,世界卫生组织传统医学处负责人

---

[1] 方廷钰. 中医翻译探讨[J]. 中医教育,2005,24(4):34-36.

张小瑞,向方廷钰带领的翻译团队表示感谢,肯定了他们为本次大会做出的贡献,并希望他们今后再接再厉、继续提高,为中医药以及传统医药在世界的发展贡献更大的力量。

在《中医国际学术会议译前准备的方式与作用》中,方廷钰与另外两位作者共同分析了中医国际学术会议同声传译特点,将译前准备的方式分为长期准备与会前准备,进行了详细的探讨,提出了许多译前准备的具体方式,并辅以例子说明准备的作用。方廷钰认为,由于中医国际学术会议语境的源语特殊,仅凭同传技能难以胜任。中医口译者与笔译者一样,应首先学中医、懂中医。只有在知识场中,术语才有意义,才能译者轻松、听者明了。他指出译者应当在会前进行长期准备,如此,才能更加从容、有的放矢,提前思考对策。

方廷钰参与的传统医学国际疾病分类(ICTM)项目,在第十一版国际疾病分类(ICD-11)中建立了以中医药为基础,兼顾日韩传统医学内容的病症分类体系,推动了传统医学的150条疾病和196条证候(不含特指和非特指病证)条目被纳入ICD-11传统医学章节。方廷钰作为世界卫生组织传统医学疾病分类术语专家,受到了国家中医药管理局对其及其他参与该项目的中医药系统专家的感谢和表扬。

为进一步了解方廷钰近些年的与会情况以及对中医药翻译与传播的一些看法,编者对其进行了采访,采访内容详见附录二(三)。

向国外介绍中医时,我们不应搬出大段的中医基础理论,因为理论知识比较抽象复杂,很难使接收者产生认同心理及深入学习的兴趣,传播效果不会理想;我们应当立足受众的需要,调整翻译及传播策略,比如,首先要介绍中医的具体疗效,向对方证明中医的治疗方法是切实有效的,通过激发对方深入了解的兴趣,使对方产生了解中医药理论的意愿,从而达到传播中医的效果。

中医药的翻译与对外传播是一个长期过程。例如,对"气"的翻译也经过了长期的积淀,由开始的"chi""che",经过一次次的讨论交流,最终达成了直接采用音译"qi"的结果。目前,澳大利亚对中医药直接音译的版本接受度良好,这与长期潜移默化的影响是分不开的。当然,这不是说我们可以大篇幅采用音译的方法,而应当具体情况具体分析,适量采用音译,灵活变通。

第五节　中医翻译国际标准的影响

随着社会经济的发展,人们的生活水平和文化水平不断提高,人们对待疾病、健康的看法也越来越理性。人们不再一味地使用抗生素等药物,意识到长期使用抗生素会产生耐药性,也逐渐意识到长期使用一些化学合成药物会给身体健康带来副作用。与此同时,人们对中医的看法也在不断改变,从最早的少数人认为中药只能起保健作用,到现在中医得到了大多数人的认可。新型冠状病毒感染(以下简称"新冠感染")暴发后,在对确诊患者与疑似患者治疗过程中,中医药发挥了极大的作用。这再次让人们意识到了中医的重要性。而在国外,以传统天然植物为药物以及传统针灸、推拿等治疗方法的传统中医药学也越来越受外国友人的青睐。随着中医药学走向世界,英汉翻译的进程在不断地加快,作为中医药学的基本名词术语的英译事业也加快了前进的步伐,成为中医药事业走向国际化的重要组成部分。本节介绍了推动中医翻译标准化的重要国外专家、现有国际化标准以及其对方廷钰产生的影响。

一、推动中医翻译标准化的重要国外专家

(一)席文

席文,美国费城宾夕法尼亚大学中国文化教授、科学史教授,是继李约瑟之后西方最重要的中国科技史专家。主要著作有 *Chinese Science* (1973), *Traditional Medicine in Contemporary China* (1987), *Medicine, Philosophy and Religion in Ancient China: Researches and Reflections* (1995)。

(二)满晰博

满晰博,1933年出生于捷克共和国;1957年在巴黎大学获得汉语学习博士学位;1969年,其论文"Habilitation"在慕尼黑大学获得通过,之后满晰博在慕尼黑大学教授汉语和中医基础理论,现为该大学的荣誉教授。满晰博曾在欧洲、亚洲(中国、日本、巴基斯坦、东南亚地区)的学术机构广泛讲学。

1978年,满晰博在慕尼黑创办中医学会,1980年创刊《中医杂志》,同时发

起成立"国际中医学会"。20世纪50年代以来,满晰博发表了400篇关于中医、中国科学和汉语文献的论文和译文,出版了大量的中医教科书(包括中医诊断学、中医基础理论、中药学、方剂、针灸学、推拿按摩学)及中医大众读本。这些著作原先是以德语、英语、法语形式出版,之后各单行本被译为日语、汉语、俄语、瑞典语、意大利语和西班牙语。满晰博曾致力于用拉丁语为中医创造一套规范实用的术语系统,却因不被接受而无奈将其束之高阁,以下便是其为中医创造的几个术语:"cluse(内关)""vicus terliuspedis(足三里)""cepacoulicus(尺脉)"。

(三)文树德

文树德,慕尼黑大学医史研究所所长、教授、汉学家、医史学家,早年获得哲学、药学、公共卫生学博士。他领导的研究所是当今国外唯一一个专门研究中医历史文献的研究所。

1986年,文树德出版英译本《难经》;1998年,与他人合译《银海精微》。他撰写了两部专著:*Medicine in China: A History of Pharmaceutics* (1986) 和 *Medicine in China: A History of Ideas* (1988)。他主持的《黄帝内经·素问》英译课题,通过国际合作,历时十余年才得以完成。2003年,他出版了多册课题成果中的第一册。

(四)马万里

马万里,欧洲享有盛誉的针灸师和中药药剂师,早年曾在南京中医药大学学习。他编写并出版了不少英语中医著作,如《中医舌诊》(*Tongue Diagnosis in Chinese Medicine*)、《中医学基础》(*The Foundations of Chinese Medicine*)、《中医临床》(*The Practice of Chinese Medicine*)和《中医妇科学》(*Obstetrics and Gynecology in Chinese Medicine*),已成为海外英语国家的重要中医教材;2003年,出版了《中医诊断学》(*Diagnosis in Chinese Medicine*)。

(五)魏迺杰

魏迺杰,英籍人士,德语、西班牙语翻译学士,辅助医学博士,美国标登出版社(Paradigm Publications)编辑,现任台湾地区长庚大学中医系英语讲师,从事中医翻译工作多年。其主要汉英中医词典包括《中医及针灸穴位名词词汇》(*Glossary of Chinese Medical Terms and Acupuncture Points*)、《英汉汉英中医词典》(*Dictionary of Chinese Medicine*)、《实用英文中医辞典》(*A Practical Dictionary of Chinese Medicine*)。他提出的中医英译词汇不但被许多翻译者采用,更被美国三大中医文献出版社中的两家(Paradigm Publications 和 Blue Poppy Press)指定为其出版品之英语词汇标准。1999年,他出版了《伤寒论译释》(*Shang Han Lun (On Cold Damage): Translation and Commentaries*);2003年,出版了《中医常用字第一册:基本词汇辑》(*Chinese Medical Characters Volume 1: Basic Vocabulary*),到目前已出到第五册,后四册的中医常用字涉及针灸学、中药学、诊断学和治疗学方面。对于中医英译问题,魏迺杰认为,翻译经典古书,西医化翻译不能派上用场,因为容易将现代医学概念投射到古代,掩盖古代作者原来的思想(保持古代的概念与奈达劝告不能保持语言形式的古老风貌是两回事)。

二、中医与国际接轨的翻译标准化工作

中医翻译与国际接轨的标准化工作可以追溯至明清时期。早在明朝末年,波兰神父卜弥格用拉丁语翻译了王叔和的《脉经》(*Key to the Medical Doctrine of the Chinese on Pulse*)等著作,但是后来的中医译本很少出现。

20世纪中期,北京、南京、上海和成都创建了四所中医学院,随后世界卫生组织的三个针灸培训中心落户中国。在往后的十年中,1000多名来自120个国家和地区的外国学生参与了培训,中医的国际传播逐渐展开。1987年,中国中医研究院主编的《中国针灸学》被译为多种文字,成为国外学生学习中医和针灸的教科书。由于中医著作不断外译的需要,1980年北京医学院出版了由谢竹藩和黄孝楷主编的《英汉常用中医药词汇》。该书共分八章,收入词目2500条左右,涵盖了中医基础理论、病因病机、诊断、辩证、治则治法和药物等。这是新中国成立以后第一部汉英中医药术语词书,具有开创性意义。随后,谢竹藩总结了前人的经验,编写了《新编汉英中医药分类词典》。该书于1994年由外文出版社出版,2000年再版。他受命于国家中医药管理局,开展中医药名词术语标准化研究。在此基础上,他于2002年出版《英汉常用中医药词汇》修

订本,收入词目 7000 多条,包括中医基础理论、诊断学、治疗学、临床各科和医史五大类。由此开始,中医药术语英译标准化被提上了日程。

根据历史经验,医学术语的统一由民间组织和国家层面组织实施,才具有权威性。2000 年,科技部下属的全国科学技术名词审定委员会中医药学名审定委员会(简称"中医名词委")成立,负责审定中英文中医药名词术语,并制定《中医药基本名词英译原则和方法》,陆续公布了中医药学各科的中英文名词术语。由于中医药学中古汉语多,人文色彩浓厚,有时概念抽象模糊,要找到相应的英语译语难度很大,所以至今有关方面还在修订。

三、现有中医翻译的国际标准情况

虽然英汉翻译的进程在不断加快,且在此领域有很多专家,但事实上,中医名词术语至今尚缺少国际公认的英译标准,目前比较权威的翻译标准有两套。一是 2007 年世界卫生组织西太区主持制定的《WHO 西太区传统医学国际标准名词术语》;二是同年世中联制定的《中医基本名词术语中英对照国际标准》。有学者将二者比较分析,发现世界卫生组织的标准具有译法简洁、便于理解记忆、力求译词与中医术语结构对应的特点;而世中联制定的标准更加具体化,增加了经穴、经外穴、耳穴等专业术语名称的翻译,还在"中药"一章清楚地指出各种药物的拉丁语、汉语拼音、英语三种译法。二者虽各有千秋,也在目前得以广泛应用,但经过比较分析发现:二者在中医术语英译的国际标准化的最终实现方面仍存在几个方面值得商榷:一是英译中用词不准确,二是理解偏差产生的误译,三是英译时异化现象严重,四是英译中一词多用现象,五是中医四字格文化术语的英译不完整。

除此以外,国际上对中医药缺乏了解和认知,会对中医翻译国际化产生负面影响。例如,近期编者做了一个中国和英美国家对中医药治疗新冠感染的看法比较研究。对比中国媒体对此相关的英语报道和英美国家主流媒体对此的报道可以发现,中国认为中医药对于治疗新冠感染有积极的作用,而且有大量数据来说明此作用。国家中医药管理局先后派出五批近 800 人的专业队伍驰援武汉,全国支援武汉的医疗队里有近 5000 人来自中医药系统,全国有 97 个中医医疗机构作为定点医院参与了救治工作。在全国除湖北以外的地区,中医药参与救治的病例占累计确诊病例的96.37%,在湖北地区中医药的参与率也达91.05%。中医药作用的发挥还体现在抗击疫情整个过程中,包括预防、治疗和康复全过程。而英美国家对中医治疗新冠感染大多抱有质疑的态度,在报道中多次使用"skeptical""lack of proof"等表达。

从中医药学的角度来解释,中医提倡治未病。此次新冠感染有其发病规律和演变规律,也有其表现形式,然而,从中医药角度来看是反向推论的,即从它的临床表现形式推导出它的中医药学的病因病机,从它的临床表现形式推导出它的证候演变规律。从某种角度说,所有的外在症状与演变都是人体对致病因素的一种反应。中医药学对疾病本质的认识,是由表及里、由外而内的过程。中医在治疗疾病过程中(无论有病名的疾病还是突发疫情),非常注重身体阴阳和气血调和,以及改善和提高人体自身免疫能力。防治新冠感染的首要原则是"整体观念",认为自然界的疫疠之气,通过相应的途径感染人体,人体通过相应的能力抗拒疠气。因此,中医提倡治未病,以预防为主;既病防变,通过改变环境、调节机体、抗拒疠气,在防治新冠感染中发挥了积极的作用。

英美国家对使用中医药治疗新冠感染持质疑态度。柯松轩,伦敦Asante中医学院创始人兼校长,认为可能的原因为西方人对中医药知之甚少,易对中医持怀疑态度,而这种态度在面对新冠感染这一严重传染病时尤为强烈。在这种情况下,加强中医药文化的对外传播就显得十分重要,而在加强中医药文化对外传播的过程中,中医翻译国际标准是一个重要基础。一个统一规范的中医翻译国际标准,有利于国内外中医药专家们的沟通与交流,有利于中医药的国际传播和教育。

四、方廷钰谈中医翻译的国际化

方廷钰认为中医术语翻译的国际化标准十分必要。改革开放40多年来,我国到国外访学或留学归来的大批学者的外语水平有显著的提高,而且他们对于中国文化和古文掌握得比较好。因此,在当今倡导民族自信、文化自信的背景下,翻译的大旗应由他们扛起来。当然,中外合作是最理想的方式。方廷钰特别关注中医翻译国际标准化进程,经常出席各种中医翻译国际标准化学术会议,建议青年教师和学生多读书报,及时学习了解。

但方廷钰也认为中医术语翻译的国际化标准任重道远,制定时应遵循以下原则。一是可读性原则:对于目标读者而言,译文内容难度适中,语言通俗易懂,能够有效地实现信息传递;二是对应性原则:术语译文与原文在医学含义方面达到最大对应度,并在不影响可读性的基础上保留术语所负载的文化内涵;三是规范性原则:参考中医术语翻译界现有标准和各家翻译学说,确保译文符合此领域主流的发展趋势;四是灵活性原则:依据不同翻译情景,灵活使用多种翻译方法和技巧;五是发展性原则:在全面实现中医术语翻译标准化之前,融会多方信息与反馈,保持开放心态,不断完善译文。另外,由于西医和中国传统医学是两种不同的医学体系,所以在译述西医书籍时,有很多名词和术语难以找到与其相对应的、恰当的中医词汇。总之,医学名词统一涉及众多专业,这是一项相当艰巨、复杂的任务。

编者就中医翻译国际标准对方廷钰进行了采访,以便研究他对中医翻译国际标准的具体看法与中医翻译国际标准对其中医翻译理念形成有何影响。方廷钰以自己40余年的翻译实践心得,对中医术语翻译原则、中医翻译国际标准化、目前中医翻译国际标准化所面临的问题及解决办法提出了自己的看法。在参访中,方廷钰特别提出了当前中医翻译国际标准化中依然存在着许多问题,国内专家应积极地为其改进而不断努力,学者也应辩证地看待国际标准中不恰当的译法,以便更好地使用。结束后,编者对采访内容进行了整理,详见附录二(四)。

作为中华优秀传统文化的重要组成部分,中医药文化集中体现了中华民族的核心价值、思维方式,是体现综合国力、提高国家竞争力的重要因素。通过采访方廷钰,编者更加清楚地认识到,中医药文化是中华民族的国家文化符号之一,是国家文化软实力的重要组成部分。为进一步加强中医药文化的对外传播,由中国专家主导、中外专家联手制定统一的中医翻译国际标准十分重要。

第六节　中医英语教材(含双语)的影响

中医药英语教材是中医药文化传承与传播的重要一环。在教学层面,中医药英语教材是知识传授不可或缺的部分,对于中医药外语学科建设有巨大的作用。在文化与外宣层面,对接国家"双一流"战略,中医药英语教材建设亦有利于中医药文化对外交流,扩大中医药的世界影响力。

方廷钰作为教育部中医药外语学科学术带头人、卫生部来华留学生中医双语教材编委会顾问,特别关注中医英语及双语教材的发展前沿,其在中医英语教材方面的建树值得我们深入学习。他在研究多方成果后总结出的经验,有助于教材使用与编撰,进而有助于更有效地培养中医跨文化交流的人才。

一、文献综述

(一)中医药教材发展概况

中医英语教材为专门用途英语教材,其出现可追溯至1983年。彼时人民卫生出版社出版了一本中医院校使用的英语教材,虽然没有明确提出"中医英语"的概念,但其内容充分体现了"中医英语"的特点。随着术语的明确、学科的发展,如今,中医英语教材也在进一步发展。目前,中医英语类教材可按形式分为中医双语教材与全英的中医英语教材两类。下文将按此分类,对中医英语教材的出版现状进行概述。

双语教材方面,可分为两类:出版社发行的系列教材及中医药研究人员独著或合著的单本教材。系列教材有且不限于:1998年至2000年,学苑出版社出版的普通高等中医药院校英汉对照中医本科系列教材,包括《中药学》《方剂学》《针灸学》《中医诊断学》《中医内科学》《中医基础理论》;2007年,人民卫生出版社针对来华留学生出版的中医汉英双语系列教材,包括《中医基础理论》《中医诊断学》《中药学》《方剂学》《中医内科学》《中医妇科学》《针灸学》《推拿学》《中医养生学》《医学基础知识导读》;2007年,高等教育出版社出版的全国高等学校中医药对外教育规划教材,包括《中医文化导读》《中医基础理论》《中医内科学》等丛书;2014年,中国海洋大学出版社出版的21世纪高等中医英语规划教材,包括《临床中医英语》《中药英语教程》《基础中医英语》《中医英语视听说》(该系列教材由方廷钰、赵贵旺任总主编)。单本双语教材有且不限于:1990年,学苑出版社出版的陈慰中著、俞昌正译的《西方的中医五行学说(英汉对照)》;1993年,人民卫生出版社出版的吴秀芬编、方廷钰译的

《中医诊断学(汉英对照)》;2007年,云南民族出版社出版的马伟光、和丽生主编的《英汉双解简明中医基础理论教程》。

全英教材方面,包括且不限于:1999年,外文出版社出版的程莘农主编的英语书籍 *Chinese Acupuncture and Moxibustion*;2002年,上海科学技术出版社出版的李照国、朱忠宝主编的《中医英语》;2002年,外文出版社出版的金义成、彭坚所著的《中国推拿学概要》;2003年,外文出版社出版的刘干中、徐秋萍、王台主编的《中药基础知识》;2005年,天津大学出版社出版的徐象才主编的《诸病中医中药外治大全》;2007年,上海中医药大学出版社出版的李鼎原著、上海中医药大学国际教育学院编译的《针灸学释难》;2007年,外文出版社出版的李经纬主编的《中国传统健身养生图说》;2009年,人民军医出版社出版的黄泳、吴让科、李义凯主编的高等中医药教育试用教材《中医／中西医结合专业英语》。

还有学者提出,中医英语教材面对着一定的问题,如教学目标和对象不明确、教材定位不准确、教辅资料不完备、缺乏理论指导、部分教材语言和知识比例失调、教材未能全面体现真实性原则、教材未能充分考虑学习者原有水平和学习需求。

随着时间的推移,中医英语教材的整体质量有所提升。在中医内容方面,从前的教材多以中医英语综合和中医英语翻译为主,现在则增加到基础中医英语、临床中医英语、中西医结合英语和中医英语视听说等多个方面。在英语技能方面,教材更侧重学生听、说、读、写、译综合技能的培养,而非单纯训练学生的写作翻译能力。

教材质量的上升得益于相关专家对教材的不断精进。下面将介绍两位专家在中医英语教材方面的成果。

(二)重要专家及其成果

1. 李照国

李照国担任过如下中医英语教材的主编:1995年,西北大学出版社出版的《中医英语教程》;2001年,上海中医药大学出版社出版的《通过阅读学习英语精解》;2002年,上海科学技术出版社出版的《中医英语》(后被评为卫生部

"十一五"规划教材,并在2007年进行了新一轮的修改与编写,被认证为全国普通高等教育中医药类精编教材)。

其在2006年发表的论文《浅谈中医院校的双语教学》中提到了中医药双语教材编写的重要性与优点。他指出:为了促进双语教学的开展,学校应组织力量编写适应双语教学的教材;教材的编写,既可锻炼师资队伍,也可优化教学内容,还可提高教学理念。他认为,那时国内虽出版了一些英语版的中医教材,但由于编写目的和用途不同,大多不适应现行双语教学的需要。

2. 朱忠宝

朱忠宝是原河南中医学院外语部主任、中国中医药翻译专家。他多次担任中医英语教材的主编、副主编及主审工作。

2000年,朱忠宝担任人民卫生出版社出版的《全国高等中医药院校外国进修生教材(留学生中医内科教材)》之主译、《全国高等中医药院校外国进修生教材(中医外科学)》之副主译、《中医英语基础》之主编译。2002年,其任上海科技出版社出版的《中医英语》(全国高等中医药院校教材)主编译;2007年,任人民卫生出版社的全国高等中医院校卫生部留学生规划双语教材《方剂学》主译。

二、方廷钰的成果成就

方廷钰曾担任卫生部来华留学生中医双语教材编委会的顾问。20世纪90年代,方廷钰编译的中医英语教材相继出版。他参与编译的教材有且不限于:"北京中医药大学外国进修生教材""新世纪中医英语教程""全国高等中医药院校来华留学生双语教材""21世纪高等中医英语规划教材"。这些教材的读者群体广泛,包括来华留学生、本科生、研究生、中医爱好者等。

在教材编译的工作中,方廷钰常担任总审阅的工作。其对中医英语教材的定位准确,侧重语言的输入,会依据教材的侧重优选文章;善于分配课后练习与补充文本的比例,为每本中医英语教材把好质量关。

以下将依据时间顺序,对其编写教材的经历进行介绍。

(一)"北京中医药大学外国进修生教材"

《中医诊断学(汉英对照)》是北京中医药大学外国进修生教材,方廷钰负责此书的译审工作。该书内容覆盖诊法、辩证、病例书写等知识。中英文内容分为前后两大部分,相互对应。由于该教材的读者为外国学生,所述内容具有医学的专业性,故翻译部分语言非常注重准确性。

(二)"新世纪中医英语教程"

为了加快中医药学走向世界的进程,培养更多既懂中医又懂中医英语的人才,中华中医药学会翻译分会组织了国内十余所中医药院校的中医英语专家、教授,花了三年多时间编写了《新世纪中医英语教程》。时任中华中医药学会翻译分会副主任委员的方廷钰,出任这套书编委会的副主任。该书为上下册,每册自成系统,教师可根据自己的实际情况灵活地安排教学。该书的读者群体主要为中医院校大学三年级的学生或研究生。

(三)"全国高等中医药院校来华留学生双语教材"

方廷钰曾任全国高等中医药院校来华留学生双语教材的主译。"全国高等中医药院校卫生部规划汉英双语教材"于2005年8月启动编写,于2007年投入中外留学生的教学中使用。该系列教材包括《中医基础理论》《中医诊断学》《方剂学》《中医内科学》《针灸学》《推拿学》《中药学》《中医妇科学》《中医养生学》《医学基础知识导读》。此套教材被国家新闻出版总署确定为代表卫生部、教育部"十一五"规划的双语教材。

(四)"21世纪高等中医英语规划教材"

方廷钰担任"21世纪高等中医英语规划教材"的总主编。"21世纪高等中医英语规划教材"分为《临床中医英语》《中药英语教程》《基础中医英语》《中医英语视听说》,汇集全国中医药院校的中医英语专家进行编写,目标读者是中医药院校学生、相关医务工作者。

该系列教材具备几个亮点:第一,选材方面,为确保英语语言质量,教材的素材均选自英美中医药学者的原文。第二,练习方面,设有大量丰富的练习形式。第三,培养能力方面,该系列教材突破了以往教材只注重培养中医英语读写、翻译能力的局面。《中医英语视听说》的出现,填补了国内没有中医英语听说教材的空白,从听、说、读、写方面兼顾培养学生的语言能力。值得一提的是,该教材有大量生动、直观的图片,并提供了大量的附录。例如,中医脉象、经络名称、典籍、穴位国际标号等附录,以及《走进中医》和《北京市中医药数字博物馆(英文版)》两个英语版电视宣传片。

(五)《中医英语300句》

《中医英语300句》是由北京市重点学科"中医人文学"资助的书籍,方廷钰担任该书主编。该书的一大亮点是极具实用性。其精选了300句有关中医经典经文、中医、经络、针灸、推拿、方剂以及临床各科的句子。方廷钰结合多年的中医翻译经验,通过分析句子的翻译技巧、词汇、语法,让学生知道如何才能正确并符合英语习惯地翻译中医。

三、中医英语及双语教材发展给方廷钰的启示

方廷钰不仅在中医翻译领域建树颇高,在中医双语教材的编译方面亦有着丰富的经验,形成了十分有借鉴意义的总结与看法。同时,作为总主编,方廷钰事无巨细进行核查的工作精神以及淡泊名利、真切处理实事的人生态度也为中医药传播者提供着示范与激励。通过访谈可发现:方廷钰读过大量不同时代的中医英语及双语教材,分析、总结出中医双语教材的内容策划理念。他结合自己编撰教材的实践经历,论述了中医英语及双语教材的发展和意义,阐述了对中医双语教材、编者及使用者的看法。编者对采访内容进行了整理,详见附录二(五)。通过与方廷钰的访谈,可得到如下几点启示。

第一,编者应注意,中医英语教材不同于其他书籍,应根据其定位的特殊性进行内容规划。定位方面,中医英语教材应更着力于使学生习得外语而非医学。继而,选材时最好选择国外的文章,而非由中文文章译为外文的材料,这样可以保留地道的语言。同时,可以根据课上精讲以及学生自学的内容来规划文章及相应的练习题目,确保所学知识得以巩固与延伸。此外,研究生的中医双语教材可以在内容及语言方面比本科生所用教材的涵盖范围更广、更深。

第二,中外作家使用的中医术语不统一时,若原术语有一定借鉴意义,可以考虑保留并附注,予以解释、说明、补充。若原术语错误过大,可适当予以修改。

第三,一本合格的教材要配有地道的语言和巧妙的练习。如不能听、说、读、写、译兼具,至少要考虑学识等实际要求,进行侧重性的固化。

第四,方廷钰认为,中医双语类的书籍和教材之数字化是趋势,但实现起来面临一定困难。

第五,中医双语教材应随着时代不断创新,适当地添加并融入新内容、新语言,这有助于学科发展。

第六,教材的编写团队应具备过硬的英语能力,可以辨别选材和练习的优劣。

第七,使用中医双语教材的学生应把英语基础打牢。实际应用时,学生应使用更贴近外国人的思路和语言,开展好中医药的传播工作。学生要有过硬的中文水平,兼顾中医与西医知识,具备把所学转化为所用的能力,做到"不说外行话"。

第七节　中医药英汉、汉英辞典的影响

中医走向世界的目的是与世界各民族的医学相结合,治病救人。因此,准确地翻译中医药文献是中医国际化的首要任务。目前,种类繁多的中医双语词典及中医英汉、汉英辞典手机 App 为中医翻译提供了便捷的参考工具。方廷钰拥有多部重要的中医英汉、汉英词典,他能够发现并客观地修正一些词典中出现的错误问题,在汲取前人经验的基础上编著了多部中医英译词典。他的成果加速了中医名词术语英译标准化与规范化进程,为异域学者提供了重要的术语参考来源,对中医学的对外传播和国际地位的提升产生了积极而深远的影响。

一、中医双语词典发展历程及其成果

近 30 年来,中医药双语词典的发展经历了三个阶段:起步阶段、理论初探阶段及学术争鸣与标准编制阶段。

(一)起步阶段(1980年至1991年)

1980年之前,中医英译著作不多,翻译处于零星自发状态,没有统一的标准,在中医双语词典方面更没有统一的标准。

1980年,我国第一本中医英语词典——《汉英常用中医药词汇》问世。该词典由北京医学院的谢竹藩、黄孝楷主编,于1980年在北京医学院内部发行。该词典的发行是中医双语词典发展起步阶段的标志之一。该词典共收录3325条中医药常用名词术语,按照内容性质分类进行编排,选取了临床、教学中的高频词汇。1982年,帅学忠主编的《汉英常用中医词汇》,由广东科技出版社出版。1983年,帅学忠主编的《汉英双解常用中医名词术语》在湖南科学技术出版社出版。该词典所选词汇与前两本有所不同,做了更多的创新。该词典为便于比较性质和意义相近的词条,也采用了内容性质分类的方式进行编排。同时,该词典注释十分详细,每个词条由中医术语、汉语拼音、中文释义、英语译名、英语释义组成,更加通俗易懂。1986年,广州中医学院完成了《汉英中医词典》的编写。该词典是对《汉英常用中医词汇》的进一步补充,增加了词汇的释义,共收录4584条词目。1987年,卫生部组织编写的第一版《汉英医学大辞典》在人民卫生出版社出版。该辞典是对早期中医名词术语英译的总结。

这一时期,中医名词术语的英译仍处于实践阶段,但国内外均认识到中医名词术语英译标准化的重要性,开始对中医术语英译原则进行简要探讨。

(二)理论初探阶段(1992年至1999年)

中医名词术语的英译已积累了一定的经验,对于英译原则、英译方法、重要方剂及一些重要词汇的译法开始形成共识。与早期相比,中医英语词典随着中医英译理论的发展而发展,术语标准化在此方面有所进步。

1994年,《汉英中医药学词典》在中医古籍出版社出版,是《高等中医药院校英汉对照中医本科系列教材》之一。该词典收词1万余条,每个词条包括汉字、汉语拼音、英语译文;中药的翻译包括英语和拉丁语两种译文;译文的词性尽量与汉语相符,原汉语有多种词性时,选择常用的词性翻译;一般词语开头不用大写,专有名词和药名除外。但是,词典中并没有对中医名词术语翻译方法和原则进行深入说明,更没有提到中医名词术语标准化的问题。同年,谢竹藩主编的《汉英中医药分类辞典》在新世界出版社出版,收录了5400条中医药常用名词术语,术语的选取上有较大变化。1995年,英国学者魏迈杰历时七年多编著的《英汉汉英中医词典》在湖南科技出版社出版。该词典设立专篇"中医术语名词译探讨",详细地论述了魏迈杰对中医名词术语翻译的看法,他不但翻译中医,而且十分注意研究中医语言和中医翻译的理论问题。在中医名词术语英译的标准化方面,他做了较为深入的研究并制订出一套标准化方案。1997年,李照国主编的《韩英中医药大辞典》在世纪图书出版公司出版。编者遵循了中医名词术语翻译的五大原则,即自然性原则、简洁性原则、民族性原则、回译性原则和规定性原则。

在该阶段,真正的中医名词术语英译标准化编制工作还没有开展,理论总结和对术语英译的探讨为后来即将展开的中医名词术语英译标准化工作奠定了重要的基础。

(三)学术争鸣与标准编制阶段(2000年至今)

随着中国经济的迅速崛起,中医药学在国际上越来越受欢迎,中医药研究和教学以及中医药学方面的学校交流广泛展开。全国乃至世界范围都开展了一系列的中医名词术语英译标准的编制工作,并取得了巨大的成果,产生了广泛的影响。

2002年,《新编汉英中医药分类词典》在外文出版社出版,共收录7010条词目,其中6630条为中医药名词术语,380条为常用引文,全书按照中医药材分类的方法进行编制。该词典是编者在国家中医药管理局"中医药名词术语英译标准化"课题研究的基础上进行重新编写而成的。2002年,《实用英文中医词典》在人民卫生出版社出版,它是魏迺杰在中国出版的第二本词典。该词典在国内外均产生了较大影响。2003年,方廷钰主编的《新汉英中医学词典》在中国医药科技出版社出版。该词典共收录6200条词目、3600个例句,采用了一种创新的方式进行编写。2005年,《中国药典》在中国医药科技出版社出版。该书分三部。第一部收载了中药材及饮片、植物油脂和提取物、成方剂和单味制剂等。2005年,欧明主编的《汉英中医词汇手册》在广东科技出版社出版。该词典参考了以往的中医药词典及中医药高等院校教材,筛选出6600多条词目。欧明有多年中医翻译及中医药英语词典编写的经验,故在该手册中,选词尽量紧密结合中医临床和教学的需要,以实用为原则。

在该阶段,中医名词术语英译规范化、标准化工作广泛展开并且取得了巨大的进步。

二、方廷钰从中医双语词典中获得的启发

中医名词术语英译有三个着重点：着重研究中医翻译实践；着重探索中医翻译理论研究；着重研究中医名词术语英译标准编制。中医英译研究在发展过程中逐渐形成了不同的流派,如通俗派的魏迈杰,释义派的欧明、帅学忠、谢竹藩、左言富、原一祥,理法派的李照国。这些中医英译的研究者相继出版了各自代表性的中医双语词典。中医学的学科属性和文化特色性较强,汇集中医学科专业知识并系统编纂中医双语词典,有助于中医学习者全面有效地了解中医药。

方廷钰认为这些词典的编纂对中医翻译进一步规范化具有积极的意义,尤其是国家组织编写的《中华人民共和国药典(2015版)》(简称《中国药典(2015版)》)英语版已被他视作中药翻译的参考标准。对于国外的辞典,方廷钰常使用的是《多兰氏医学词典》,也经常把它推荐给青年教师和学生使用。但是由于市面上出现的中医双语词典越来越多,方廷钰发现有些词典中的译文不够准确。他在《中医翻译历史和中医术语翻译》一文中对当前汉英综合性词典中中医词条的译文进行了评述,指出了对中医词条的曲解、望文生义、译文混乱、定义错误、过多的解释性翻译和不规范翻译等方面存在的问题。他还提出当前有些译者没有理解中医词条内容,如对"证"和"症"没有分清楚,英语里没有合适的对等语,根据其含义,中外学者把它译为"syndrome"或"pattern"。"syndrome"的原义是"a set of symptoms which occur together; the sum of signs of any morbid state (综合征)","pattern"指"a characteristic set of traits or actions"。"symptom"指"any subjective evidence of diseases or of a patient's condition (症状)",与"证"的含义完全不同。有的词典的中文词条"虚证""实证""寒证"都写成"虚症""实症""寒症",从含义来看,这是错误的。译文混乱也是方廷钰发现的重要问题,比如"虚火""虚汗""虚胖""虚热",这些词条都含有"虚"字,中医里的"虚"主要指正气不足,一般译成"asthenia"或

"deficiency"。"asthenia"指"lack or loss of strength and energy","deficiency"指"a lack or defect"。有的词典把"虚火"译为"deficiency of fire",使人摸不着头脑,难道是"lack of fire(缺火)"啦?中医里的"虚火"是伤阴引起的火热证,伴随的症状有午后潮热、手足心烦热、口渴、盗汗等,一般可译为"fire due to consumption of yin""fire in a deficiency condition"。除此以外,还有解释性的翻译过多、定义错误与错译(如把"药酒"译为"poisonous wine")、中药译名不规范的问题。方廷钰认为,编纂词典的目的是给相关学者和学生参考,一定要保证准确性,因此,他在编纂词典的过程中一直注意这个问题,每个词的翻译都要从意思的源头开始研究,清楚后再翻译,使译文能够经得起推敲。通过采访,编者发现方廷钰总结了一系列中医双语词典的编纂经验,详见附录二(六)。

三、方廷钰中医双语词典成果

方廷钰从事中医英语学术研究数十载,参与编纂《中国药典(2005版)》等中医英语相关词典2部、主编词典2部,领衔主编的《新汉英中医学词典》于2013年再版。

方廷钰在词典编写方面的最大成果是2008年在中国医药科技出版社出版的《新汉英中医学词典》。该词典共收录6200条词目、3600个例句,不仅提供了中医词条的英语对应词,还提供了例语和例句,为读者提供了科学、规范的英译文参考。20世纪70年代,方廷钰负责编写和翻译《汉英词典》中的中医药词条。他多次为硕士生、博士生编写、修订中医英语教材,担任《汉英医学大词典》中医部译审。2015年,他参与《医学缩略语速查词典》的编写工作。该词典不仅收录了精心挑选的常用的西医基础医学、临床医学、生物化学、生物技术、药物化学、微生物学、遗传学、诊断技术的缩略语,还收录了常用的中医经络缩略语和针灸穴位编码。该词典便于携带,具有教科书的性质,也有工具书的特点;既可系统地学习,也可随时查用。2015年至2017年,方廷钰耐心地指导年轻教师、学生撰写出版中医翻译著作《现代化中医药常用术语英译》。该书出版后非常畅销,参编的教师、学生经他指导后收获颇丰。

方廷钰于2020年发表《词典编纂系统性原则下中医双语词典的宏观结构》,就《汉英双解常用中医名词术语》《汉英中医辞典》《汉英中医药大词典》《汉英双解中医大辞典》《新编汉英中医药分类词典》《实用英文中医辞典》《新世纪汉英中医辞典》《新汉英中医学词典》的收词立目、编排、索引、附录、目录等进行比较与分析后,发现中医双语词典宏观结构尚有不足之处。中医双语词典属于双语专科词典,词典编纂应符合词典编纂的系统性原则,也就是说,要体现中医业知识体系和词典编纂体系。目前,中医双语词典宏观结构主要存在以下问题:收词立目数量、来源、种类、比例及层次不统一;多数词典采用音序/形序编排,少数词典等用义序编排;索引表位置不规范、种类较单一。可在以下方面完善:收词上,词目专而全、词目来源可靠专业、词目种类和数量配比合理;立目上,根据中医术语特点,可收录词、词组、句子,并在凡例中说明,为统一英译原则、策略和方法打好基础;编排上,建议正文采用义序编排,方便使用者系统检索中医相关词目、整合中医概念体系;索引表上,在义序编排的前提下,可在文后设置汉语拼音、汉语笔画、英语字母、引文索引的多维检索体系。中医双语词典有其自身的特色,40余年来中医英译界中医双语词典层出不穷,它是中医英译不可或缺的工具书,未来中医英译的发展有赖更高质量的中医双语词典为中医药国际传播和教学服务。面对中医双语词典存在的不足,在编撰中医双语词典时,要以词典学理论为指导,结合词典学领域已有的研究和实践,完善中医双语词典的宏观结构,使中医双语词典更系统、更符合用户视角,提升中医双语词典的质量。随着中医药国际化进程的加速和"一带一路"中医药文化的传播,对其他语种的中医双语词典的需求会更加迫切,而汉英/英汉中医双语词典不但为其他语种中医双语词典打下了良好的基础,更为其编纂实践提供指导和借鉴。

第八节　中医英译著作（含英语版中医著作）的影响

1676年,英国伦敦出版了第一部英语中医学著作——《痛风论文集》(*Treatise of the Gout*),至今,中医英译已有340多年的历史。其间,国内外涌现了大量的英语中医学著作,译介内容有见闻性、概述性的,也有关于针灸、中医学史、药学、脉学及临床各科的。此外,还有中医典籍,如《黄帝内经·素问》出现了几十种英译本,《黄帝内经·灵枢》《难经》《伤寒论》《金匮要略》《濒湖脉学》等有至少两种英译本。译著者不限于以英语为母语者,他们的翻译理念各有不同,方廷钰便是其中一员,他著有中医译作15部。方廷钰中医翻译理念的形成,受到该领域许多专家编撰的中医英译著作的影响,编者将对此进行深入探究。

一、王吉民、伍连德

王吉民(1889—1972),又名嘉祥,号芸心,我国近代著名医史学家,参与创办中华医史学会及《中华医史杂志》。伍连德(1879—1960),字星联,剑桥大学首位华人医学博士,东京帝国医科大学医学博士,近代著名的公共卫生学家、医学史家、防疫专家。二人合著的 History of Chinese Medicine (《中国医史》,1932,1936) 是我国第一部用英语编写的中国医学史专著。该书曾被当时的英国科技史专家李约瑟赞誉为"几乎是西方医学史家所知道的唯一的书"[①]。该书为中外读者提供了大量宝贵的图文并茂的医学史料,保存了大量史料,是国内外学习和研究中国医学历史的重要参考资料。迄今,它仍被国外医史界列为必要的参考书,在向世界传播中医文化方面起着不可替代的作用。

二、伊扎尔·威斯

伊扎尔·威斯(1912—2013),美国学者,是世界上首位英译《素问》的人。她在约翰·霍普金斯大学医学史研究所期间主攻《素问》研究,于1949年出版《素问》节选英译本 The Yellow Emperor's Classic of Internal Medicine,内容包括《素问》第1~34篇的译文,并有详细的文献考证和述评,约占全书一半篇幅。该书为《素问》的第一部英语版本,在中医经典的翻译历史上具有里程碑意义。

---

① 周开林,方廷钰. 一带一路,语言为先——对话中医翻译家方廷钰[J]. 亚太传统医药,2017,13(17):3-5.

三、李约瑟

李约瑟(1900—1995),英国人,剑桥大学化学博士,英国皇家学会会员和英国学术院院士。自 1954 年,他致力于研究中国人对全人类文化所做出的科学技术和医学贡献,研究成果以《中国科学技术史》系列丛书的形式在剑桥大学出版社出版。该丛书共七大卷,医学卷为第六卷,是以中文古典文献为原始材料,以译著者对东西方历史、文化及社会背景的深入理解及其独特的跨文化视角所著,展示了中国古代的医学成就。他与妻子鲁桂珍(1904—1991)合著 *Celestial Lancets: A History and Rationale of Acupuncture and Moxa*(《针灸史略和麻醉理论》),于 1980 年出版。

四、欧明

欧明(1926—2017),广东顺德人,著名中西医结合心血管病学专家,中医英语翻译家,广州中医药大学终身教授,首批享受国务院政府特殊津贴专家,首批获中西医结合硕士、博士学位授予权的研究生导师,国务院学位评定委员会第一届学科评议组成员。他历经 20 余载,翻译了《汉英常用中医词汇》《汉英中医辞典》《汉英常用中医手册》等,形成了自己的英译学派,与谢竹藩一起被誉为"北谢南欧",为中医药走向世界做出了卓越的贡献。

五、谢竹藩

谢竹藩(1924—2022),浙江宁波人,1940 年以优异的成绩考入燕京大学理学院医预系,1942 年 2 月改读北京大学医学院医学系,1946 年底毕业,是中西医结合学界奠基人之一。他从医 60 余年,精通多国语言,由西医内科高级医师转学中医,进而成为中西医结合大家,再而成为中西方医学交流使者,是当之无愧的中西医结合泰斗。中医名词术语英译的研究是他的科研工作之一。1978 年起,他着手钻研中医名词术语的英译。在国家中医药管理局的直接领导下,他主编出版了《中医药常用名词术语英译》(2004)。该书被世界卫生组织选定为制定世界卫生组织西太区传统医学名词术语国际标准的参考书。他编著出版了五本英语中医书籍,其中四本广泛获得好评:*Lectures on Traditional Medicine*(《中医学讲义》,1983);与廖家桢合著的 *Traditional Chinese Internal*

Medicine (《中医内科学》,1993) 于 1995 年被中医药管理局外事司和中国传统医药国际交流中心评选为优秀推荐书目,并于 1996 年由德国学者译为德语,在德国出版;*Practical Traditional Chinese Medicine* (《实用中医学》,2000) 被译为葡萄牙语和意大利语,分别在巴西和意大利出版(2008);*Contemporary Introduction to Chinese Medicine* (《中医学导论》,2010)。

六、马堪温

马堪温(1927—2016),英国著名华人领袖、医学史研究专家,英国伦敦大学维尔康医学史研究中心教授,世界中医药学会联合会高级顾问,英国医学针灸学报国际编委。他于 1950 年毕业于燕京大学,后在北京医学院任医学史助教;1960 年至 1962 年,他从北京中医学院西医离职,在中医班学习,长期在中国中医研究院做医史文献研究工作。作为新中国第一代医学史研究者之一,他长期关注中西比较医学史研究及中医名词术语的国际标准化问题,并积极推动中医文化在海外的发展。他曾受邀担任"李约瑟文集翻译出版委员会"常委;参与编写、翻译中外医学史书籍十余种。1960 年,他参与编写的《中国针灸学大纲》一书的英译,被视作中国最早的此类出版物。目前,世界公用的"中医药学"这一名称的英语译名"Traditional Chinese Medicine (TCM)"出自他的翻译。

七、文树德

文树德(1943—),德国汉学家、医史学家、中医翻译家。他专攻中、欧医学及生命科学比较史,尤擅长医学思想史、伦理史研究,1969 年开始研习中医药学,1984 年任教授,1986 年任慕尼黑大学医史研究所所长。他于 1986 年出版的中医经典著作《难经》的英译本。该书同时出示了《难经》的原文,第一次大量引述了若干个世纪以来,中国与日本许多重要的《难经》注家的注文。他出版了 *Medicine in China: A History of Pharmaceutics* (《中医药剂学史》,1986) 和 *Medicine in China: A History of Ideas* (《中医学思想史》,1988)。1989 年,他完成了《被忘却的中国古代医学传统》(即清·徐大椿《医学源流论》)的译注工作,使西方世界第一次认识了这位中国优秀的医学思想家。之后,他与眼科学专家合作,英译了中医眼科名著《银海精微》。2003 年,其所著的《〈黄帝内经·素问)——中国古代医学典籍中的自然、知识和意象》(*Huang Di Nei Jing Su Wen: Nature, Knowledge, Imagery in an Ancient Chinese Medical Text*)一书出版。该书相当于《素问》的导论,全面系统地介绍了《素问》的历史、命名、版本及注家等内容,深入评价了《素问》的自然观、人体观、疾病观、养生思想以及各种治疗法则,使中国的"运气说"第一次以英文的形式面世。2011年,他编写的《〈黄帝内经·素问〉译注》在美国加利福尼亚大学出版社出版,其主持的《黄帝内经·素问》英译注释系列著作全部出齐。这套译注本的史学及语言学水准很高,不但严谨、全面地呈现了《素问》的原貌,而且展示了西方学者解读《素问》的独特视角,为在西方世界传播中医理论的精髓发挥了巨大作用。

八、罗希文

罗希文(1945—),中国社会科学院哲学研究所研究员,我国著名中医典籍翻译家,被誉为中国《本草纲目》英译第一人。他的第一部中医典籍译著《伤寒论》为全世界第一部全英译版本中医经典译著,于1986年在新世界出版社出版发行,2007年再版时,增设了中英文对照。2009年,他编译的《黄帝内经》第一卷的英译注解节译本在中国中医药出版社出版。该书为全英译本,分为介绍和素问前22章的英译,采用翻译与注释相结合的方法。迄今,他已完成我国古籍医典四个阶段的代表作《黄帝内经》《伤寒论》《千金方》《本草纲目》的英译本,以及《金匮要略》《东医宝鉴》《医方类聚》《医心方》等多部中医经典著作的英译工作,总字数超过2000万字,为中外学术文化交流开拓了新的领域。

九、魏迺杰

魏迺杰(1954—),英籍汉学家、语言学家,任教于台湾长庚大学,从事中医英语和医学拉丁语教学,长期钻研中医理论知识及中医文化,对中医英译问题的研究长达30余年。他在美国、中国编译出版了数十部英语版或英汉双语版的中医专著,包括中医古籍翻译。他的第一部中医学英语专著《中医基础知识》(*Fundamentals of Chinese Medicine*)于1985年出版。他在Mitchell C.和冯晔医师的协助下,翻译了中医典籍《伤寒论》,完成《伤寒论译释》(*Shang Han Lun: On Cold Damage, Translation and Commentaries*),并于1999年在美国标登出版社出版发行。全书附有简体和繁体全文,并以拼音注音结合注解。2013年,他完成了《金匮要略》的翻译工作,名为《金匮要略译释》(*Jin Gui Yao Lue: Essential Prescriptions of the Golden Cabinet, Translation Commentaries*),在标登出版社出版发行。

十、李照国

李照国(1961—),上海师范大学农工党主委、外国语学院院长教授,长期从事中医典籍英译的研究,出版译著30余部。他翻译的《黄帝内经》《难经》和《神农本草经》是国内第一部完整的英译本,《黄帝外经》是世界上的首部英译本。近十年来,他完成了十多部现代中医学术著作的翻译。

《黄帝内经》《难经》《神农本草经》和《伤寒杂病论》是中医四大经典,《黄帝内经》分为《灵枢》和《素问》,《伤寒杂病论》分为《伤寒论》和《金匮要略》。李照国历时20多年完成了《黄帝内经》和《难经》的翻译,译本在世界图书出版公司出版,被纳入国家1995年启动的"大中华文库"。其中,《黄帝内经·素问》的三卷译本于2005年出版,《黄帝内经·灵枢》的三卷译本(包括《难经》)于2008年出版。他又用十余年的时间完成《伤寒论》《金匮要略》《神农本草经》和《黄帝外经》的英译工作,并在上海三联书店出版。据史料记载,《黄帝外经》自汉代之后不幸亡佚,但在民间一直颇有传说,后于20世纪50年代在明代学者陈士铎的文献中被发现。《黄帝外经》具有浓郁的道家思想,理论上以阴阳五行学说为基础,深入分析并系统阐述了诸多问题,对当今学界和医界有一定的参考价值和借鉴意义。李照国翻译的这些中医著作英译本,为在世界范围内传承和发扬中华优秀传统文化做出了重要贡献。

(一)方廷钰从中医英译著作中获得的启发

方廷钰非常关注国内外学者出版的中医英译著作,每当有新的译著出现,他都会想尽办法倾囊购买。方廷钰始终客观、批判性地对待这些英译本中的每一句译文翻译,比如,《伤寒论》的英译本中就有出自国内外中医翻译界大家之手的翻译错误。方廷钰虽然对有些译者的中医翻译理论比较赞同、欣赏,但会直言其翻译实践中的错误。例如,北京中医药大学在组织英译《伤寒论》的过程中,方廷钰参考了之前一些《伤寒论》的重要译本,发现一部分关键中药的名称翻译是错误的,原因是《伤寒论》距今时代久远,语言习惯、药品名称几经变迁,而之前的很多译家没有对古今药物之异同有足够的认识。方廷钰提出古代医生有地域、方言等区别,即使同一个药也会有不同的叫法。所以翻译时,译者一定要向研究伤寒的老师请教,比如,芍药就是牡丹吗?麻仁就是火麻仁吗?香豉是什么?代赭是什么?总之,这种考据的精神是方廷钰从中医英译著作中获得的启发,他在指导青年教师做中医翻译时特别强调了这些内容。除此以外,方廷钰还特别强调进行中医翻译时,要始终秉持认真的态度,同时要深入思考。外界对方廷钰参与过的译本翻译的评价总是很高,各大出版社对其亦十分信任。

方廷钰在翻译中医著作时经历的过程虽然艰辛,但译文经得起检验,他采取的策略可为后人提供宝贵的经验和参考。在翻译时,方廷钰团队首先制订翻译体例,包括中医术语参考、次序编号、正体、斜体、年代标记等。遇到问题时,团队成员经过探讨后,会听取方廷钰的意见。方廷钰主张运用英语的对等语来翻译,实在没有时才采用解释性翻译,或直接使用中式英语。若某一病名的内涵和中医疾病相同,就直接使用它的英语;若不同,则按照意思进行翻译。对于某些词汇,如"里""外""虚""实",方廷钰会完全根据英语词典的释义"interior""exterior""deficiency""excess"来翻译;对于一个中文词汇对应好多英语词汇的,他会对英语词汇进行辨析,最终选择意思最合适、贴切的译法。方廷钰主张与时俱进,遇到错误要敢于否定自己。他还注意到英语词典收词的变化,并将其译法运用到自己的翻译中。方廷钰的译文简洁明了,他对直译、意译、词的加减、词性转换、倒译、对仗、四字格都颇有研究。

第一,方廷钰中医翻译理念的形成离不开该领域许多专家对其的帮助,以及方廷钰对这些专家著作的借鉴,如谢竹藩、马堪温、威斯、欧明、李照国。

第二,方廷钰的中医翻译理念与上述几人既有相同之处,也有不同之处。在翻译过程中,方廷钰有自己独特的见解。当对个别专家的翻译方法持不同意见时,方廷钰会不断地思索,对不当之处进行改善,找到独有的翻译方法。

第三,方廷钰结合自己的翻译和教学经历,发现了原有医学词典的弊端,即仅仅是英语单词与汉语意思一对一,没有展示其用法的例句等,学习者即便记住了词的意思,也不会使用,学习效果差,对翻译者来说也不方便。基于此,方廷钰进行了创新与突破,在没有任何借鉴的情况下,自创了《新汉英中医学词典》。他非常重视词的用法,在《新汉英中医学词典》中介绍了词的搭配,配有例子,更详细、更贴近教学,便于读者学习和翻译。

方廷钰是一个敢于质疑、突破和创新的人,正是具备了这样的精神,才有了他后来在中医翻译领域里的显著成就。他还是一位有责任感、为学生着想的好老师,懂得换位思考,能够及时发现问题,并尽己之力去改善,为中医翻译教学做出了巨大贡献。编者就中医英译著作这方面内容与方廷钰开展了访谈,详见附录二(七)。

(二)方廷钰的中医英译著作成果

方廷钰在国内中医翻译领域具有学术泰斗级的地位。他从事中医英语翻译研究数十载,共出版译著 15 部,成绩斐然。

1980 年,方廷钰在中医研究院文史研究员马堪温的引荐下进入北京中医药大学教授英语。当时外语教研室师资薄弱,方廷钰在授课的同时,主持翻译了《中医基础理论》《中医诊断学》《中医肛肠学》《中医治疗癌症 100 例》《元宝气功》《中医成人推拿》《中医小儿推拿》《中医诊断学》《头皮针疗法》《皮肤针》等多本中医学专著。

1982 年,世界卫生组织向全世界征集各个国家传统医学的介绍。方廷钰翻译了 The Essential Book of Traditional Chinese Medicine。该书的中文内容由北京中医药大学教授刘燕池撰写,方廷钰负责英译部分。全书分为上下册,详细地介绍了中医的起源、气血阴阳等基础理论、中药方剂及中医各科内容。1988 年, The Essential Book of Traditional Chinese Medicine 在美国哥伦比亚大学出版社出版,该书成为中国大陆学者在美国翻译出版的第一部系统介绍中医的专著,也是方廷钰最具代表性的译著。《宗教研究评论》(Religious Studies Review)杂志评价方廷钰拥有"传奇式的翻译水平"。

1985 年,方廷钰回国,继续在北京中医药大学从事教育工作。在此期间,他担任了《中国梅花针》《中国针灸学》英译本的审稿人。

方廷钰参与翻译了国际著名中医肿瘤专家教授谢文纬所著的《中国式抗

癌：中医治疗肿瘤成功案例》(*Anticancer the Chinese Way: Successful Cases of Nontoxic Treatment*)。该书 2014 年在新世界出版社出版。该书作者总结了 100 个由中医治愈的癌症病例，评估并分析了每一个病例，对所用药、方加以注释，介绍了 160 个疗效确实的抗癌药方和抗各种癌的常用中药、无毒的抗癌药组和无毒的抗癌中药、抗癌防癌的营养素和食物疗法，以及作者的抗癌心得和理念。该英译本的出版为全球抗癌提供了宝贵的经验。

方廷钰对中医典籍英译本亦有所研究。他认为翻译中医专著，尤其是年代久远的中医作品，需要追根溯源，不断考证，力求准确，有理有据。该理念始终贯穿其翻译实践。比如，他探究了《黄帝内经·素问》中频繁出现的"道""德""道德"的翻译，选取李照国、罗希文、文树德、威斯四位中外英语译者的译文，对他们的翻译进行对比，发现其中存在误读、误译现象，于是提出了修正意见，并总结得出中医典籍翻译的策略，指出中医典籍翻译人员要学习中国古代哲学经典，加强汉语及古汉语修养；中医典籍翻译最理性的方式是中外合作、以国人为主；译者在翻译中医典籍时应谨慎使用拼音。他还对《黄帝内经》中"百"字的英译进行了探析，将李照国和文树德的英译本进行了对比分析，研究了他们持不同翻译观点对数词"百"字及其所在句子的英译策略。他提出了翻译典籍必须坚持"以信为首"的原则。这些研究成果皆以论文的形式得以发表。

第九节　中医药中文论著的影响

2005 年方廷钰在《中医教育》上发表的《中医翻译探讨》中指出了中医翻译的五个基本条件，其中一个即为中西医药知识。此外，在论文《一带一路，语言为先——对话中医翻译家方廷钰》中，方廷钰提出：一名合格的中医翻译从业者，首先英语功底要好，其次要了解中医医理。中医药知识对方廷钰的中医翻译具有重要影响，而中医论著作为医药知识的重要载体发挥着重要作用。

一、中医药中文论著对方廷钰的影响

（一）方廷钰研读的中医药中文论著

据方廷钰讲,他并没有系统地、刻意地阅读中医论著,因为中医医理并不是他的研究对象,但是在翻译时,他会查阅相关书籍,弄清翻译文本的意思,查找原文的出处,甚至费尽周折,找到一手著作。方廷钰有着扎实的古汉语功底,能够很好地理解中医论著中的医古文,因此,经过数十年的翻译实践,他对中医医理有了很好的理解。例如,方廷钰所在团队于 1972 年开始编纂《汉英词典》（1978 年出版）,方廷钰主要负责其中的 300 多条中医词汇条目的翻译。20 世纪 70 年代,我国的中医英译还是一片空白,没有前人的翻译可供借鉴,翻译人员对于中医也缺乏了解,方廷钰只得钻研中医汉语词典。他曾研读过人民卫生出版社出版的《中医名词术语选释》,在掌握了词条的意思后,将其译为英语。编者就中医药中文论著对方廷钰的影响这一问题采访了他,详见附录二（八）。

（二）方廷钰翻译的中医药中文论著

方廷钰审校或翻译的中医教材与论著主要有《中国梅花针》《中国针灸学》《中医基础理论》《中医诊断学》《中医肛肠学》《中医治疗癌症 100 例》《元宝气功》《中医成人推拿》《中医小儿推拿》《头皮针疗法》《皮肤针》、The Essential Book of Traditional Chinese Medicine、《新型冠状病毒肺炎中医诊疗手册》《中医历史与哲学》《世界卫生组织 2019 年传统和补充医学全球报告》等,还有正在进行的《伤寒论》《汉英中医养生词典》和《中医药文化读本（英文版）》。

《中国梅花针》是 1984 年人民卫生出版社出版的针灸类中医著作,作者是钟梅泉,全书分上下篇,主要阐述了梅花针的发展史、原理、工具制作、持针和手法、诊断方法、施治方法,以及经脉、穴位等基础知识、常见病的证治治疗,并附有验案。《中国针灸学》是 2008 年人民卫生出版社出版的图书,作者是承澹盦。该书从内容上分为针科、灸科、经穴、治疗四篇,全面详细地阐述了针灸疗法的基本知识、临床应用手法、科学实验以及临征要点等,注重临床实际应用,取穴方法详明,并附以插图,便于读者学习和掌握。《中国元宝气功》是 1998 年新世界出版社出版的图书,作者是杨其元。《头皮针疗法》是 2014 年人民卫生出版社出版的图书，主编是周达君。该书分为两大部分：第一部分介绍了头针法的基本知识，包括头针法的源流，头部的穴、线和分区，使用的针具，操作方法，注意事项等内容；第二部分是头针治疗有效的病症以及具体而详细的头针治疗措施。The Essential Book of Traditional Chinese Medicine 的出版，为国内作者、译者在美国首部出版和系统、完整介绍中医理论体系及各科疾病证治的专著，受到国外医学界同道好评，并被美国国会图书馆收藏。该书的中文内容由北京中医药大学刘燕池撰写，方廷钰负责英文版的翻译。该书于1988年由美国哥伦比亚大学出版社出版，对中医起源、气血阴阳等基础理论、中药方剂及中医各科都有详细的介绍。

方廷钰作为《中国梅花针》《中国针灸学》等英译本的审稿人，在审阅时，主要看语言。例如，"加减（……汤）"的方剂名称，原来被译为"plus and minus"，但方廷钰认为，中药的加减其实就是"变化"，于是修改为"with modification"或者"modified..."。在此基础上，加上什么药，即为"add"，减去什么药，即为"omit"。

新冠肺炎疫情出现以后，国家中医药管理局应对新冠肺炎疫情联防联控工作专家组顾问、中国工程院院士王琦国医大师领衔，与中华中医药学会感染分会主任委员、北京中医药大学新冠感染防控医学专家组组长谷晓红，中央指导组专家组成员、国家中医药管理局应对新冠肺炎疫情联防联控工作专家组副组长刘清泉共同担任主编，中央指导组专家组成员、国家中医药管理局应对新冠肺炎疫情联防联控工作专家组顾问张伯礼担任主审，推出了面向一线临床医生的《新型冠状病毒肺炎中医诊疗手册》。该手册以病证结合为主线，构建了中医对新冠感染的诊疗系统，突出以中医理论思维指导实践。结合国家卫生健康委公布的《新型冠状病毒感染的肺炎诊疗方案》，按轻型、普通型、重型、危重型，提出全过程的中医诊治要点与方药措施。方廷钰主持了该书的英译任务，在线指导了北京中医药大学的八位青年教师，将其中医翻译理念、技巧经验无私地传授给大家，并审核修订了译文，提前完成了任务，最终获得了中国中医药出版社评审专家的高度评价。

二、方廷钰翻译中医药中文论著的经验

（一）在实践中总结创新

方廷钰在翻译实践中不断总结创新。他在《中医翻译探讨》中指出，中医名词术语翻译的标准有"信、达、切""对应性""简洁性——少用释义性译文""约定俗成""有时无法强调回译性""不要轻易造词""汉英中医词典仅做参考不能死搬""注意词的搭配性，语义上的相容性""以动词、形容词、名词为中心的翻译方法（动词：$v.+n.+prep.$, $v.+adv.+prep.$, $v.+$ 动名词，$v.+$ 不定式；形容词：it is$+adj.$, be$+adj.$；名词为中心最广泛）"和"四字格的翻译法（主动宾——译为名词性短语，不要译为句子；表因果关系、并列关系要列出来）"。

方廷钰比较重视译文的语法结构，他认为，翻译时应以还原原文意思为主，再确定译文的语法结构。这种翻译方法的形成源于其数十年翻译实践经验的总结。

方廷钰坦言，现在研究四字格翻译的不多了，他通过例子，看其他译者如何翻译四字格并进行总结。如果没有相应的英语可供选择，则采用解释性翻译，牺牲术语原有三字格或四字格的结构，保证术语含义得以准确传达，灵活解决内容和形式之间的矛盾。而对于"中医翻译过程中不能过分强调回译性"的问题，方廷钰以准确传达意思为主，必要时会自创译法。

（二）注重标准化

方廷钰没有刻意研读西医著作，在翻译中遇到问题时会查找西医书籍，在中医翻译中遇到的术语，方廷钰会考虑西医中有没有对等词，借助一些西医词汇，而不轻易创造新词，这样能够更好地照顾西方读者对于中医的认识程度，促进中医的对外传播。例如，"阑尾炎"是西医的词，中医中的"肠痈"其实和西医中的"阑尾炎"是一回事，这时可以借用西医的病名。再如，"梅核气"在西医中有直接对应的词汇，可以直接使用"globus hystericus"。

有时中医术语在西医中找不到对应，如"伤寒"一词，在中医中是一种热病，指伤于寒而得的病，故名"伤寒"。但在西医中它指"伤寒病"，指接触污染源后得的一种急性传染病，虽与中医中的伤寒同名，但病因、病机等都大相径庭。所以，中医中的"伤寒"应译为"cold-induced disease"或"cold damage"，而

不应借用西医中的"typhoid"。可见,在没有对应词的情况下,方廷钰通常采用解释性翻译等方法进行创造性翻译。

方廷钰在参与中医翻译的初期较多地借用了西医词汇,但随着中医翻译的发展及中医对外传播进程的推进,国外读者对中医的接受程度越来越高,所以方廷钰主张逐渐使用英语中存在的、接近中医的词汇概念来表达。例如,"冷痛"一词,方廷钰建议用"cold pain"而非"crymodynia",使中医术语区别于西医术语,保留了中医的特点;其次,"cold pain"更加通俗易懂,照顾了国外大众对中西医的认知能力。方廷钰认为,合格的中医译者应对西医知识有一定的掌握,尤其是西医词汇,以便能够正确辨别、选用。

对于中医术语英译标准化问题,方廷钰认为所谓的"标准化"其实是"少数服从多数"的过程。他在论文《从西医术语中译标准化谈中医术语英译标准化》中提到,新中国成立后,为了适应医学科学技术和教育的发展,卫生部于20世纪80年代组织全国上百人的专家队伍,编写出译文统一的医学大词典,基本实现了西医术语的统一译文,并从中得到"医学术语译文的统一,必须有中外专家参与、民间组织支持和政府主导"的启示。方廷钰介绍了中医名词术语英译的历史进程与面临的问题,最后给出了中医术语英译标准化的建议:"只有在大量译著出现后,经过专家和读者的检验,最终可以达成共识;民间组织应该发挥重要作用,但是主导者应该是国家机构;中医典籍翻译的主体应该是母语为中文的人群。"

方廷钰力求与英语为母语的学者合作翻译,从而保证为读者提供地道的译文;他还注重维护术语译文的历史性,即约定俗成。方廷钰指出,中医翻译仍在发展,现在确立标准为时尚早。不同的标准都有其可取之处,译者面对多重的现行标准时应保持一定的批判性,取其精华,补其不足。如果对于某些词语的译法存疑,他会借助原版英语词典或参考可靠的网络资源,在不违背原文含义的前提下,提出自己的想法,形成自己的翻译风格。同时,在翻译实践过程中,方廷钰会尊重其他译者的意见。

目前,中医术语翻译领域可供参考的业内标准有《西太标准》《世中联标准》《中医药学名词(2004)》《中国药典(2015版)》等。方廷钰在翻译过程中参考的英语词典主要有《牛津高阶英语词典》(*Oxford Advanced Learner's*

Dictionary)、《多兰医学词典》(*Dorland's Illustrated Medical Dictionary*)、《柯林斯词典》(*Collins English Dictionary*)等。面对多重的翻译标准与学说,方廷钰在翻译的表达环节会参考现有标准,尊重约定俗成的做法,一方面确保自己译文的可读性,另一方面可推动中医术语翻译标准化的发展。方廷钰比较认可谢竹藩提出的中医术语翻译理念,但也会从中医翻译最新的发展需求出发,批判性地参考与借鉴,并进行发展与创新。

(三)关照读者需求

方廷钰指出,他不仅是译者,还是"搞教学的",因此,他更加懂得中医翻译学习者的需求。目前有不少有关中医翻译的词典,但大部分为字对字式的专业词典。而方廷钰在教学实践中发现,即便给学生一个对应语,他们也不会在句子中使用,因此,他编纂了《新汉英中医学词典》。该词典是一本综合理论词典,更偏重教学,是为学习者编纂的。每个词有方廷钰自创的例句、搭配等,可帮助学生举一反三,使之根据例句学会词汇的用法。

例如,翻译方剂名称时,方廷钰主张剂型部分用英语,其余部分用拼音表达。他认为"白虎汤"的译文应为"Baihu Decoction",而非"White Tiger Decoction";"六味地黄丸"的译文应为"Liuweidihuang Pills"。对于中药名称的翻译,如果读者为比较专业的人士,那么方廷钰会标注拼音、英语和拉丁语三种译法,但如果目标读者为一般大众,方廷钰一般会标注英语译文,同时避免译文生涩难懂。整体而言,方廷钰译文的主要目标读者为国外的普通大众,此类读者对于中医的认知有限,对中医没有系统的理论知识。因此,他特别强调译文要"通俗易懂",如果对方不懂,"那就等于白翻译",只有满足了可读性要求的译文,才能方便目标读者应用,真正为中医药国际传播服务。

方廷钰的译文较其他学者提供的版本更易于理解。有人认为抽象名词越多,文章越文雅,方廷钰多次在课堂上强调,要改变这种观念。随着"简明英语运动"的开展与推行,英语国家相继采用简明英语,因此,中医翻译应紧跟语言的时代发展,把高深的中医术语用受众易懂的通俗语言来表达。可见,方廷钰会考虑读者的共时反馈以及读者反馈的继时变化,并据此不断改善、提升其译文。例如,"思虑过度"一词中,"思虑"是中医概念,"过度"则为表示程度的一般概念,方廷钰在处理过程中没有直接将"过度"译为"too much",而是找到英语中表示"过度"的地道表达"beyond measure"。他建议"思虑过度"的译文为"worry beyond measure",用"好的(地道的)英语"弱化翻译腔,有利于读者理解与接受。

很多译者在译文中会采用注解的方式处理中医术语,对于是否推荐使用注解,方廷钰认为,对于翻译来说注解是下策,好的译文应在原文中流畅地表达出术语的含义,插入式的注解会打断读者的思路,脚注则需要读者往复查看,会打乱原有的阅读思路,不利于读者理解文章,即术语译文要具有简洁性。这一观点与做法与李照国对《黄帝内经》的翻译出入较大,李的译文细致、全面,但降低了读者阅读的连贯性与译文的可读性,不如在书末或文末提供一张术语对照清单,让读者一目了然。

方廷钰提出,在翻译过程中,如遇到民族特色非常明显的词汇,在难以找到合适的英语时,可以采用音译法。这些带有中国地域特色的词汇会逐渐融入英语主流词汇,最典型的例子是"气""阴""阳"等词的译文。适当地使用中式英语能够在译文中体现术语原文的神韵,保留原文民族风格,原汁原味地将中医文化传递出去。与此同时,方廷钰指出,过多地使用拼音不能达到服务的目的,会适得其反;如果译文用的拼音较多,便不能有效地传达原文的含义,会大大降低译文的可读性。

第五章

方廷钰中医翻译理念话语的内部系统

国内外中医翻译有着多样的流派、理论原则和方法策略。从事中医翻译实践近半个世纪,在中医翻译界具有独特地位的方廷钰一直没有停止积极学习各家研究成果,他在自己的中医翻译实践的基础上有选择地接受了一些中医翻译流派、理论原则和方法策略的理念。其中医翻译理念海纳甚广且不断发展,如前期的通俗易懂翻译风格、中期的"信、达、雅"和功能对等翻译理论、后期的归化异化翻译理论。上一章,编者从方廷钰负责的教材、译著、论文、讲座稿和采访他的访谈稿中提炼出其中医翻译理念,在此基础上,本章将紧扣其主要话语链,深入探究其中医翻译理念内部话语系统。

编者从方廷钰中医翻译理念中挖掘出一些关于中医翻译实践需遵循的原则、策略和方法的重要话语链:从注重中医翻译的"准确规范"到主张联系翻译的"方法理论";从坚持原文和译文的"对应性"到提倡译法策略的"灵活性";从主张译文添加解释的"释义派"到倡导译文的"简洁性";从强调中医翻译的"译者主体"到提出译文应"关照读者接受";从主张中医翻译要正本溯源的"考据派"到强调中医翻译要"与时俱进"地发展变革。方廷钰中医翻译理念中的这些关键话语链既有关联又有对立,而在近现代中医翻译不同阶段的历史背景下,它们构成了最符合各时期中医对外文化传播及翻译实践需求的理论、策略及方法的话语系统。方廷钰中医翻译理念话语的内部系统的形成,证实了近现代中医翻译的不断发展和进步。

第一节 注重规范

中医翻译的规范化非常重要。随着中医对外文化传播的不断发展,当前中医翻译著作越来越多,然而很多译作都缺乏规范性,甚至有些药名、配方的译法都不规范,这使得中医著作在世界范围的流传及中医在国外的诊疗实践受到许多负面的影响。方廷钰特别注重规范,他在指导学生及青年教师进行中医翻译时,总是认真地为他们指出翻译中的不规范问题。

方廷钰"注重规范"的内部话语主要体现在以下几个方面。

第一,要订正空格、脚注、目录不规范的现象。空格错误的不规范问题往往由译者疏忽造成,有的由初次翻译打字时手误所致,有时由修订时系统设置的空格所致。脚注要加在右上角,一般原文的脚注没有问题。一些译者使用了网络在线机译,没有把脚注加在译文的上角,很不规范。主审译作时,方廷钰会要求所有译者仔细检查一遍,从而修正这些不规范问题。

翻译中医书籍目录时,问题往往更多,方廷钰会多次要求译者"重新做目录"。他特别注意页码、条目的检查,不仅可避免漏译和马虎错误等现象,还可避免出现有些译者没有将目录中的关键单词首字母大写的情况,如"心是君主"被译为"Heart: emperor"在一般句子中尚可,但在目录中应大写为"Heart: Emperor"。同理,"肝是将军""肺是宰相""脾是仓库总管"和"肾是掌管发明与工匠的官"应分别译为"Liver: General""Lung: Prime Minister""Spleen: Barn Supervisor"和"Kidney: Officer Supervising Invention and Craftsmen"。

目录中有些专有名词是要用斜体的,如"五脏""六腑"这类英语里已经认同的中医术语的拼音形式,应译为"Five *Zang*-organs""Six *Fu*-organs";而一些英语里还没有收录的中医术语,如"五体""官窍",应按照意思译为"Five Body Constituents""Orifices of Sensory Organs"。另外,目录中出现的一些书名也要用斜体标出来,如将"《神农本草经》"译为"*Shen Nong's Herbal Classic*(*Shén Nóng Běn Cǎo Jīng*)",可将书名的加注四声汉语拼音列出来。

目录中的译文要尽量简化。例如,可用"TCM"来简化替代"中医",而不是非要译为"Traditional Chinese Medicine"这样的全拼表达。一些非固定名词术语中的数量表达也可使用阿拉伯数字,而不是英语大写全拼,如"第一章"可译为"Chapter 1",而非"Chapter One";"药师十二大愿"可译为"12 Great Vows of Bhaishajyaguru",而不是"the Twelve Great Vows of Bhaishajyaguru"。

第二,对于中医药文献中标点的翻译,方廷钰也特别强调规范性。例如,在翻译《中医药文化读本》时,书中有关于孔子的介绍:"孔子(公元前551—公元前 479）：中国著名的大思想家、大教育家，是儒家学派的创始人"，对此，译者将其译为"Confucius (551-479 BC): Chinese great ideologist, educator and founder of the Confucian School"。方廷钰指出了标点上的问题，"公元前"应是 B.C.，故该句应译为"Confucius (551-479 B. C.): Chinese great ideologist, educator and founder of the Confucian School"。2021 年，方廷钰主审了《简明汉英中医养生词典》。他认为一般情况下，汉语词条只给一个英语对应词，倘若给两个对应词，需用逗号隔开，如"本质：essence, nature"。当汉语词条出现一词多义时，英语对应词用分号隔开，如"露：distillate; syrup; juice""安心：being at ease; setting one's mind on"。当汉语词条为句子时，英语译文以短语或以句子形式出现，如"白头偕老"译为"living to a ripe old age in conjugal bliss"；"百废俱兴"译为"all that was left undone is now being restarted"。

除此以外，方廷钰在多部译著的审稿工作中再三强调音译法的规范性（即须对同一本书中汉语拼音加不加四声的问题进行统一）。他说："加不加四声的问题，没有说一定加或不加，原则是一本书要统一。"

当前很多书籍及文章的译文主张使用拼音不加四声。例如，指导翻译《伤寒论》时，方廷钰建议中药名和方剂名都采纳《中国药典（2005 版）》中的不加四声音译法：中药名的拼音，首字母大写，其他小写，中间没有空格，括号后加《中国药典（2015 版）》中使用的拉丁语，如"黄芪"译为"Huangqi (*Astragali Radix*)"；方剂名称，如"逍遥散，血必净"译为"Xiaoyao Powder, Xuebijing Injection"；剂量的音译如"分 *fen*""钱 *qiang*""两 *liang*""升 *sheng*""枚 *piece*"。该书中还有其他音译，人名的拼音用正体，如"张仲景"音译为"Zhang Zhongjing"；朝代的拼音用正体，如"汉朝"译为"Han Dynasty"；地名的拼音用正体，如"马王堆"音译为"Mawangdui"；"yin""yang""qi"这类拼音使用斜体，"太阳"音译为"*Taiyang*"，"阳明"音译为"*Yangming*"，"证"译为"pattern"。书名的拼音，逐字分开，首字母大写，用斜体，后用括号加英语译名，如"*Huang Di Nei Jing* (Huangdi's Canon of Medicine)""*Shen Nong Ben Cao Jing* (Shennong's Herbal Classic)""*Zhong Hua Ben Cao* (Chinese Materia Medica)"。

指导翻译《新型冠状病毒肺炎中医诊疗手册》时，方廷钰建议中药名和方剂名采纳《中国药典（2015 版）》中的不加四声音译法，如"金银花""连翘""桑叶""葛根"被斜体音译加拉丁语标注,译为"*Jinyinhua (Lonicerae Japonicae Flos)*""*Lianqiao (Forsythiae Fructus)*""*Sangye (Mori Folium)*""*Gegen (Puerariae Lobatae Radix)*";"九味羌活汤"被音译为"*Jiuwei Qianghuo* Decoction"。针灸穴位被音译为"Lieque (LU 7), Hegu (LI 4), Dazhui (GV 14), Fengchi (GB 20), Zusanli (ST 36)"。人名音译法为正体拼音加年代,如"叶天士"被译为"Ye Tianshi (1666-1745)"。还有一些中医著作名称翻译,采用斜体音译加意译结合的方式,如《经验秘方》被译为"*Jing Yan Mi Fang (Secret Experiential Remedies)*"。

方廷钰在为《中医科学杂志(英文)》指导审核中医英译论文时,主张中药名和方剂名都采纳《中国药典(2015版)》中的不加四声音译法,如"柴胡""干葛""甘草""黄芩""芍药""羌活""白芷""桔梗"被斜体音译加拉丁语标注为"*Chaihu (Radix Bupleuri)*""*Gange (Radix Puerariae Lobatae Dried)*""*Gancao (Radix et Rhizoma Glycyrrhizae)*""*Huangqin (Scutellariae Radix)*""*Shaoyao (Radix Paeoniae Alba)*""*Qianghuo (Rhizoma et Radix Notopterygii)*""*Baizhi (Radix Angelicae Dahuricae)*""*Jiegeng (Radix Platycodonis)*";"麻黄汤"被音译为"*Mahuang* Decoction","桑菊饮"被音译为"*Sangju* Oral Liquid"。"斤""两""铢""斛""斗""升""合""方寸匕"被不加四声、改为斜体音译为"*Jin*""*Liang*""*Zhu*""*Hu*""*Dou*""*Sheng*""*He*""*Fang Cun Bi*"。为了读者更好地理解,方廷钰还主张在译文中增加标出对应克数,如"药物组成:连翘(一两)、银花(一两)、苦桔梗(六钱)、薄荷(六钱)、竹叶(四钱)、生甘草(五钱)、芥穗(四钱)、淡豆豉(五钱)、牛蒡子(六钱)"被译为"Ingredients: *Lianqiao (Fructus Forsythiae)* 1 *liang* (36 g), *Yinhua (Flos Lonicerae)* 1 *liang* (36 g), *Kujiegeng (Radix Platycodonis)* 6 *qian* (21 g), *Bohe (Herba Menthae)* 6 *qian* (21 g), *Zhuye (Folium Phyllostachys)* 4 *qian* (15 g), *Shenggancao (Radix et Rhizoma Glycyrrhizae)* 5 *qian* (18 g), *Jiesui (Herba Schizonepetae)* 4 *qian* (15 g), *Dandouchi (Semen Sojae Praeparatum)* 5 *qian* (15 g), *Niubangzi (Fructus Arctii)* 6 *qian* (21 g)"。人名、朝代音译法与其他书籍无异,但书名未加拼音标注,如"处方出处:清·吴鞠通《温病条辨》"被译为"Source of the formula: *Wen Bing Tiao Li*(《温病条例》)*Systematic Differentiation of Warm-pathogen Diseases* by Wu Jutong(1758-1836) of the Qing Dynasty"。

而在翻译《中医药文化读本》时,他要求将"四象""八卦"译为汉语拼音加四声"Si *Xiàng* (Four Figures)、*Bāguà* (Eight Trigrams)","阳__和阴__再次生出太阳、太阴、少阳、少阴四个两根线段构成的符号就是四象;四象再次生出八个三根线段构成的符号,这就是乾(天)、兑(泽)、离(火)、震(雷)、巽(风)、坎(水)、艮(山)、坤(地)八卦"被音译为"From yang (▬) and yin (▬▬) *Tàiyáng* (☰), *Tàiyīn* (☷), *Shàoyáng* (☳) and *Shàoyīn* (☶) were derived. From the above Four Figures, *Bāguà* was produced, i. e. *Qián* (☰ heaven), *Duì* (☱ lake), *Lí* (☲ fire), *Zhèn* (☳ thunder), *Xùn* (☴ wind), *Kǎn* (☵ water), *Gèn* (☶ mountain) and *Kūn* (☷ earth)"。

一些传统文化的专有名词,如"腊八""蜡祭""衙门"被音译为"*Là bā*""*là jì*""*yá mén*"比较少见,要加中文标注。"饺子"由于已被众多英语读者熟悉,被译为"*jiǎo zi*",可不加中文标注。但比较少见的如"八段锦"被译为"*Bāduànjǐn* (the Eight-sections of Brocade)"、"心魔"被译为"*Xīn Mó* (mental monster)"均未加标注,就不合适。而一些中医著作由于鲜为英语读者知晓,则被意译加中文标注加音译,如"*A Summary of Events in the Song Dynasty* (《宋会要辑稿》) *Sòng Huì Yào Jī Gǎo*""*What a Great Physician Has to Learn* (《大医习业》) *Dà Yī Xí Yè*""*Emergency Formulas to Keep Up One's Sleeve* (《肘后备急方》) *Zhǒu Hòu Bèi Jí Fāng*"。

翻译中医药膳时会遇到一些中药材的名称翻译,当前一般的参考是《中国药典(2015 版)》中的音译法,但考虑到需要结合《中医药文化读本》中所有音译法的统一标准,方廷钰也要求翻译时对汉语拼音加四声。例如,"白虎汤""麻黄汤""小柴胡汤""独活寄生汤""四君子汤""四物汤"被译为"*Báihǔ* Decoction""*Máhuáng* Decoction""*Xiǎocháihú* Decoction""*Dúhuó Jìshēng* Decoction""*Sìjūnzǐtāng* Decoction""*Sìwù* Decoction";"赤小豆""山药""龙眼肉""大枣""桑葚""黑芝麻""莲子""芡实""薏苡仁"被译为"*Chìxiǎodòu* (Rice Bean)""*Shānyào* (Common Yam Rhizome)""*Lóngyǎnròu* (Longan Aril)""*Dàzǎo* (Chinese Date)""*Sāngshèn* (Mulberry Fruit)""*Hēizhīma* (Black Sesame)""*Liánzǐ* (Lotus Seed)""*Qiànshí* (Gordon Euryake Seed)""*Yìyǐrén* (Coix Seed)";

"粉葛粟米排骨汤""藿香豆腐羹""当归羊肉汤"被译为"*Fěngě Shùmǐ Páigǔ Tāng* (Thomson Kudzuvine Root, Corn, Pork Rib Soup)""*Huòxiāng* (Agastache) and Tofu Soup""*Dāngguī* (Chinese Angelica) Mutton Soup"。

再如,在翻译《走近中医》时,他要求给针灸穴位标注汉语拼音加四声。"ST 36 (*zú sān lǐ*,足三里)""ST 35 (*dú bí*,犊鼻)""CV 4 (*guān yuán*,关元)"和"KI1 (*yǒng quán*,涌泉)"是经方廷钰修订过的翻译模式,其中,"ST 36""CV 4"是世界卫生组织的国际标号,不使用斜体。《黄帝内经》中的"左寸"被译为"Left *cùn* pulse","右尺"被译为"Right *chǐ* pulse","右关"被译为"Right *guān* pulse"。另外,一些专有名词也被标注汉语拼音加四声,如"津液"被译为"Body fluids (*jīn yè*,津液)","三焦"被译为"The triple energizer (*sān jiāo*,三焦)"。方廷钰认为音译法会最终统一成不带声调的译文。

第三,方廷钰特别注重译文的英语语法规范,强调"为保持规范英语,英语定冠词、不定冠词和介词一律不省略"。他对缩写、大小写、单复数等语法规范有非常仔细的要求,如担任《中医药文化读本(英文版)》主审时,他对译文初稿进行了如下点评。

原文1:中医学是指发祥于中国古代的研究人体生命、健康和疾病的科学。从狭义上说,中医是指以中国汉族人民创造的传统医学为主的医学,所以也可称为汉医。从广义上说,中医是指中国医学,除汉医外,还包含中国少数民族的传统医药,如藏医药、蒙医药、维吾尔医药、傣医药、壮医药、苗医药、瑶医药、彝医药、侗医药、土家族医药、朝鲜族医药。中医学在数千年的发展历程中,逐渐融入中国人的日常,成为人们日常生活中不可分割的一部分,形成了具有特色的中医文化。

译文点评1:TCM (改为 Traditional Chinese medicine, 句子开头不用缩写) is a branch of sciences (改为 science, 去掉 s) originated in ancient China which studies human life, health and illness. In a narrow sense, TCM, also known as Han medicine, is the traditional medicine developed by the Chinese Han Nationality (改为 nationality, N 小写). In a broad sense, it refers to traditional medicine with all ethnic medicines in China involved, including Tibetan medicine, Mongolian medicine, Uygur medicine, Dai medicine, Zhuang medicine, Miao medicine, Yao medicine, Yi medicine, Tong medicine, Tujia medicine, and Korean medicine. During its development, TCM has gradually blended with Chinese daily life and becomes an inseparable part of life, and thus the distinguished TCM culture has taken shape.

原文2：中医文化是中医学内在的价值观念、思维方式和外在的行为规范、器物形象的总和，有广义和狭义之分。广义中医文化是中医物质文明和精神文明的总和，可分为精神文化、行为文化、物质文化三个层面。中医的精神文化指中医的思维方式、价值观念，是中医的灵魂；中医的行为文化包括中医诊病治疗、修习传承的行为规范、典章制度；中医的物质文化包括中医的器具、建筑风格、品牌形象。狭义中医文化特指中医学的精神文化，是中医文化的核心。

译文点评2：TCM culture（改为The culture of traditional Chinese medicine) is the summation of internal values and mode of thinking of TCM, the code of conduct and implement image. In a broad sense, TCM culture refers to the summation of the TCM spiritual and material civilization that can be divided into three aspects: spiritual culture, behavior culture and material culture. The TCM spiritual civilization refers to its mode of thinking and values, which are（改为is，单数）considered the soul of TCM. The TCM behavior culture include（加s，单数）TCM diagnosis and treatment, its conduct code of learning, practice and inheritance, and laws and regulations. The TCM material culture includes its implements, architectural style and brand image. In a narrow sense, TCM culture is about the TCM spiritual culture, which is its core value.

综上所述，"注重规范"在方廷钰中医翻译实践中占据着重要的位置。方廷钰在世界中联翻译专委会2020年会上谈到他对中医翻译者"注重规范"的殷切希望，即"译者要不断锤炼自己的汉语、英语，使之纯净而又锐利""翻译精益求精是我们追求的目标""我们都需要锤炼我们的汉语和英语""让我们的翻译作品受到国内外读者的欢迎"。"注重规范"体现的是一种精益求精的翻译责任心，因此，也在方廷钰中医翻译理念的内部话语系统中处于术语链的最起始位置。

第二节 坚持对应

由于中医药名词术语大多历史悠久,有很多古代汉语用法、现代非中医专业的译者一知半解,常有误译。方廷钰在中医翻译实践和研究中特别注重译文的对应、回译性,认真修订误译、漏译及过度翻译。他首次提出了中医翻译需要遵守"信、达、切"的翻译三原则,并且撰文强调应以"信"为首。

方廷钰的"信、达、切"中医翻译三原则基于并改编自严复提出的"信、达、雅"翻译三原则。严复说:"译事三难:信、达、雅。求其信,已大难矣!"钱锺书也说过,早在公元3世纪,生于汉地的月支人支谦在其关于佛经翻译的《法句经序》中就涉及翻译标准:"美言不信,信言不美。"翻译中的文质之争说明"坚持对应"需面对许多挑战,其中一个很重要的挑战就是译文优雅。而中医翻译属于医学翻译,特殊的学科属性决定了其译文与原文准确对应的必要性。方廷钰在2018杭州会议上做了《目的论下的中医典籍翻译以"信"为首》的报告,结合中外众多翻译理论就这一中医翻译理念进行了阐述。

奈达在1969年提出,"翻译,是在译语中用最切近而又自然的对等语再现源语的信息",再次肯定了"信"的重要性。20世纪80年代,德国翻译理论家弗米尔和赖斯认为,翻译是一种跨文化的交际行为。目的论把目的原则列为翻译的首要原则。译文应充分传达原文的指代及观念内容,译文应直白易懂、无累赘现象,应采用原文作者的视角,使译文创造与原文具有同等的效果。对于非文学翻译,依据目的论和"信、达、雅"的原则,方廷钰认为,翻译必须做到准确无误地重现原文所反映的客观事实,推理没有前后矛盾,意思明确,没有歧义。不论直译、意译或二者的中和,都应围绕这一原则进行。以"信"为首,切勿张冠李戴,此为翻译遵循的原则。

方廷钰对《黄帝内经·素问》的四个英译本进行了比较,进一步说明了在中医典籍翻译中坚持对应的重要性。第一个译本的作者是德国汉学家、中医翻译家文树德,其《黄帝内经·素问》(*Huang Di Nei Jing Su Wen*)是全译本(简称"文本"),出版于2011年。第二个译本的作者是美国学者威斯,其《黄帝内经·素问》英译本出版于1949年,并于1965年、2002年和2016年再版。威斯的《黄帝内经·素问》(*Yellow Emperor's Classic of Internal Medicine—Basic Questions*)是1～34篇的节译本(简称"威本"),属2002年的再版本。第三个译本的作者是中国中医翻译家李照国,其《黄帝内经·素问》(*Yellow Emperor's Canon of Medicine: Plain Conversation*)是全译本(简称"李本"),出版于2005年,该书的特点是原文下附有今译。最后一个译本的作者是中医典籍翻译家罗希文,其《黄帝内经》(*Huangdi Neijing*)是1～22篇的节译本(简称"罗本"),出版于2009年。以下是方廷钰对其中一些句子的不同译本的对比分析,从中可以看出他所坚持的中医典籍翻译应以"信"为首的精神。

【例1】上古之人,其知道者,法于阴阳,和于术数。

李本:"... followed [the rules of] Yin and Yang and adjusted Shushu (the ways to cultivate health)."

文本:"... they modeled [the behavior] on yin and yang and they complied with the arts and the calculations."

威本:"... patterned themselves upon the Yin and the Yang [the two principles in nature] and they lived in harmony with the arts of divination."

罗本:"... would act according to the changes of Yin and Yang and harmonize themselves with nature and exercise self cultivation."

方廷钰指出,"法于阴阳,和于术数"是遵循自然界阴阳变化的规律、掌握养生的方法。两位外国学者把"术数"译为"the arts and the calculations"和"the arts and divination"。马莳在《素问注证发微》中提出"术数者,修养之法则也",张志聪在《素问集注》中提出"术数,修身养性之法也"。当代李经纬、邓铁涛在《中医大辞典》中将"术数"解释为"道家修身养性的一种方法"。威斯对"术数"的翻译也有脚注,依据是冯友兰的《中国哲学史》。她也提到王冰的注释:"'术数'are the great rules of the protection of life... are the name of an ancient science combining astrology and divination",她和文树德一样回到了古时的理解,将"术数"译为"arts and divination"。

【例2】秋三月……以缓秋刑。

李本:"... to alleviate the soughing effect of autumn."

文本:"... to temper the punishment carried out in autumn."

威本:"... in order to lessen the punishment of Fall."

罗本:"... so that the punishment of autumn can be minimized."

方廷钰指出,这里翻译的关键是如何理解"以缓秋刑"。肃肃的秋风卷起枯黄的落叶,我们可以感受到秋天的肃杀之气,也就是《黄帝内经》中所描述的"秋刑"。"刑"有"punishment"之意,李本把"以缓秋刑"译为"to alleviate the soughing effect of autumn","sough"是动词,故李本更接近原文,其他三位均译为"punishment"。

【例3】勇者气行则已,怯者则着而为病也。

李本:"... [those with] bravery will not fall ill; [while those with] cowardice will fall ill..."

文本:"In those who are brave... In those who are timid..."

威本:"Those who act bravely, while those who are afraid and cowardly..."

罗本:"A brave man while for a coward man..."

方廷钰认为本段文字中的"勇者"和"怯者"不是指"勇敢的人"和"胆怯的人"。关于"勇",《康熙字典》的解释为"气也。一曰,健也"。关于"怯",《康熙字典》的解释为"弱也"。《黄帝内经》所指的也是这个意思,即"体质强壮的人"和"体质虚弱的人"。

【例4】心之合脉也,其荣色也,其主肾也。

李 本:"The heart coordinates with the vessels... The heart is restricted by the kidney."

文本:"The correlates of the heart are the vessels; its rulers are the kidneys."

威本:"The heart is in accord with the pulse. The heart rules over the kidneys."

罗本:"The heart corresponds to the pulse. It is dominated by the kidney."

方廷钰指出,据《中医基础理论讲稿》记载,"心之合脉也"中的"脉"指"经脉,即脉管"。全身血液都在脉管中运行,由此可见,这里的"脉"就是血管。所以李本和文本的译文是对的,威本和罗本将其译为"pulse",属于误读。如何理解本段最后一句"其主肾也"中的"主",可显示译者的中医知识。这里的"主"是"制约者"的意思,即"心的制约者是肾"。因为根据五行理论,心属火,肾属水,肾水克心火,所以"心的制约者是肾"。除威本外,其他文本的译文虽有不同,但符合原意。威本把"其主为肾"理解为"心制约肾",所以译为"The heart rules over the kidneys",变成"心火克肾水",完全颠倒了五行的相克理论。

由此,方廷钰认为对于西方学者来说,翻译中医典籍时,不仅要使用流畅的语言,更要忠于原文,如果只有流畅的语言,那就应了上面所说的"美言不信"。换句话说,如果没有传达原作的意思,违背了目的论的原则,则不能不被认为是翻译的败笔。

2019年,方廷钰在教育部培训讲课时进行了《谈谈内经中的"道""德"的翻译》的讲座,从"道""德"的不同译本译法对比进行深入分析,特别强调了中医翻译坚持对应的重要性。《圣经》钦定译本《詹姆斯王译本》(King James Version)的翻译者对翻译做过这样的描述:"翻译就是把窗户打开,让光线进入房间;翻译就是把贝壳撬开,便于我们品尝里面的肉核;翻译就是撩开窗户,我们便能窥见里面最圣洁的地方;翻译就是打开井盖,我们便可以获得水源。"《哥伦比亚百科全书》(Columbia Encyclopedia)指出:"翻译是用一种语言重新创作的艺术,不失原来的韵味。"美国翻译家奈达说:"所谓翻译,是指在译语中用最贴切、最自然的对等语再现源语的信息。"中国古代佛经翻译家玄奘提出"既需求真,又需喻俗",也就是"忠实、通顺"。

方廷钰首先从不同译家对翻译的定义出发,介绍了对于非文学翻译,特别是科技翻译而言,忠实是第一位的。要做到忠实,译者必须熟悉源语,"吃透"语义的细微区别。但要做到这一点并不容易,尤其要把中医典籍中的文言文译为外文难度更大,汉语不仅晦涩难懂,还含有哲学的色彩。埃里克·哈克曼在其《中国哲学》(Chinesische Philosophie)一书中指出,"明来夜去"这四个汉字代表了四个意思,即"light, to be light""to come""night""to leave"。这四个字组合在一起可产生不同的意思。

威斯从词典里任意选了"逆"和"蒙"两个字,她发现"逆"包含如下意思:"to disobey, to rebel, to oppose; refractory, contrary, rebellious; to meet, to accord with, to anticipate",而"蒙"有"to cover, to conceal; dull, stupid; an untaught child; to receive from a superior; depreciatory term, I, my, to meet with, to leave; to cheat"的含义。

所以她认为,在古籍中,虽然汉字是独立的一个字,但是了解它的含义必须从上下文和用类推引申法去确定。长沙湘雅医学院前身的创始人爱德华·修姆说:"要了解医学的古术语,我们必须形成一幅宇宙学或哲学的图画,其中包含着多少世纪以来一直存在着的这个世界的原貌。"于是,威斯在翻译《素问》前对"道"字进行了专门的研究。她认为,"道"是"天地"神秘融合的关键,"道"是指维持这个世界和谐平衡的"way(规律)"或"method(方法)",人遵循宇宙运行并完全适应它,才能得"道",这个"道"她译为"Tao""Way""the right Way"。

"道""德"的翻译难度主要在于实现对应性,方廷钰从中外翻译大家翻译的《黄帝内经·素问》中得到了证实。他发现属于哲学范畴的"道"与"德"及其组合的"道德"频繁出现在《素问》各篇中,如果一字一义的话,译者本来不会出现误读和误译,可事实并非如此。汉字是由形声构成的方块字,清代段玉裁在《说文解字注》中说:"道者人之行,故亦谓之行。道之引申为道理。"

方廷钰总结了历代文献对"道德"的阐释。例如,《康熙字典》指出,《广韵》认为:"道,理也。"《易·系辞》中载有"一阴一阳之谓道",这里的"道"指"法则"。许渊冲在其英汉对照的《道德经》的序言里提出"道"有"天理""道理""真理""自然规律"之意。"德"在甲骨文中指七曜的自然运行轨迹,后来引申为"遵循本性""本心""顺乎自然"的意思。《康熙字典》称,"德"包含"善美、正大、光明、纯懿"之意。《太平经》中载有"道者,天也,阳也,主生;德者,地也,阴也,主养……"这里将"道"和"德"的关系解释为"生长万物"和"蓄养万物",由此可见,《素问》中的"道""德"被理解为"养生之道"也就顺理成章了。张健在《当代新编汉英词典》中把"道"译为"law; method; way; doctrine; principle",把"德"译为"virtue, morals; mind"。林语堂在《当代汉英词典》中把"道"译为"doctrine; body of moral teachings; truth",把"德"译为"virtue; moral character; act of kindness"。许渊冲在《道德经》中把"道"译为"law; way",把"德"译为"virtue; human law"。许渊冲在评价《道德经》英译本时说:"……除韦理把'道'解释'道路'外,其他译本的'道'都是音译。在许渊冲看来,'道'字是本书的关键词,如果音译,则本书的精义损失太大,应该用现代人理解的词语来翻译,才能使老子的思想在全世界流传。"

除此以外,方廷钰在《功能对等理论关照下的中医病名翻译》和《经验功能对等视角下的〈伤寒论〉英译研究》两篇论文中论述了其对等中医翻译理念。在《功能对等理论关照下的中医病名翻译》中,方廷钰和其他作者首先追溯了奈达提出的功能对等理论,并分析得出他的理论中目的语文本应该是源语文本最接近、最自然的对等物;并且译本应该在目的语言读者身上产生与在源语读者身上同样的效果。这种对等除了词汇意义上的对等之外,还包括语义、风格和文体的对等。翻译传达的信息既有表层词汇信息又有深层的文化信息。方廷钰和其他作者指出,当今中医病名的翻译对于中医文化的传播以及中医"走出去"有着极为重要的意义。然而,中医病名语言风格古朴晦涩、高度概括,有着很高的信息密度和信息运载力,特别是有些病名看似和西医病名相同,内涵却不尽相同。这些特点让翻译工作变得复杂,给中医文化的传播带来了困难。

在《经验功能对等视角下的〈伤寒论〉英译研究》中,方廷钰和其他作者首先追溯了系统功能语言学,其中"经验功能"是指人类用语言通过意义解识世界经验的功能,由句子中的及物性系统实现。及物性系统包括过程、参与者与环境成分。过程主要分为物质、关系、心理三大基本类型。物质过程表示动作或事件发生意义,参与者包括动作执行者、承受者等。关系过程表达"关系"意义,分为内包式、环境式、属有式三种类型(篇幅所限,本文只涉及前两种),涉及参与者主要包括载体、属性、标记、价值等。内包式关系过程是指一个参与者具有某种性质或身份,环境式是指两个参与者在时间、地点、方式、原因、角色等方面具有的关系。心理过程表达感知意义,可分为感知、认知、愿望、情感四类,参与者主要包括感知者和现象。环境成分在句中主要表达时间、角色、地点、程度、方式等意义。方廷钰和其他作者指出,对于翻译过程来说,在经验功能层面,译者首先要选择如何将事件解释为过程、参与者和环境,然后在目的语的语义潜势中做出选择,从而在译文中对经验意义进行重构,达到翻译对等,使原文和译文达到最一致的状态。在经验功能对等视角下对《伤寒论》原文与译文进行对比分析后,方廷钰和其他作者结合实例着重探讨了在翻译这一信息文本中三种类型(物质过程、心理过程和关系过程)的句子时,如何更有效地传递原文主旨。他们通过研究得出,翻译《伤寒论》等医学语篇时,一般来说,翻译对等是必要的,有助于保证译文忠实于原文。但对等不是判断翻译质量的最终标准,翻译不应拘泥于译文与原文形式上的对等,而应以意义为中心,以有效传递原文医学要旨为基本原则,以译文读者的接受度为最终目的。

从上述论文和讲座中,我们可以较为直接地看到方廷钰的"坚持对应"中医翻译理念。除此以外,方廷钰在指导中医典籍论著英译时,给译者提出了许多宝贵的意见,有助于他们翻译出与原文更加对应的译文。例如,《中医药文化读本》中有一段关于"四气与五味"的介绍:"四气指药物的寒、热、温、凉四种特性。寒凉和温热是两种对立的药性,如果寒热温凉都表现不明显,称为'平'。一般寒凉药多具清热、解毒、泻火、凉血、滋阴等作用,主治各种热症。温热药多具温中、散寒、助阳、补火等作用,主治各种寒证。"这段文字被译为:"Medicinal substances have the following four properties: cold, hot, warm and cool. Cold/cool and hot/warm are two opposite properties. If the four properties are not obviously seen, it is called the neutral property. Generally speaking, medicinal herbs cool or cold in property act to clear heat and toxic materials, purge fire, cool blood and replenish yin, usually used to cure the heat patterns. Those hot and warm in property act to warm the middle energizer, dissipate cold, reinforce fire phase (heart) and assist yang, usually used to deal with the cold patterns."经初步修订后,译文改为:"Medicinal substances have the following four properties: cold, hot, warm and cool. Cold/cool and hot/warm are two opposite properties. If the four properties are not obviously seen, it is called the neutral property. Generally speaking, medicinal herbs cool or cold in property act to clear heat, resolve toxins, drain fire, cool blood and enrich yin, usually used to cure the heat patterns. Those hot and warm in property act to warm the center, dissipate cold, supplement fire and assist yang, usually used to deal with the cold patterns."由于此译文还是没有与原文对应好,方廷钰提出了非常中肯的意见,这段最终被译为:"Medicinal substances have the following four properties: cold, hot, warm and cool. Cold/cool and hot/warm are two opposite properties. If the four properties are not obviously seen, it is called the neutral property. Generally speaking, medicinal herbs cool or cold in property act to clear heat and toxic materials, purge fire, cool blood and replenish yin, usually used to cure the heat patterns. Those hot and warm in property act to warm the middle energizer, dissipate cold, reinforce fire phase (heart) and assist yang, usually used to deal with the cold patterns."

再如,《中医药文化读本》中还有一段介绍性文字:"五味指药物的真实味道(酸、苦、甘、辛、咸),体现了药物的作用趋势,可以归纳为酸收涩,苦燥湿,甘缓急,辛发散,咸软坚。"这段文字被译为:"Five flavors refer to the real taste of medicinal substances (sour, bitter, sweet, pungent and salty). They reflect the herbal actions. In detailed analysis, herbs sour in flavor act to astringe; herbs bitter in flavor eliminate dampness; herbs sweet in flavor subside spasm and pain; herbs pungent in flavor work to dissipate and herbs salty in flavor effect to soften hard mass."经初步修订后,译文改为:"Five flavors refer to the real taste of medicinal substances (sour, bitter, sweet, pungent and salty). They reflect the herbal actions. In detailed analysis, herbs sour in flavor act to astringe; herbs bitter in flavor dry dampness; herbs sweet in flavor subside spasm and pain; herbs pungent in flavor work to dissipate and herbs; salty in flavor soften hard mass."由于有些译文还是没有与原文对应好,方廷钰提出了非常有建设性的意见,这段文字最终被译为:"Five flavors refer to the real taste of medicinal substances (sour, bitter, sweet, pungent and salty). They reflect the herbal actions. In detailed analysis, herbs sour in flavor act to astringe; herbs bitter in flavor eliminate dampness; herbs sweet in flavor subside spasm and pain; herbs pungent in flavor work to dissipate and herbs salty in flavor effect to soften hard mass."

综上所述,"坚持对应"这一话语在方廷钰中医翻译理念的整个话语链中非常重要。无论是从他撰写的论文中还是在他的翻译实践中,我们都可以找到很多相关话语,如从严复"信、达、雅"翻译三原则引申出的中医翻译"信、达、切"和中医翻译以"信"为首,以及受直译主张启发得出的"忠实于原文"。方廷钰将中医翻译首要定性为科技翻译,而后才是文学翻译。传递医学信息是中医翻译的核心,译者先要保证正确传达信息功能文本中的医学内容,而后再翻译出其中蕴含的中国文化。而在实际的中医翻译实践中,方廷钰发现,译者受背景专业的限制,大多没有很好地辨析理解中医原文本的医学信息,更别提深度挖掘中医文化信息了。因此,他花了很多时间和精力去研究、分析现有中医翻译中的误译和漏译等译文与原文不对应问题,他的目的就是要加强中医翻译的准确性,推进译文与原文的对应性。方廷钰认为,中医翻译需要做到准确无误,完整对应地传达中医原文的意思,保留中医独特的医理和思维,如此才能更好地将中医传播到世界各国,使世界人民正确认识并相信中医。

第三节　强调灵活

方廷钰在中医翻译实践中常强调灵活。新中国成立后,中医翻译事业蓬勃发展,出版了大量多语种的辞书、教材、典籍,开展了翻译理论研究、中医术语标准化探讨和人才培养,国内外涌现出一大批老中青结合的翻译人才。中医翻译处于方兴未艾的时期。但是中医翻译遇到了瓶颈问题,即虽然翻译有对等理论,但翻译起来最多只有90%的语言可以在另一种语言中找到对等,有50%需要灵活优化。老子曰:"名可名,非常名。"实物是可以有名称的,但名称并不代表实物。翻译的内容是有一个形式的,但这个形式并不完全等同于原本的内容。这就像老子的另一句话"学而时习之,不亦说(悦)乎?"如果被理解为"学习而且适时温习,不是很愉快吗?"只是达到了对等的水平,而如果被理解为"得到知识而付诸实践,不是一种乐趣吗?"就达到了优化的层次。

这种能力是根植于英汉翻译实践基础的。例如,英国文艺复兴时期散文家、哲学家弗朗西斯·培根的《谈读书》里说"Studies serve for delight, for ornament, and for ability",王佐良将其译为"读书足以怡情,足以博彩,足以长才",堪称经典。方廷钰认为译者是真正意义上的文化人。翻译所面对的是语言问题,但是译者如果不了解语言中的社会文化,那么就无法真正掌握语言。译者虽然处理的是个别的词,但面对的是两种文化。译者不仅要了解本民族的文化,还要了解外国文化,如历史、风俗习惯、经济基础、情感生活、哲学思想、科技成果。译者要把两种文化加以对比,因为译文和原文的对等,应该是真正的对等,在各自文化里的含义、作用、感情色彩都相当。由于译语和源语文化有时会产生巨大差异,所以有时不可采用字对字、句对句式的翻译,要注意句子以上的单位。具体而言,方廷钰十分赞同王佐良提出的"该直译则直译,该意译则意译,任何成功的翻译都是直译和意译的结合。翻译以'信'为主,一切按照原文,雅俗如之,深浅如之,口气如之,文体如之。译者要不断锤炼自己的汉语、英语,使之纯净而又锐利"。所以,翻译是两种语言的竞赛,译者要发挥各自的优势,英语是形合,汉语是意合。英译汉时,要用最好的中文表达方法;汉译英时,要用最好的英语表达方法。译者必须在汉语和英语文化上下功夫,如此,才可灵活地优化译文。

同理,中医翻译的灵活性也取决于译者对中医语言文化及英语语言文化的理解掌握。方廷钰指出,青年译者要多读书、多思考、多实践、多比较。当前的中医典籍的英译本版本较多,出自国内外不同的译家,特别值得我们深入地进行比较并研究学习。例如,在2020年世界中联翻译专委会年会上,方廷钰做了《中医翻译要精益求精》的报告,提及《素问·经脉别论》中的一句话"勇者气行则已,怯者则着而为病也"。文树德将其译为"In those who are brave (strong), the qi [continues to] flow and [the panting] ends by itself. In those who are timid (weak), the [qi] is stuck and this causes disease." 威斯将其译为"Those who act bravely and courageously will bring (the disease) to an end, while those who are afraid and cowardly (become infected and) fall ill." 这段文字中的"勇者"和"怯者"不是指一般意义的"勇敢的人"和"胆怯的人"。如果按照对等理论,把它们理解为一般意思,译文必然会出问题,逻辑上也讲不通。所以,文树德的译文明显优于威斯的译文。由此可见,中医翻译的灵活性是必不可少的。

在2019年5月的广州会议上,方廷钰提出"理解力"对增强中医翻译灵活性的重要作用。他认为中医翻译应强调双向理解,也就是对本族语和外族语两个方面进行全面的理解,而不是仅对一种语言进行字面上的理解。例如,"不更衣"不是指"不换衣服",而指"便秘";"上工治未病"中的"上工"不是指"优秀的工人",而指"优秀的医生"。译者应在选词用字、组词成句、组句成篇上下功夫,在技巧运用上下功夫,能直译时尽量直译,不能直译时考虑意译,灵活运用翻译技巧。另外,译后要及时核对,这是对理解和表达质量的全面检查。

由于中医医古文原文术语和句子结构过于复杂,很多情况下难以完全对应翻译,灵活性已成为中医翻译的基本原则之一。和英语相比,中医习惯省略主语和表示逻辑关系的连接词,将主语和表示逻辑关系的连接词融于字里行间。

因此,汉译英时,译者应注意增补主语、动词和表示逻辑关系的连接词。

另外,中医语言中有很多四字格结构的特点,如主语常被省略,但不影响句意的表达,也没有引起歧义。因为汉语是主题突出的语言,遣词造句均围绕主题进行,即使没有主语,读者也能明白其中的含义。

而英语是主语突出型语言,不能省略主语,否则句子结构不完整,尤其是例句中出现多个主语时,如果省略主语,会导致句子表述不清。因此,汉译英时,译者要补充主语,使句子结构衔接、句意连贯。

中医在用语上追求句式工整、擅用修辞,这正符合汉语重意合的特点。在汉译英过程中,切忌一味地追求形式上的对等,而应增补汉语中的隐形词,使译文既忠于原文,又流畅通顺,符合目的语读者的用语习惯。方廷钰在广州会议上举了几个增补的例子。

【例1】风火相煽,高热,惊厥,抽搐。

译文:"Incitement between wind and fire leads to high fever, convulsion and tic."

此为隐去中文被动词的句子。"风火相煽"指在热病过程中,由于热邪过盛,肝风内动,风盛则火愈烈,译为"incitement between wind and fire","incitement"的动词形式是"incite",意为"urge sb. to do sth. by making him excited"。"风"和"火"指"风邪"和"火邪",可译为"pathogenic wind and cold",简化为"wind-cold","wind"和"cold"之间用连字符"-"连接,表示二者关系密切,共同构成一个复合词。"高热,惊厥,抽搐"是"风邪"和"火邪"的结果,在英语里的对应词为"high fever, convulsion and tic"。"convulsion"指"sudden violent uncontrollable movement caused by contracture of muscles";"tic"指"occasional involuntary twitching of the muscles"。

【例2】风热犯肺,肺失清肃而咳嗽气粗。

译文:"Invasion of the lung by wind-heat impedes the purifying and descending function of the lung, leading to cough and a deep and hoarse voice."

中文中没有表示因果关系的动词,英译时需加上。"风热"是外邪,可译为"pathogenic wind and heat",简化成"wind-heat"。"impedes"意为"hinders or obstructs the progress or movement of (sb./sth.)"。"清肃"译为"the purifying and descending function","purifying"指"making sth. pure by removing dirt"。

"descending"指"肃降","leading to cough and a deep and hoarse voice"是现在分词短语,作状语,"a deep and hoarse voice"意为"声音粗哑"。

【例3】里有热,身不恶寒,反恶热,故不欲近衣。

译文:"Internal heat results in aversion to heat instead of aversion to cold, and dislike of wearing more clothes."

"里有热"指体内有热,英译时将"热"作为主语,译为"internal heat",中文中没有表示结果的动词,英译时要加上"results in",表示造成的结果,意为"have a specified effect or consequence"。"不恶寒,反恶热"译为"aversion to heat instead of aversion to cold"。"aversion to"指"strong dislike",英译时把中文颠倒一下,用介词"instead of"连接起来,意思就被翻译出来了。"不欲近衣"指不愿多穿衣服,译为"dislike of wearing more clothes"。

【例4】湿热内阻,二便不利。

译文:"Retention of dampness-heat in the interior may give rise to difficulty of urination and defecation."

此句意为体内有湿热,造成大小便困难。"湿热内阻"译为"retention of dampness-heat in the interior",主语"retention"意为"the action of keeping liquid, heat inside sth rather than letting it escape","湿热"即"湿邪,热邪",译为"pathogenic dampness and heat",简化为"dampness-heat"。有人把"湿"译为"damp",作名词用时,意为"state of being damp(潮湿,潮气)",意思有出入。"内"被习惯性地译为"interior",为名词。中文中没有动词,译文中需添加"may give rise to",有"引发"的意思。"二便不利"译为"difficulty of urination and defecation","urination"指"getting rid of urine from the body","defecation"指"getting rid of solid waste from the body"。

【例5】中风后遗症,半身不遂,口眼歪斜。

译文:"Apoplexic sequela is marked by hemiplegia, and deviation of the eye and mouth."

"中风后遗症"是主语,译为"apoplexic sequela","sequela"指"a morbid condition following or occurring as a consequence of another condition or event",其复数形式为"sequelae"。"apoplexic"是形容词,其名词形式是"apoplexy",

指"sudden neurologic impairment due to a cerebrovascular disorder",和"stroke"同义,来自希腊语,现已不常使用。中文省略了谓语动词,但意思是清楚的,译文中必须加上动词"is marked by",原形动词"mark"表示"be a distinguishing feature of sth."。"半身不遂"的英语对应词是"hemiplegia",指"paralysis of one side of the body"。"口眼歪斜"是中医术语,译为"deviation of the eye and mouth","deviation"指"variation from the regular standard or course"。出现"口眼歪斜"时,通常只有一只眼睛歪斜,故"eye"为单数。句中除"口眼歪斜"外,其他都借用西医术语。

方廷钰还提出了中医翻译时需灵活处理的一些其他例子。

1. 添加主语

【例6】春生、夏长、秋收、冬藏。

译文:"In spring, buds produce, in summer, plants grow, in autumn, crops are cut and gathered, and in winter, they are stored."

只有加了主语,意思才完整。

2. 增补逻辑连接词

【例7】因邪热郁肺,蒸液成痰,邪阻肺络,血滞为瘀,而致热毒壅肺,痰瘀互结,血败肉腐化脓,肺络损伤,脓疡溃破外泄而成肺痈。

译文:"Accumulation of pathogenic heat in the lung may scorch the fluids and produce phlegm that may obstruct the lung vessels and cause blood stasis. As a result, there is excessive toxic heat in the lung and phlegm and stasis are mixed, impairing the lung vessels and causing putrid blood and pus. Once the sore is burst, lung abscess occurs."

3. 增补表条件、时间的逻辑连接词

【例8】凡病,若发汗,若吐,若下,若亡血、亡津液,阴阳自和者,必自愈。

译文:"In any illness, if sweating is induced, or if vomiting or if purgation has been used, and if bleeding or depletion of body fluids occurs, when yin and yang spontaneously harmonize, the patient will be self-cured."

4. 省略、减词

【例9】心合小肠,肺合大肠。

译文:"The heart is in pair with the small intestine while the lung with the large intestine."

"心合小肠""肺合大肠"均出自《灵枢·本输》,指心的经脉属心而络小肠,构成表里相合的关系;肺与大肠的经脉互相络属,构成相合的关系。这里的"合"字,译为"in pair with","心合小肠"译为"the heart is in pair with the small intestine",也可译为"the heart connects with the small intestine functionally","肺合大肠"译为"while the lung with the large intestine",这里省去了动词"is"和介词短语"in pair"。

【例10】在临证治疗上,他提倡滋阴降火之法,善用滋阴降火之剂。

译文:"In clinical treatment, he always proposed replenishing yin to purge fire with corresponding formulas."

"善用滋阴降火之剂"简化为"with corresponding formulas"。

【例11】道家倡导的养生思想和方法,很多已经成为中医预防疾病的理念。

译文:"Taoist ideas and methods of health preservation became part of disease prevention in TCM."

"Taoist ideas"包含"倡导"之意。

【例12】脉有胃气则生,脉无胃气则死。

译文:"When a pulse is with stomach-qi, one will survive, on the contrary, death occurs."

"脉无胃气"没有采取重复的译法,而用"on the contrary(与此相反)"来表示。

5. 词序颠倒

【例13】色脉合参可以判断疾病的病机、病情的轻重顺逆等。

译文:"Judgment of the pathogenesis, seriousness, recovery from or deterioration of a disease is based on the consideration of the condition of the complexion and pulse."

把"判断疾病的病机"等当作主语处理。

【例14】主症未解,变症已生,病情复杂。

译文:"It is a complicated case because complications set in before the prime symptoms are relieved."

可将此句译为以"it"开头带"because"和"before"的复合句。翻译时应把词序颠倒一下,最后的"病情复杂"作为主句处理,译为"it is a complicated case"。

6. 定语后置

【例15】奇方者,宜下不宜汗。

译文:"A formula with ingredients odd in number is for purgation, and not for diaphoresis."

"奇方"指"药味为单数的方剂",英语中没有对应词,故根据意思译为"a formula with ingredients odd in number","formula"的原意是"a list of ingredients or set of instruction for making sth, especially medicines and fuels",这里借来表示"方剂"。"药味"指一味一味的草药,译为"ingredients",其原意是"a food that is used with other foods in the preparation of a particular dish",这里借来表示"药味"。"odd in number"意思是"奇数",属定语后置,是英语常用的方式。"宜下不宜汗"指"奇方"用来泻下而不用来发汗,故译为"for purgation, and not for diaphoresis","purgation"的意思是"cleansing or emptying(导泻)","diaphoresis"等同于"sweating(发汗)"。

【例16】苦寒药

译文:"medicinal herbs bitter in flavor (taste), cold in property (nature)"

此句为定语后置、对称的翻译。也可译为"bitter herbs",但"cold herbs"会产生歧义,所以为了行文对称,译为"medicinal herbs biter in flavor, cold in property"较好。

7. 倒译

【例17】脾不统血导致出血。

译文:"Hemorrhage occurs when the spleen fails to control blood circulating in the vessels."

翻译时,将"出血"作为主语。

【例18】诸寒之而热者取之阴。

译文:"Replenishing kidney-yin is adopted when a heat pattern does not respond to herbs bitter in flavor and cold in property since fever is caused by deficiency of kidney-yin."

"诸寒之而热者取之阴"的意思是苦寒药物对热证不起作用,因为热是虚热,由肾阴虚形成,故需要补肾阴。翻译时应先译"取之阴",即"replenishing kidney-yin"作主语,"when a heat pattern does not respond to herbs bitter in flavor and cold in property"是表示状态的从句。最后的"since fever is caused by deficiency of kidney-yin"没有对应的中文,是译者根据中医理论和行文逻辑添加的,给出了为什么要补肾阴的原因,符合翻译增补原则。

【例19】骨痿治宜滋阴清热、补肾益精。

译文:"It is necessary to replenish yin, clear heat, reinforce the kidney and essence in the treatment for flaccidity of bones."

"骨痿"出自《素问·痿论》,译为"flaccidity of bones","flaccidity"来自形容词"flaccid",意思是"not firm and hard",在中文中它是主语,英译时应将其放到最后。"治宜"用无人称"it"开头的句子来表达,"it is necessary"。"滋阴清热"译为动词不定式短语"to replenish yin, clear heat",最后交代治疗的目标。需要注意的是,英译时不能按照中文的语序来翻译。

由上述例子可以看出,方廷钰在中医翻译灵活性方面进行了深入的思考。灵活处理问题在中医翻译实践中不可避免且至关重要。由于字对字翻译有时无法完整地传达中医原文的意思,因此,译者需要灵活地运用增补、删减和换序等译法使译文准确。本节介绍了方廷钰结合其多年的翻译实践所总结出的中医翻译灵活译法,对于青年译者有很好的启发作用。译者应加强自己中医翻译的灵活性,在翻译实践中不断地体会、总结。

第四节 添加释义

由前文所讲,如果将方廷钰中医翻译理念进行流派归类,很多学者都会将其归为释义派。这一归类虽有些绝对,但可窥见方廷钰中医翻译理念中注重添加释义这一观念给众人形成的重要印象。

20世纪70至90年代,国内中医翻译领域盛行释义性翻译,一个主要原因是当时世界对中医的了解非常有限,此时中医翻译的一大功用就是中医药对外文化传播,即尽可能地将中医药的知识和文化通过翻译这种形式向世界传达。方廷钰的中医翻译事业起始于这一时期,因此他的译法思路和理念必然会在很大程度上体现出注重添加释义的倾向。例如,当时"纳气"一词被解释性地译为"improve inspiration by invigorating kidney energy",而不是现在常用的"qi absorption";"奔豚"被译为"a syndrome characterized by a feeling of gas rushing up through the thorax to the throat from the lower abdomen",而不是现在常用的"triple piglet"。

方廷钰列举了其在近期指导《伤寒论》翻译时坚持添加释义的两个例子。一个是"胃家实"被译为"stomach excess",方廷钰指出这种译法虽然简洁,但是译文的意思不全。"胃家实"是什么意思呢?"胃家"包括胃与大肠,"实"指邪气亢盛。因此,方廷钰认为译文应通过括号内加注释的方式补充更多的信息,即"stomach excess (excess pattern of the stomach and intestine with dryness-heat)"。

还有一个是"结胸"被译为"chest binding",方廷钰也认为不妥。他说:"光说'chest binding'谁懂?等于没译。这是不是当前翻译的败笔,读者是谁?你的译文读者懂吗?"他认为,译者需要先了解"结胸"是指邪气结于胸的病症。主要症状有两类:一类为胸胁部有触痛,头项强硬,发热有汗,脉寸浮关沉等;一类为从心窝到少腹硬满而痛,拒按,大便秘结,口舌干燥而渴,午后稍有潮热,脉沉结等。然后在译文中加以注释说明"chest binding (chest pathogen accumulation)"。由此可见,添加释义的译法有助于拓宽中医名词术语英译的思路和方法。

对于添加释义的译法,方廷钰曾在其论文《中医翻译探讨》中非常清楚地指出:"中医名词术语翻译"要注重"简洁性,少用释义性译文"。编者在方廷钰诸多的译著及论文中均未见到他专门提及"添加释义"。因此,编者专程采访方廷钰,问为何他会被归为"释义派",以及他对此归类的看法。方廷钰的回答非常客观。他虽受20世纪70至90年代中医翻译添加释义之风的影响,但随时代发展,中医的很多知识概念被传至西方并被接受,如"阴""阳"已被收入外国的词典,有了固定的简洁译法。方廷钰逐渐推崇中医翻译的简洁性原则。但当他在中医翻译实践中遇到一些较为生僻的术语时,尤其是遇到中国读者都不太掌握的一些中医药术语时,他会考虑外国读者是否有足够的背景知识,以了解相关译文。这时他坚持用添加释义的方法在译文中对该中医术语的意思予以清楚、完整地传达。因此,方廷钰在中医翻译中主张添加释义的理念是从以往的翻译实践中总结出来的,随时代发展发生了变化,但他还是随着具体的中医翻译语境和问题而具体决定是否需要添加释义。

  方廷钰深入研究其他译家与添加释义相关的译法策略,《黄帝内经·素问》的第一位译者威斯便是其中之一。方廷钰专门写过一篇论文评《黄帝内经·素问》第一部英译本,指出威斯的中医术语译法为对等法,但是因为中文是象形文字,一味对等必然会出现问题。从威斯的译文来看,她的翻译策略就有增译和加注。在翻译中加注释,实际上是深度翻译的一种主要形式。深度翻译又叫增量翻译,通过添加注释,将源语和源文化的信息更全面地展示给译文读者,从而增强其阅读的"厚语境化"。这种翻译方法适用于中医翻译,尤其是中医典籍翻译。因为在中医典籍中往往会出现更多需要加以解释的历史背景、文化以及医学概念,如果仅仅为了简洁对等而缺失了释义,就会使译文读者无法理解原文的完整意思,严重时还会产生误解,导致交际失败。因此,添加释义的译法有助于更好地展示中西语言文化和医学理法的差异。

  由此可见,方廷钰添加释义的译法是基于译文读者理解的具体需求情况而决定的。而中医的具体历史背景,中西方语言、文化和医理差异则是中医翻译需要添加释义译法的根本原因。在过去特定的历史阶段,这种译法为中医英译和中医对外文化传播的顺利发展搭建了广阔和坚实的平台,并在新的历史时期继续发挥着不可替代的作用。

第五节 提倡简洁

  方廷钰虽经历过20世纪70至90年代的中医释义翻译时期,但随着时代的发展,他逐渐在其中医翻译论著和实践中提倡简洁翻译,尽可能地少用字。翻译学家王力曾指出英语译文总会比汉语原文长的原因,即汉语是人治语言,比较灵活,英语是法治语言,必须遵守各种语法规则。中医翻译时,译文会显得很长,为此,方廷钰花了很多心思将译文简洁化,他进行了一些相关研究。首先就是关于英语语言的"简明英语"研究,之后又与中医英译相结合。

方廷钰曾在2019年5月的教育部培训班上做过《简明英语和简明英语运动》的报告。他通过对比翻译和写作的关系,指出"翻译是一种写作形式",认为翻译就是写作,只是参照物不同。写作时应遵循的原则,翻译时也应遵循。他当时提出一个问题:"什么是好英语?"答案是符合英语语法和搭配习惯。然后他让大家阅读了两个句子,对比下来,a句不好,因为使用了太多抽象名词。

a: Our lack of knowledge about local conditions precluded (防止) determination of committee action effectiveness in fund allocation to those areas in greatest need of assistance.

b: Because we know nothing about local conditions, we could not determine how effectively the committee had allocated funds to areas that most needed assistance.

方廷钰提出的"简明英语"源于1918年美国康奈尔大学英语系教授威廉·斯特伦克写的《风格的要素》(*The Elements of Style*)。为什么方廷钰倡导医学英语要使用简明英语呢?因为简明英语容易阅读,读者可以耐心读完,及早检查、诊断,挽救生命,节约时间和金钱。

同时,方廷钰指出大家必须消除对简明英语的误解,明确:简明英语以读者为中心;不使用不必要的专业术语;绝不是过分简单化的语言,不是儿童语言,也不是对儿童说话时用的语言;不是流行音乐使用的语言;不是被降低等级的语言;不是缺乏美感和贫乏的语言,不是缺乏表现的语言。简明英语要遵循很多公认的语法规则。简明英语是针对特定受众的清楚、简单、有效的交际方式。使用简明英语不意味着削减所要传达的信息,而是使用语尽量简洁清楚,有时可使用其他工具,如小标题、排版设计、图标。

过去30年,简明英语运动在很多国家蓬勃发展。方廷钰专门研究了英国、澳大利亚、加拿大、美国的简明英语发展历程,总结出简明英语流行的原因:公众权利意识的提高;消费者权益保护运动的兴起;政府服务意识的提高;商业竞争的需要;英语全球化。方廷钰指出,掌握简明英语不容易,要避免陈词滥调,明确想说什么;要反复修改;要改变思维方式和写作风格;要便于我们掌握,没有历史包袱。方廷钰总结出许多应用简明英语实际的方法,如去掉多余的词;避免冗长的表达方式和句子;语言要直截了当、不弄玄虚;句子结尾要有力;使用短句,限制句子长度,平均长度为15～20个单词,长短结合,长句不超过三项信息;多用主动语态,主动语态简短清楚,被动语态较长的话有时意思不清;使用强势动词,避免把动词变成名词;避免使用抽象词、行话、拉丁语、流行词、外来语、古语;避免含糊不清,避免把修饰语放错位置。

一个词可以说清楚的,就不使用短语。例如,用"as"代替"in view of the fact that",用"on"代替"with respect to",用"some"代替"a certain number of",用"most"代替"the majority of",用"under"代替"within the framework of"。还要避免使用否定的表达方式,尤其是双重否定。例如,用"few"代替"not many",用"different"代替"not the same",用"alike/similar"代替"not different";用"failed to"代替"did not",用"left"代替"did not stay"。方廷钰认为,清晰易懂并不是要求把文章写成儿童语言,而是让读者容易读懂。在翻译时,我们可以使用某些技巧,如并立、从属,把一连串过短、过于简单的句子变为更复杂、更成熟,但仍然易于读懂的句子。

当前,简明英语的使用范围可扩展到法律、金融、商业、技术、医疗等多个领域。2019年,方廷钰为教育部培训班讲授中医英语翻译时总结出中医用语语义的特点:高度概括、言简意赅、句式工整、结构特征简单。这对于中医英译有十分重要的启示作用,因为译文要尽量做到与原文形合意合。同年5月的广州会议上,他明确提出了中医英译的简洁性原则和具体方法,即少用释义性译文。而这与中医翻译早期释义派理念和译法有着很大的不同。以下是方廷钰列举的几个中医翻译的例子,由此可看出他如何理解并实现他所提倡的简洁翻译。

1. 省略

【例1】口噤不语,见于中风病。多因肝风内动、气血瘀滞所致。

译文:"Lockjaw is seen in stroke caused by stirring of liver-wind and stagnation of qi and blood."

"口噤"一词出自《金匮要略·痉湿暍病脉证治》,指"牙关紧闭,口不能开",英语对应词是"lockjaw",意思是"jaws rigidly closed"。既然牙关紧闭,自然不会开口说话,故不必译出"不语"。

动词"见于"译为"is seen in"。"中风病"借用西医术语"stroke",指"sudden attack of an illness in the brain that can cause loss of the power to move, speak clearly"。过去分词短语"caused by stirring of liver-wind and stagnation of qi and blood"表示原因。

"肝风"在英语里没有对应词,可译为"liver-wind"。"liver"和"wind"之间用连字符"-"连接,表示二者关系密切,组成一个复合词。"内动"译为"stirring",其原形动词"stir"意为"cause to move"。前文提到"肝风"总是在体内,所以"内动"的"内"字可省译。"气血瘀滞"指气血流通不畅,故译为"stagnation of qi and blood","stagnation"意为"showing no activity"。

"气"在不同场合有不同的含义,在英语里没有合适的对应词。根据翻译理论,实在难以找到对等的英语词汇时,译者可以创造一些地域性英语词汇,通过音译、译借及语义再生等手段进入英语交际,以表达本民族不同于其他民族的特有事物。"气"用汉语拼音表示,已为外界所接受。

2. 句子到短语

【例2】煎汤代茶,不拘时服。

译文:"Making a herbal decoction and drinking it at any time."

"煎汤代茶,不拘时服"指把草药煮成汤药,像喝茶那样随时饮用。"making a herbal decoction"即"煎汤","herbal"指"connected with or made from herbs","decoction"意为"a medicine or other substance prepared by boiling"。

"代茶"不是指代替茶,而指像茶水那样经常饮用,故翻译时不译出"tea"。"不拘时服"即"drinking it any time","it"指"decoction","any time"指"whatever time you like"。

3. 名词性短语

【例3】法随证立

译文:"therapeutic strategy based on pattern (syndrome) identification (differentiation)"

"法随证立"指治疗的方法根据征候辨别而定。"治疗的方法"译为"therapeutic strategy",这一译法比较合乎英语习惯。"therapeutic"意为"of the art of healing","strategy"意为"plan or policy designed for a particular purpose"。

"随证立"译为过去分词短语"based on pattern (syndrome) identification (differentiation)"。把"证"译为"syndrome",是借用了西医的术语,原意是"综合征",和中医"证"的本意有出入,但已约定俗成;"pattern"也成为普遍的译法。"辨别"可译为"identification"或"differentiation",指"showing two things to be different"。

4. 不重复

【例4】脉有胃气则生,脉无胃气则死。

译文:"When a pulse is with stomach-qi, one will survive, on the contrary, death occurs."

"脉无胃气"出自《素问·平人气象论》,指脉搏失去从容和缓的正常节律,表示胃气将绝,生命垂危。"胃气"出自《素问·玉机真藏论》,指胃的生理功能,这里指正常脉象的物质基础,即脾胃功能在脉象的反映。此句的前半句实质上是后半句的延伸,可译为条件从句"when a pulse is with stomach-qi";重点在后半句,故英译时"death occurs"成了主句。"生"指"存活",译为"survive"。"脉无胃气"没有采取重复的译法,而用"on the contrary (与此相反)"来表示。

5. 简洁译法

【例5】孤阳不生,独阴不长。

译文:"Neither yin nor yang can ever exist without the other."

"孤阳不生,独阴不长"指阴阳互根的关系。没有阳就没有阴,没有阴就没有阳。此句根据意思翻译,属于意译。主语"阴""阳"用"neither... nor"连接起来,便传达了原来的意思。"ever"意为"at any time",这里起强调作用,"孤"与"独"的意思已包含其中,不用译出来。"生"与"长"用了一个动词"exist";两个"不"字,译为介词短语"without the other"。英语显得很简洁,但意思没有走样。

综上所述,方廷钰特别注重简洁,从研究倡导简明英语到坚持中医英语翻译的简洁性原则,无不展示出这一理念。其中医翻译实践中有很多简洁的译文例子,本节仅列出几个配有方廷钰讲解的译例,希望可以帮助大家更好地理解学习。

第六节 译者主体性

译者主体性是指翻译主体的能动性、受动性、为我性的特征,这些特征构成了翻译主体译者的主体性。译者是翻译的主体,也是民族文化建构的重要参与者,然而翻译主体在中国文化多元系统中长期遭到遮蔽,出现了译者文化地位的边缘化现象。随着翻译研究的"文化转向",翻译主体研究得到了应有的重视,并逐渐走向深入。中医术语多为古文,词义隐晦,某些古术语现已不再使用。如何根据翻译目的恰如其分地翻译中医术语,并为本国和目的语社会文化语境中的受众所接受,有赖于译者在翻译过程中发挥的轴心作用。周开林、吴青、张晶等人在《译者主体性视域下方廷钰中医术语翻译理念解读》一文中介绍了方廷钰中医术语翻译的主要成果之一——《新汉英中医学词典第2版》中几个中医术语翻译的例子,从中我们可以看到方廷钰中医翻译理念十分注重译者主体性,努力彰显译者在翻译过程中的能动性、为我性和受动性。

第一,通过省译和简化凸显译者主体性。例如,方廷钰对"鹤膝风"(病后膝关节肿大,形如鹤膝)一词进行翻译时,未将"仙鹤"这一隐喻概念保留,而是从目标读者的理解能力出发,直接保留术语最为核心的内涵,将其译为"swollen knee"。方廷钰在访谈中提到,中医译者在翻译术语时应当最大限度地保留中医的民族特色,但民族性的保留不能凌驾于中医术语翻译的目的之上,不可舍本逐末。文化和社会因素是客观条件,译者在受制于外在客观条件的同时,也可发挥其主观能动性克制客观条件的约束。翻译含有隐喻修辞的术语时,方廷钰似乎有意对原文进行省译和简化。这类表面上呈现出来的创造性叛逆现象恰恰是译者兼顾了目标读者的思维方式、价值观念、社会文化背景等综合因素做出的取舍和选择,是译者主体性的发挥和彰显。

第二,通过增补凸显译者主体性。例如,方廷钰将"苗窍"译为"body

opening",采用增词技巧,加入"body"这一定语修饰"opening",说明"窍(opening)"是内脏在体表的开窍,将通用词汇"opening"置于医学语境,让读者更易理解术语含义,体现了方廷钰在翻译中医术语过程中增补的处理原则,仔细考量了目标读者的需求、思维方式和期待视野,灵活地运用翻译技巧,充分发挥了译者的主体性作用。

第三,通过舍弃形合凸显译者主体性。例如,方廷钰将"肉刺"译为"clavus",中文原文为偏正短语,译文为单个名词,二者形式不完全对应,但含义一致性高,体现了译者对术语原文内涵的关注。在进行中医翻译时,常会出现形合与意合不可兼得的情况,译者应在翻译过程中多方参考、仔细斟酌。舍弃形合保留意合是译者必须做出的选择。在此,方廷钰提供的译文与李照国提供的译文一致,进一步证明了在中医翻译时,很多译家都非常注重译者主体性,他们对中医原文的主体理解有时一致,译法有相通之处。这对于建立中医翻译的统一标准来讲是一个很好的现象。发挥译者主体性,并非译者对文本的肆意发挥,相反,译者的主体地位体现了译者对原著者的责任和对读者的责任。

第四,批判性地分析原文进行翻译,凸显译者主体性。例如,方廷钰将"奇恒痢"译为"fulminant dysentery",他在处理这一词时没有参照"奇恒之腑"等其他包含此词的译文,而是在明确了"奇恒"二字在此语境中的具体含义后对其进行恰当翻译。倘若译者不具备批判性思维,不能深入挖掘词义内涵,把"奇恒"二字译为本为褒义词的"extraordinary",就会在语义上让人费解。方廷钰在翻译时常根据上下文语境进行变通,尤其针对不同语境下可能存在多个含义的中医术语,坚持具体情况具体分析,不生搬硬套,尽力使译文简洁达意。

除了中医术语翻译,方廷钰在翻译句子时也特别注重译者主体性。《中医英语300句》中有很多例子可看出其在翻译中医句子时忠于原文但不拘泥于原文,根据英语语言的特性,有创造性地改变句法结构。

第一,中医原文往往省略了一些关联过渡词,方廷钰为了使译文更符合英语语言规则而将其补充完整。例如,"半刺,浅内而疾发针、无针伤肉"被译为"shallow puncturing refers to inserting a needle superficially and withdrawing it quickly without injury to muscle"。原文中没有出现"是""指"这样的词,但方廷钰在翻译时还是按照英语语言习惯,将这个逻辑关系用"refers to"补全了。

又如,"补气固表,防御外邪"被译为"reinforcing qi to strengthen the superficial resistance of the body and prevent invasion by external pathogenic factors"。原文中没有出现"为""由"这样的词,但方廷钰非常敏锐地发现了这一逻辑关系,在翻译时按照英语语言习惯用"to"和"by"补全了。

第二,中医原文的一些标点在译为英语时被省略掉了。如上述第一个例句中的逗号和顿号在译文中都没有出现,第二个例句中的逗号也用"and"替换了。在中医文献,尤其是中医典籍文献中,常有一些古汉语的标点,其与现代英语的标点使用不同,导致了句式结构差异。中医典籍经文中的"一逗到底"可给人一气呵成的感觉,但翻译时有很多困难。译者无法完全按照中文原文将逗号用于英语译文中,因为英语中不会用这么多逗号隔开短句子。

上述这些短句之间的逻辑关系并没有通过逗号表现出来,因此,如果译者的中文功底,尤其是古汉语功底不好,他们就容易误读其中的一些逻辑关系,在翻译时出现误译。这就特别需要译者发挥主体性,改变原文标点的句式结构,并且在特定的地方补充关联过渡词。除了方廷钰,很多中医译家也都是如此处理的。

【例1】文树德在翻译《四气调神大论》时,将"一逗到底"的句子"天地俱生,万物以荣,夜卧早起,广步于庭,被发缓形,以使志生,生而勿杀,予而勿夺,赏而勿罚,此春气之应,养生之道也"译为:

"Heaven and earth together generate life;

the myriad beings flourish.

Go to rest late at night and rise early.

Move through the courtyard with long strides.

Dishevel the hair and relax the physical appearance,

thereby cause the mind [to orient itself on] life.

Give life and do not kill.

Give and do not take.

Reward and do not punish.

This is correspondence with the qi of spring and

it is the Way to nourish life."

【例2】文树德将"天地气交,万物华实,夜卧早起,无厌于日,使志勿怒,使华英成秀,使气得泄,若所爱在外,此夏气之应,养长之道也"译为:

"The qi of heaven and earth interact and

the myriad beings bloom and bear fruit.

Go to rest late at night and rise early.

Never get enough of the sun.

Let the mind have no anger.

Stimulate beauty and have your elegance perfected.

Cause the qi to flow away,

as if that what you loved were located outside.

This is correspondence with the qi of summer and

it is the Way to nourish growth."

【例3】文树德将"天气以急,地气以明,早卧早起,与鸡俱兴,使志安宁,以缓秋刑,收敛神气,使秋气平,无外其志,使肺气清,此秋气之应,养收之道也"译为:

"The qi of heaven becomes tense.

The qi of the earth becomes bright.

Go to rest early and rise early,

get up together with the chicken.

Let the mind be peaceful and tranquil, so as

to temper the punishment carried out in autumn.

Collect the spirit qi and

cause the autumn qi to be balanced.

Do not direct your mind to the outside and

cause the lung qi to be clear."

【例4】文树德将"水冰地坼,勿扰乎阳,早卧晚起,必待日光,使志若伏若匿,若有私意,若已有得,去寒就温,无泄皮肤,使气亟夺,此冬气之应,养藏之道也"译为:

"The water is frozen and the earth breaks open.

Do not disturb the yang [qi].

Go to rest early and rise late.

You must wait for the sun to shine.

Let the mind enter a state as if hidden,

{as if shut in}

as if you had secret intentions;

as if you already had made gains.

Avoid cold and seek warmth and

do not [allow sweat] to flow away through the skin.

This would cause the qi to be carried away quickly.

This is correspondence with the qi of winter and

it is the Way of nourishing storage."

从文树德译文中,我们可以看到原文中的逗号基本被改为句号,这更符合英语语言的用法。而前后关联较紧密的三对短句,文树德分别使用了分号、逗号和"and"来连接。这样的例子在文树德的《黄帝内经》译本中有很多。

无论是从中医术语翻译角度,还是中医句子翻译角度,方廷钰都特别注重发挥译者主体性,忠于原文,但不愚忠于原文。他和国内外很多中医译家一样,深入探究中医文献的意思,翻译时注意遵守英语语法及语言习惯,灵活选用策略方法。成熟的译者需要驾驭译文,而不是被原文和译文之间的关系困住,这种能力的形成需要多年的学习和实践。

第七节　关照读者

上一节中,编者介绍了方廷钰在中医翻译实践时特别注意遵守的英语语法及语言习惯,为了使译文符合英语语言规则,他常改变标点的使用方式,或将中医原文中省略的关联过渡词补充完整。这实际上是关照译文的国外读者接受能力的一种表现。决定翻译目的最重要因素之一是受众,方廷钰注重考量翻译

第五章 方廷钰中医翻译理念话语的内部系统

目的,就一定会考虑读者诉求。每位读者都有其特有的文化知识背景、接受心理和阅读趣味,对译文的期待及交际需求也不同。方廷钰曾在访谈中说:"如果翻译出来的译文读者还是看不懂,就等于白翻译。"

例如,方廷钰主编的《新汉英中医学词典》主要面向中医药专业本科生、研究生和其他中医学翻译人员,其目标读者人群与方廷钰翻译的其他专著的读者人群有所不同。他充分考虑了这部分人群对古汉语、英语及中医知识的掌握程度,并据此在词典内容设置上做了特别处理,不仅提供了中医词条的英语对应语,还提供了例句,为读者提供了科学、规范的英译文参考。词典编纂者提供译例,既充分考虑了语境对术语运用的影响,同时方便词典使用者参考。另外,他在《中医翻译历史和中医术语翻译》中指出汉英词典的主要任务是为读者提供汉英对等词,并将其直接用在句子中,只有在因地域、文化差异导致没有对应词的情况下,才考虑采用解释性译文。

再如,方廷钰主编的《中医英语300句》主要面向中医院校师生和中医翻译工作者。他精选了中医经典经文、中医、经络、针灸、推拿、方剂以及临床各科的句子进行翻译,除了给出例句的译文外,还通过翻译技巧、词汇、语法分析对每个例句的译法思路做出解析,让读者知道如何正确且符合英语语言习惯地翻译中医文本。

劳伦斯·韦努蒂在《译者的隐身》中提出两种译法策略:归化法和异化法。归化法其实是本族中心的做法,即把异域文本带向目的语的文化价值;而异化法是去本族中心的做法,即尽可能地保留原作语言、文化的差异性。如果用归化、异化理论区分翻译,很多人会简单地将方廷钰的中医翻译归属为归化法一方,理由是他在论著中频繁强调"关注读者需求"和"关照读者接受",在实践中也特别推崇"译文的通俗易懂",然而方廷钰只是在语言层面关注读者理解,并没有将中医文本带向"目的语的文化价值"。他持续关注中医翻译的发展和中医在海外的传播,在关照读者接受的同时,非常注意在译文中保持中医药的文化特色。因此可以说,他是结合中医翻译及对外文化传播具体情况而做到归化、异化并重的,这些具体情况主要基于外国读者对特定术语的接受和理解程度。例如,在《现代化中医药术语英译的时代差异——基于近30年辞典语料库研究》一文中,方廷钰提出按照术语类别分析使用归化、异化策略情况,就是基于海外读者对不同类别术语的接受度进行灵活选择的。

在中医药的实际翻译中,归化的译者更主张简化和使用西医词汇,增加西方读者对中医的接受度,使西方人能更简单、直观地了解中医。简化是指对专业术语及句子结构的简洁化处理,是方廷钰一直提倡的。而在西医词汇的借用问题上,方廷钰一直持谨慎态度。中药和方剂名称的翻译,他主张参考《中国药典(2015版)》的译法,采用拉丁语(归化)和音译(异化)。只有当一些西医词汇和中医词汇具有完全相同意思时,他才主张借用,如鼻、口、心、脑、手、足这样的身体部位名称。而当遇到疾病名称时,如果病源于外国就直接借用,如"艾滋病"就译为"AIDS";如果病源于中医经典典籍,而国外也有类似的病,他会认真地进行对比分析,如"消渴"是不是"糖尿病","风眩"是不是"高血压",如果发现有不同症型的区分而意思上并不完全一致时,他不赞同直接借用,而要改用意译、音译等译法加以详细说明并凸显中医文化特色。这也是对译文读者负责的做法,以免误导。这种借用西医词汇前进行认真对比分析的方法可以给我们很好的启示。下面分类列出了更多中西医病名的对照,未来译者还需像方廷钰一样具体分析,以正确选择是否进行西医词汇借用。

一、传染病类、时行病类

时行感冒(流行性感冒)

感冒(普通感冒)

风疹或风痧(风疹)

烂喉丹痧(猩红热)

痄腮(流行性腮腺炎)

肝热病(急性病毒性肝炎)

肝瘟(急性病毒性重症肝炎)

痢疾(细菌性痢疾)

湿阻或伤湿(湿阻)

疫斑热(流行性出血热)

稻瘟病(钩端螺旋体病)

疟疾(疟疾)

二、寄生虫病类

赤虫病或扁虫病（姜片虫病）

肺虫病或吸虫病（肺虫病或吸虫病）

寸白虫病（绦虫病）

包虫病（棘球蚴病）

黄胖病或黄肿病（钩虫病）

肝虫病（华支睾吸虫病）

蛊虫病（血吸虫病）

三、脑系病类

痫病（原发性癫痫或继发性癫痫）

癫病（抑郁症单纯型或偏执型精神分裂症）

癫狂病（躁狂抑郁型或混合型情感性精神障碍）

多寐（发作性睡病）

不寐（神经性失眠）

脏躁（癔症性激情发作更年期综合征或抑郁症）

出血中风（出血性脑血管病）

缺血中风（缺血性脑血管病）

厥头痛或真头痛（高血压脑病）

风厥（过敏性休克）

气厥或郁厥（癔症性昏厥）

血厥或脉厥（血管运动失调性晕厥）

痰厥（痰阻性晕厥）

冷厥或寒厥或阴厥（冻僵）

酒厥（急性酒精中毒）

尸厥（植物状态去大脑皮质状态）

中恶（神经精神性昏厥）

脑瘤（颅内良性或恶性肿瘤）

脑络痹(脑动脉硬化症)

颤病(帕金森病)

口僻(面神经麻痹)

头风(偏头痛血管神经性头痛)

面风痛(三叉神经痛)

颅脑痈(脑脓肿)

脑鸣(神经性脑鸣)

晕动病(晕车症)

头部内伤(颅内血肿脑震荡)

四、心系病类

心痹(风湿性心脏病)

心衰(心力衰竭)

肺心病(慢性肺源性心脏病)

心悸(心律失常)

厥心痛或真心痛(急性心肌梗死)

高原胸痹(高原病)

心厥(心源性休克或昏厥)

支饮(渗出性心包炎)

风眩(高血压病)

虚眩(体质性低血压)

蓄血病(血紫质病)

血劳(缺铁性贫血或失血性贫血或慢性溶血性贫血)

髓劳(再生障碍性贫血)

紫癜病(血小板减少性紫癜或过敏性紫癜)

血溢病(血友病或维生素 K 缺乏)

恶核(恶性组织细胞病)

血脱(失血性休克)

液脱(脱水或失液性休克)

五、肺系病类

肺热病（急性肺炎）

暴咳（急性气管—支气管炎）

久咳（慢性气管—支气管炎）

哮病（支气管哮喘型支气管炎）

肺胀（慢性阻塞性肺气肿）

肺络张（支气管扩张或支气管慢性化脓性炎症）

肺痈（肺脓肿）

肺痨（肺结核）

肺癌（原发性支气管肺癌）

肺水（肺水肿）

肺厥（肺性脑病）

肺衰（呼吸衰竭或成人呼吸窘迫综合征）

尘肺（硅肺或石棉肺或蘑菇肺）

悬饮（胸腔积液）

干胁痛（干性纤维性胸膜炎）

六、脾系病类

呃逆病（膈肌痉挛胃神经症）

膈疝（食管裂孔疝）

食管瘅（反流性食管炎）

食管癌（食管癌）

胃疡（胃及十二指肠溃疡）

胃瘅（急性胃炎）

胃痛（慢性浅表性胃炎）

胃痞（慢性萎缩性胃炎）

胃胀（慢性肥厚性胃炎）

胃缓（胃下垂或胃无力症）

食痕(十二指肠壅滞症或急性胃扩张)

胃反(幽门梗阻或幽门痉挛)

胃癌(原发性胃癌)

伤食(消化不良)

厌食(神经性厌食)

食亦(神经性贪食)

胃石(胃结石)

胃饮(胃肠积液)

类霍乱(细菌性食物中毒或急性胃肠炎)

暴泻(急性肠炎)

久泄(慢性肠炎)

伏梁(局限性或节段性或肉芽肿性肠炎)

肠瘤(胃肠息肉)

肠癌(结肠癌或直肠癌)

肠痨(肠结核)

小肠瘅(急性出血性或坏死性小肠炎)

肠痈(急性阑尾炎或阑尾周围脓肿)

脱肛(直肠脱垂)

气腹痛(胃肠痉挛)

肠郁(肠道神经管能症或肠道易激惹综合征)

肠痹(麻痹性或功能性肠梗阻)

肠结(机械性肠梗阻或肠粘连)

脾约(习惯性便秘)

脾痿或脾消(吸收不良综合征)

脾水(营养不良性或水肿蛋白丢失性胃肠病)

肥气(巨脾症或门静脉高压症)

胰瘅(急性胰腺炎)

胰胀(慢性胰腺炎)

胰痈(胰腺脓肿)

胰癌（胰腺癌）

消渴（糖尿病）

消渴厥（糖尿病昏厥）

七、肝系病类

肝痈（肝脓肿或急性梗阻性化脓性胆管炎）

肝痨（肝结核）

肝癖或肝痞（脂肪肝）

肝著或肝胀（慢性迁延性肝炎或慢性活动性肝炎）

肝积（肝硬化）

鼓胀（肝硬化腹水或腹内癌肿结核腹水）

肝瘤（肝内囊肿或肝血管瘤）

肝癌（原发性肝癌）

肝厥（肝昏迷）

胆疸（胆汁淤积性黄疸）

血疸（溶血性黄疸）

蚕豆黄（葡萄糖-6-磷酸脱氢酶缺乏症）

胆瘅（急性胆囊炎）

胆胀（慢性胆囊炎）

胆石（胆囊结石或肝胆管结石或胆总管结石）

胆癌（胆囊癌或胆总管癌或胆囊肉瘤）

蛔厥（胆道蛔虫病）

八、肾系病类

风水（血管神经性水肿）

皮水（急性肾小球肾炎）

石水（慢性肾小球肾炎）

肾水（肾病综合征）

正水（急进性肾小球肾炎）

溢饮（内分泌功能失调性水肿）

肾瘅（急性肾盂肾炎）

肾著或肾着（慢性肾盂肾炎）

肾痈（肾积脓或肾周化脓炎症）

肾垂（肾下垂）

肾痨（肾结核）

肾癌（肾细胞癌）

肾厥（尿毒症昏迷）

肾衰（急性或慢性肾功能衰竭）

热淋或急淋（下尿路急性感染）

劳淋（慢性下尿路感染）

石淋（尿路结石）

痨淋（膀胱或肾结核）

癃闭（尿潴留）

精癃（前列腺肥大或前列腺增生症）

遗尿（习惯性遗尿）

尿崩（下丘脑垂体性尿崩症或肾性尿崩症）

小便不禁（小便不禁）

尿道瘘（尿瘘或输尿管瘘）

缩阴病（恐缩症）

黑疸（肾上腺皮质功能减退）

遗精（性神经衰弱症）

强中（阴茎异常勃起）

九、瘿、痹、痿、瘤等病类

气瘿（单纯性弥漫性甲状腺肿或地方性甲状腺肿）

肉瘿（甲状腺瘤或结节性甲状腺肿）

石瘿（甲状腺癌）

瘿气（甲状腺功能亢进）

瘿劳(甲状腺功能减退)

侠瘿瘅或侠瘿瘤(甲状旁腺功能亢进)

痹证(风湿性关节炎或风湿性肌肉炎)

尪痹(类风湿性关节炎)

热痹(化脓性关节炎)

肌痹或肉痹(多发性肌炎或皮肌炎)

筋痹(嗜酸性粒细胞性筋膜炎)

皮痹(硬皮病)

血痹(雷诺病或红斑性肢痛症)

脉痹(多发性大动脉炎)

骨痹(退行性骨关节病)

偏痹(坐骨神经痛)

脊痹(强直性脊椎炎)

项痹(颈椎病或颈椎综合征)

肩痹(肩周炎)

腰痹(腰肌劳损或腰椎骨质增生)

膝痹(膝关节骨性关节炎或双膝风湿性关节炎)

足跟痹(足跟骨刺)

肢痹(营养缺乏性神经病变)

痛风(痛风性关节炎)

肌痿或肉痿(重症肌或无力肌或营养不良症)

筋痿(帕金森氏症)

腓踹或转筋(腓肠肌痉挛)

肉痉(僵人综合征或肌强直症)

眉棱骨痛(眶上神经痛)

胁肋痛(肋间神经痛)

侏儒(垂体性侏儒)

脚气(维生素 B1 缺乏病)

青腿牙疳(维生素 C 缺乏病)

糙皮病或癞皮病(烟酸缺乏病)

狐疝(腹股沟疝)

腿风(不安腿)

十、中医肿瘤病、妇科病、眼科病、耳鼻喉科病、肛肠科病、皮肤科病、外科病类

癌痛(癌症疼痛)

血管瘤(先天性血管瘤)

神经鞘膜瘤(神经鞘膜瘤)

月经病(痛经或闭经或月经不调)

月子病(附件炎或宫颈炎或白带过多或阴痒症)

崩漏(子宫功能性出血)

子瘕(子宫肌瘤或卵巢囊肿或附件血管瘤)

子宫癌(子宫内膜癌)

乳癖(乳腺或小叶增生或乳房纤维瘤)

乳岩(乳腺癌)

视瞻昏渺(中心性视网膜炎)

高风雀目(原发性视网膜色素性病变)

脓耳(化脓性中耳炎)

耳鸣(神经性耳鸣)

鼻窒(慢性鼻炎)

鼻槁(慢性萎缩性鼻炎)

鼻渊(鼻窦炎)

鼻息(鼻息肉)

喉痹(慢性咽喉炎)

口疮(慢性口角炎)

眼疾(多种眼睛疾病)

手癣(鹅掌风)

白庀(银屑病或牛皮癣)

风疹(荨麻疹)

痈疮(化脓性软组织炎)

痔疮(内痔或外痔或混合痔)

扭伤(关节扭伤)

综上所述,方廷钰并不是完全的归化译者,而是忠于原文且心中怀揣读者的负责任的译者。他会根据不同的目标读者需求设计自己的译著编写思路。这种关照读者接受的态度应被中医翻译者牢记并学习。

第八节 考据溯源

方廷钰在中医翻译实践及研究中特别注重考据溯源。考据是指寻找证据,溯源是指探求本源,二者是中医翻译实际和研究的重要任务。中医具有悠久的历史和深厚的文化,中医翻译的时间相对较短,但有国内外的许多译法和流派。方廷钰注重的考据溯源,不仅是针对中医药术语真实意思和内涵的挖掘确认,还有对中医翻译历史的溯源。他还会对特定译者的中医翻译过程做批判性的鉴别鉴定。

翻译前,方廷钰首先要求正确理解原文中的中医药术语意思。对于没有正确理解原文造成的误译,他主张通过学术讨论更正改进。例如,有些译者对"邪"的理解不正确,将"邪"译为"unwholesome environmental factor(有害的环境因素)",与原义相去甚远。中医的"邪"出自《黄帝内经·素问·评热病论》,泛指各种致病因素及病理损害,包括内邪和外邪。以"风"举例,既有"内风"又有"外风",均会致病,正确的译文是"pathoogenic factor"或"evil"。又如,把"饮"译为"watery sputum(稀痰)"。"饮"是病名,出自《黄帝内经·素问·至真要大论》。中外学者按照中医定义,一般把"饮"译为"fluid retention"。另外,由于有些中医书籍的翻译工作参与者较多,方廷钰特别注重在翻译前将中药名称的术语翻译统一确定好标准。在这一过程中,他会提醒译者对一些古籍中的中药考据溯源,再和当代《中国药典(2015版)》中的药物对照进行翻译。比如,"芍药"是"赤芍 Chishao (*Paeoniae Radix Rubra*)"还是"白芍 Baishao (*Paeoniae Radix Alba*)"?"杏仁"是"苦杏仁 Kuxingren (*Semen Armeniacae Amarum*)"?"香豉"是"淡豆豉 Dandouchi (*Sojae Semen Praeparatum*)"?还有一些《中国药典(2015 版)》中没有出现的药物需要译者自己翻译,如"铅丹""蜀漆""文蛤""代赭""瓜蒂""土瓜""连轺""梓白皮""鸡子黄""猪肤""白粉""白蜜""鸡子""鸡子壳""葱白""人尿""蜀椒""黄檗""苦酒""妇人中裈""男子裈"。方廷钰要求译者在翻译这些药物时多询问中医药专家,考据古今用药差异,有无地域方言造成的中药名称差异,以及古今用药剂量的差异等。

还有一些术语译文的意思需要考证,如有的词典将"虚证""实证""寒证"写成"虚症""实症""寒症",从含义来看是错误的。"证"是中医学特有的诊断概念,是对疾病发展过程中某一个阶段的病位、病因、病性及病势等所做的病理性概括,是对疾病当前病理本质所做的结论,在翻译时,译者应有选择地区分清楚。例如,"本草"和"中草药"是有区别的,不能都译为"Chinese herbal medicine"。我国古代记载药物的著作包括图谱类,被称为本草。一般认为,中药书上有记载、中药店经常出售的中药商品,与民间草药医生使用后的草药,合称为中草药。因此,方廷钰认为可以把"中草药"译为"Chinese Materia Medica"。《中国药典(2015 版)》也把"中草药材"译为"Chinese Materia Medica"。

方廷钰注重中医翻译实践,能批判性地发现中医药术语现有译文中的错误。他说:"对于已有的译文,可以学习、借鉴,但不能盲从,智者千虑,必有一失,包括我自己。"曾有人担心他因性格耿直而得罪同行,建议他不要在论著中直接点出谁的译文没有对中医药术语的真实意思和内涵进行挖掘确认,以至于误译。但是他坚持认为谁有错误不提出名来,大家就很难意识到,从而改进,直接点名也是考据溯源的一种,要关注一类翻译问题的源头。他说:"评论是为了进步,不然死水一潭,学术问题需要辩论。"正确理解原文是翻译的基础。方廷钰强调,追根溯源、正确理解原文的学术精神是中医翻译者的基本素质之一。对于晦涩难懂的中医术语,若不去深究其内涵,对其理解浮于表面,容易望文生义,谬以千里。非中医专业人员如不查阅相关文献,就难以理解术语的核心内涵。在多种中医术语英译标准盛行的年代,方廷钰始终保持学术质疑精神和实事求是的态度。

方廷钰在研究典籍翻译的不同版本时,会考据溯源译家的背景和翻译经历,从而协助理解其翻译态度。例如,方廷钰在《评〈黄帝内经·素问〉第一部英译本》一文中追溯了威斯的生平背景和中医翻译经历,以及她于1949年、1965年、2002年和2016年出版的《黄帝内经·素问》英语译本。威斯原籍德国,先后在日内瓦和维也纳学医,于1937年移民美国。据说,她擅长五种语言,包括日语和汉语。1944年,威斯获霍普金斯大学硕士学位,1947年获第一个医史博士学位,然后成为霍普金斯大学医史研究所的成员。在医史研究所主任亨利·斯格里斯特的鼓励下,她承担了《黄帝内经》的翻译工作。威斯认为,在中国,《黄帝内经》被认为是现存的最有影响力的医著,被收入《四库全书》,所以应该将这本书介绍到西方。时隔16年,她在1965年版的前言中进一步阐述了其再版这本书的宗旨。她说:"当初翻译的《黄帝内经》似乎只有内行人才能看懂。1949年,根本无法预料到以古代东方哲学概念为基础的疗法竟然顽强地存活下来,而且能抵御现代医学科学的冲击。中医不仅存活下来,而且经历了伟大的复兴。中医疗法已扩展到新的地区,通过法国传播到整个欧洲。近年来,美国也出现了追随者。"她认为促成中医在中国振兴的原因有两个:一是新中国全面开展保护民族遗产的工作,二是现实评估了当前的卫生事业状况。全中国的7万名西医不可能为6.5亿人提供足够的医疗服务。为了解决这一困难,中国政府决定借助50万名中医师的力量。随着这一医疗体系的振兴,久经时间考验的《黄帝内经》中关于健康和治疗的对话,对当时的思想界具有现实意义。随着人们对东方思想和历史的兴趣渐增,《黄帝内经》逐渐超越了意识形态的范畴。在任何时代,医学的宗旨都是防治疾病和延年益寿。《黄帝内经》包含的内容和现代人的期望是一致的。2002年该书再版,肯·罗丝在出版前言中写道:"如果我们要关心中国和它的13亿人口,我们务必要了解他们的信仰、想法、自信心以及关于健康、福祉、疾病和医学的深奥理论。"这就是《黄帝内经》所包含的内容。它是一部最古老的典籍,完整地总结了人体解剖、生理和天人相应的模式。历代皇帝下谕旨抢救、保护和更新《黄帝内经》,否则它不可能留存至今,并被广泛应用了2000多年。我们赞赏威斯把《黄帝内经》的重要性展示给西方世界。在美国和西欧日益普及中医之前,威斯花了几年时间将《黄帝内经·素问》译为英语。在众多的中国典籍的英译本中,它独占鳌头。威斯是第一位把中医这一伟大宝库介绍给母语是英语的当代学者。美国的中医学生把《黄帝内经》作为必修课,接受中医治疗的患者阅读该书,可进一步了解给他们治疗的针灸师的作用。更为重要的是,通过阅读本书,读者可了解中国人的和谐平衡和人体健康的理念,这是一个贯穿中国文化历史经久不衰的主要内容。这些古老的观念不仅留存至今,而且是个人保健和医疗的切实可行的手段。

综上所述,方廷钰在中医翻译时注重的考据溯源涉及多个方面,包含中医药术语的正确意思、中医典籍语言及药物药量的古今差异、中医翻译的历史探源和中医译家的背景和思想变化等。

第九节　与时俱进

作为人类文明瑰宝的中医需要与时俱进。方廷钰主张中医翻译也要与时俱进,跟上中医的发展和对外国际传播形势。与此同时,中医的翻译情况也反作用于中医的国际化进程。因此,与时俱进是中医翻译者需要关注的问题。方廷钰有着多年的中医翻译实践经验,也有海外交流的经历,因此,他能更好地体会到跨越两个世纪以来,中医翻译及对外文化传播的发展变化。这种与时俱进既可体现在方廷钰对一些中医术语翻译的不断改进完善上,也可以体现在他对中医翻译研究存在的不足之处的不断钻研上,更体现在他对如何使中医翻译及对外文化传播更好地服务于不同时期国家发展需求的研究上。

方廷钰总是强调"中医翻译要负责任,译出的书也需要不断修改,中医翻译者需要有随时否定自己的勇气"。他曾在讲座中讲述了他对自己翻译的译文进行修订的过程。例如,他将"经络"译为"meridian"是借用法,"meridian"被收入 *Dorland's Medical Dictionary*,在"acupoint"词条下,有"a specific site of needle insertion along a body meridian in acupuncture"的解释。这证明美国学者承认将"经络"译为"meridian",因此,他使用"meridian"是有依据的。

方廷钰的中医翻译与时俱进理念更多地体现在他对中医翻译研究存在的不足之处进行的研究。2019年,方廷钰在"寄语年青一代的翻译家(武汉会议)"上,具体分析了他总结的中医翻译的瓶颈问题:第一,语言翻译的对等理论——90％和50％对语言的理解问题。第二,缺乏标准化。目前中医翻译一词多译的情况非常普遍,甚至一些中医经典典籍的书名都没有统一的翻译标准。之所以存在第一个问题,一方面因为译者中医知识及英语语言贫乏,对译文理解不到位,英语语言积累不够,另一方面因为译者中医翻译实践经验不足,缺乏灵活处理能力。方廷钰认为应提高中医译者的专业修养,使之熟悉源语、精通目的语,掌握中医药专业知识,还要培养译者的"移情"本领,即能领会原作者的意图,以及使用英语语言表达的才华和适当的想象力。形成第二个问题的原因是中医翻译的实践和研究时间较短,还处于摸索阶段。方廷钰认为应尊重事物客观发展的规律,从西医术语统一标准化的过程中借鉴思路,从而更好地达到中医术语的统一标准化。除此以外,方廷钰注意到当前中医译著中的很多误译问题。他认为这些不仅会让读者误解,误导学习者,影响中医对外文化传播,还会影响中医术语的统一标准化进程。因此,他的中医翻译研究很多都是关于当前中医译著中的误译问题的。编者在本书中列举了很多方廷钰为现有中医翻译中存在的误译提出修订意见的相关内容。

对于长期以来很多中医术语借用西医术语的问题,方廷钰也提出了要与时俱进地进行改变。他在《现代化中医药术语英译的时代差异——基于近30年辞典语料库研究》一文中,将中医药名词术语英译过度西医化的不合理性归纳为三点。第一,无法顺应我国大国崛起的文化传播形势。一直以来,中医在西方被很多人认为是伪科学,把中医药文化中的精髓传播出去,对于推动我国和平崛起具有重要作用。因此,翻译中医药名词术语时,译者应将中医药传统文化精髓与时代特征同时译出。而归化翻译倾向于用西医文化替代中医文化,无法使西方读者真正接触到中医文化的独特性,难以增强其对外吸引力和影响力。第二,阻碍中医药事业发展。中医术语借用西医词汇,容易导致内涵和外延扩大、缩小、表意程度偏差等误译。这类词汇元素在中医药名词术语中常常出现,应用于中医对外教学、临床和科研交流中,势必影响中医药事业的发展。

第三，阻碍中医英译事业发展。一方面，由于中西医文化具有本质差异，很多中医概念在英语中找不到对应的词语，过度西医化翻译会降低翻译准确度，影响翻译质量；另一方面，直接借用西医词汇翻译虽一时简便，长久来看必将产生一些负面影响。许多译者会因此停止思考如何翻译出能体现中医特色的术语译文，致使中医英译难以出现长足发展。由此可见，方廷钰能够从发展的角度看待中医翻译，既注重中医药古代典籍翻译及对外文化传播，又关注现代化中医药术语翻译，还积极参与中医抗疫论著的翻译，能够随着中医对外文化传播的进程进行译法策略选择。这是中医翻译与时俱进理念的具体体现。

此外，方廷钰十分关注不同时期的国家发展规划政策，能够深入分析、研究如何将中医翻译及对外文化传播与时俱进地为国家发展服务。他在《百年中医史》基础上梳理新中国成立以来70多年的中医外传历史，并将其分为服务于中国外交的中医外传（1949—1985年）、在中医政策指导下的中医外传（1986—1996年）、在中医药对外交流规划下的中医对外交流与合作（1997年至今）三个阶段，认为中医主要是随外交使团、国际合作、留学生等途径向海外传播。1980年，方廷钰开始从事中医翻译的实践和研究工作，那时我国刚开始实行改革开放政策，中医药的国际化得到了很好的发展机遇。但当时的中医翻译及对外文化传播基础较为薄弱，所以方廷钰较多地使用了归化译法，注重译文通俗易懂，遇到不好理解的中医术语会添加释义予以解释。

1984年，时任卫生部部长的崔月犁指出，中医药的外事工作应服务于我国外交政策，重点应放在做好第三世界国家的工作上。方廷钰在这一政策下，到美国访学，到博物馆当志愿者，用英语对展品进行介绍，不断提升自己的翻译水平。

1987年、1989年，世界针联、世界医学气功学会先后成立，总部设在北京，中国人出任主席。随着这两个国际学术组织活动的开展，我国中医在国际上有了交流和展示的平台。1991年10月，北京国际传统医药大会由国家中医药管理局和世界卫生组织联合举办，40多个国家和地区的1200余名官员和代表出席，会上发布了题为"人类健康需要传统医药"的《北京宣言》，是世界传统医药发展史上的纲领性文献和里程碑，对传统医药学的发展具有深远的意义。2008年8月2日，世界中医药学会联合会翻译专业委员会成立大会暨首届中医药与中国文化翻译国际交流会在上海师范大学开幕，来自国内高校、科研院所、医院以及海外的 200 多名中医药和中国文化翻译专家出席会议。世界中联是经中华人民共和国国务院批准，民政部登记注册，总部设在北京的国际性学术组织。方廷钰努力探讨研究中医翻译原则和译法策略。在这一时期，中医文化在海外逐步有了一些积淀，部分中医术语如"阴""阳"已被收入国外的英语辞典，方廷钰也逐渐开始探索如何简化译文，研究如何更好地在译文中保留中医药的中国传统文化特色。

2015 年 5 月 7 日，国务院办公厅发布了关于印发《中医药健康服务发展规划（2015—2020 年）的通知》。这是我国第一个关于中医药健康服务发展的国家级规划。规划提出，中医药将参与"一带一路"建设。2017 年 1 月，国家中医药局、国家发展和改革委员会联合印发《中医药"一带一路"发展规划（2016—2020 年）》。该规划明确指出："推动中医药'一带一路'建设，对服务国家战略具有重要意义。中医药凝聚着中华民族传统文化的精华，是中华文明与沿线国家人文交流的重要内容，有助于促进与沿线国家民心相通。"该规划要求：到 2020 年，中医药"一带一路"全方位合作新格局基本形成，与沿线国家合作建设 30 个中医药海外中心，颁布 20 项中医药国际标准，注册 100 种中药产品，建设 50 家中医药对外交流合作示范基地。这项计划的颁布是基于国家前期的实践基础并具有相关政策支持的。

2014 年 11 月 17 日，国家主席习近平与澳大利亚前总理托尼·阿博特在堪培拉国会大厦共同见证了大洋洲第一家中医中心的成立；2015 年，习近平总书记在祝贺中国中医科学院成立 60 周年的致信中强调："要充分发挥中医药的独特优势，推进中医药现代化，推动中医药走向世界。"2016 年 12 月 6 日，国务院新闻办公室举行了《中国的中医药》白皮书和中医药发展情况发布会，指出中医药已传播至 183 个国家和地区，中医药产业已成为新的经济增长点。

2016 年 2 月，国务院出台了《中医药发展战略规划纲要（2016—2030 年）》，把中医药发展提升为国家战略。该纲要指出要大力弘扬中医药文化，推动更多非药物中医诊疗技术列入联合国教科文组织非物质文化遗产名录和国家级非物质文化遗产目录，使更多古代中医典籍进入世界记忆名录。该纲要还指出，要推动中医药文化国际传播，展示中华文化独特魅力，提升我国文化软实力；要深化与各国政府和世界卫生组织、国际标准化组织等的交流与合作，探索建设一批中医药海外中心。2016年8月,国家中医药管理局出台《中医药发展"十三五"规划》,对中医药国际传播建设做了具体要求:充分发挥中医药在服务外交、促进民生、密切人文交流等方面的独特作用;实施中医药国际专项,做好区域布局,支持各类优秀中医药机构与"一带一路"沿线国家合作成立中医药中心,面向当地民众提供中医医疗和养生保健服务,推动中医药理论、文化、服务融入沿线各国卫生体系。

方廷钰非常关注"一带一路"这一当前十分重要的国家政策,研究思考如何借助政策推动中医药国际传播。他提出,由于"一带一路"沿线的64个国家的官方语言并非都是英语,中医对外文化传播要特别注重小语种的翻译,才能更好地服务"一带一路"倡议。但是当前小语种的中医翻译人才稀缺,无法满足"一带一路"倡议下的中医药对外文化传播新需求。为尽快培养中医翻译的小语种人才,方廷钰提出可以培训外语学院的小语种专业师生学习中医药典籍和医古文知识。他在接受访谈时指出,由于目前中医小语种翻译人才过于稀缺,所以编写、出版和使用中医英译及双语教材应该是短期内最容易实现的。因此,为更好地向"一带一路"沿线国家推广中医,编写中医英译及双语教材时,编者要注意区分英语母语国家和非英语母语国家的不同接受能力。中医专业术语较多,要教授学生对其进行英译(尤其是口译)时,应少用拉丁语和希腊语等专有名词,要尽量使用简单的英语词汇传达清楚意思。

综上所述,方廷钰在中医翻译实践和研究中坚持与时俱进,敢于自我批判,反思自己前期的翻译成果,不断补充、完善自己的翻译作品。他能积极地跟上时代发展的需求,在不同时期的国家政策下探索研究中医翻译与时俱进的译法策略,以更好地适应中医对外文化传播的不同阶段需求。

第六章

方廷钰中医翻译理念话语的外部系统

第六章 方廷钰中医翻译理念话语的外部系统

编者在第五章研究了方廷钰中医翻译理念的内部系统,从他的中医翻译理念中挖掘出一些关于中医翻译实践需遵循的原则、策略和方法的重要话语链。这是我们步入方廷钰中医翻译理念话语的外部系统的必经之路。从方廷钰中医翻译理念内部系统的形成过程中,我们可窥见中医翻译的不断发展和进步。实际上,方廷钰中医翻译理念的视角并非只停留在翻译策略层面,他关注了更为宏大的翻译在语言、文化和社会方面发挥的作用,力求通过翻译为中医的发展与传播,乃至中华文化的发展与传播贡献力量。

因此,寻求中医翻译的真正价值和价值的社会认同是方廷钰中医翻译理念外部系统的重要内容。方廷钰研读了很多中外译者的中医翻译作品,十分关注译者的文化身份和文化价值观对译文的影响。他多次在学术会议上讲述他对中医翻译主体之争的看法,既主张中国本土译者的主体作用,又提出与外国译者寻求合作的重要性。在中医翻译和对外文化传播实践中,译者有时会遇到知识产权的问题,而国内外不同译者的中医翻译作品所塑型的文化身份也会涉及文化伦理问题。如何解决本土与异域语言文化价值观差异产生的冲突?方廷钰呼吁立法推进中医药现代化、国际化,在中医翻译的语言层面要加快统一标准的建立。此外,方廷钰关于中医药外语学科建设和发展的理念亦具有重要价值,编者会在本章中予以介绍分析。

第一节 价值认同

纵观中国历史,翻译官职(人员)虽然存在3000年,但其地位一直较低。中医翻译者的学术地位也不如中医和其他学科的学者,还常被戏谑地称为"中医院校教英语四六级的"。对此局面,方廷钰一直希望通过统一中医翻译标准,提高中医翻译水平,凸显中医翻译在中医对外文化传播中的作用,来扭转这一现象。

当前,各学界需要翻译,却将其边缘化。劳伦斯·韦努蒂在其著作《翻译之耻:走向差异伦理》中探索了翻译与学术界之间的紧张关系。韦努蒂提出,时下流行的作者观念在文学研究领域贬低了翻译,同时强化了版权法中对"著作权"的不当定义。此外,针对各类学术机构对翻译的忽视,出版商对译者的不公正待遇,《翻译之耻:走向差异伦理》均给出了毫不留情的批评。蒋童将韦努蒂提出的翻译之耻总结为四个方面:第一,作者始终处于主导地位,译者只是对作者的模仿;第二,现行的版权法鼓励原创,鄙视翻译;第三,翻译作品被教师广泛使用,一些教师在利用翻译作品讲授学科知识时,无视翻译对作品的影响;第四,为了书籍畅销盈利,译作需顺应现行的本土文化,因此,译者必须采取通顺的翻译策略,如归化译法。蒋童列举了韦努蒂给出的上述现象的两个原因:其一,翻译界内部认识不一致,使翻译自己打压自己,以致形成自我边缘化的局面;其二,翻译界以外的各学科和社会力量都在打压翻译,造成译者无名的地位,进而造成这种冷遇。

在我国,中医翻译研究取得了令人可喜的成绩。首先,中医翻译吸引了包括高校中医类教师和外语教师等大批坚定的拥护者从事中医翻译研究。随着中医翻译研究的发展,中医翻译已被纳入高校中医类以及语言类专业的课程设置。目前,国内有不少中医院校设置了英语专业或研究方向,而且以中医翻译为研究方向的硕士点也已建立,成为培养和输送高层次、高质量中医翻译领域研究和教学人才的重要基地。其次,在学术成就方面,中医类期刊和外语类期刊等国内期刊都涉及中医翻译的研究。有的期刊还专门开辟了"中医翻译研究"的专栏。此外,中医翻译的学者对中医英语翻译的理论、中医名词术语翻译的标准化及中医经典著作翻译的深度和广度及研究等问题进行了研究与探讨,发表了一系列的论文,出版了部分研究著作,对中医特色的翻译理论和方法的构建及中医名词术语的英语翻译问题的多角度定位,具有极大的帮助和指导意义。然而,文化传统与文字表达上的差异以及中医英语翻译研究起步较晚,致使中医翻译仍旧存在一些不足。比如,中医翻译理论研究还不够系统,缺乏宏观理论建构的研究,涉及具体方面的微观研究较多,缺乏自成一体的理论体系。同时,在中医翻译研究中所采取的方法一般是借鉴语言学和翻译的研究方法,还没有一个系统的研究方法。并且,学科定位不明确、缺乏有力的学科共同体等方面也是值得关注的问题。

为此,方廷钰一直希望通过研究当前中医翻译中存在问题产生的原因,来提出解决问题的方法,进而更好地解决这些问题。在统一翻译标准这个问题上,方廷钰主张不断推进中外各方交流研究,加快中医翻译规范化统一进程。当前中医翻译界内部认识不一致,自己打压自己,是翻译形成自我边缘化的重要原因。例如,《黄帝内经》的书名译法甚至在同一学校不同专业都没能达到统一。2009年,方廷钰在给中医专业新入职教师面试时提过一个问题:"中医专业的学者将'《黄帝内经》'音译为'*Neijing*',中医英语专业的学者将其译为'*Huangdi's Canon of Medicine*'。哪种译法更合适呢?"这个问题非常难回答。中医专业的学者并不是很关注中医英语专业学者的翻译研究,他们的音译法旨在好记、好写,也能保留中医民族特色,而中医英语专业学者的意译法旨在向外国读者介绍清楚这个名称的内涵。要想解决这些中医翻译不统一的问题,还需加强中医专业学者和中医英语专业学者的沟通。不然,他们各有各的译法,坚持己见,不肯退让,中医翻译的未来会非常困难,其专业价值更难以让人认可。

另外,方廷钰特别注重中医翻译水平的提高。译者需要考虑原文和读者,但不能要求作者考虑译者,古人作者更不能。因此,中医翻译尤其是中医经典典籍的翻译难度较高,出现误译是难免的。他分析过很多名家的译文,发现其中错误和不妥之处会予以指出。例如,方廷钰在《评〈黄帝内经·素问〉第一部英译本》一文中指出了威斯的以下错误:威斯翻译的34个篇名,除去一些易懂的,如《阴阳离合论》《五脏生成篇》《热论篇》,其他篇名均翻译得不到位。《上古天真论》谈论的是"先天之真气对人之生长发育过程的影响",威斯将其译为"*Treatise on the Natural Truth in Ancient Times*"(上古自然真相之论),确切的译文应为"*Treatise on Innate Qi's Influence on Human Growth and Development*"。再如,威斯将"《通评虚实论》"译为"*Thorough Discussion of the Hollow and the Solid, the Fullness and the Insufficiency (of the Body)*"。她把"虚"和"实"译为"the Hollow and the Solid"和"the Fullness and the Insufficiency"。其实,这篇文章讨论的是有关虚实的机制和疾病的疗法,可译为"*Treatise on Deficiency and*

Excess, Their Mechanism and Therapies"。由于一字多义,威斯在篇章内容上也存在理解错误。例如,《五脏生成篇》中有这样一段话:"肺之合皮也,其荣毛也,其主心也。"威斯译为"The lungs are connected with the skin. The condition of the body hair shows when the lungs are in a splendid and flourishing condition. The lungs rule over the heart."如何理解"其主心也"中的"主",显示了译者的汉字理解水平和中医知识。"主"是多义词,这里的"主"有"制约者"之意,即"肺的制约者是心"。因为根据五行理论,"心属火,肺属金,心火克肺金",威斯把"其主心也"理解为"它(肺)制约心",故将其误译为"the lungs rule over the heart(肺金克心火)",颠倒了五行的相克关系。再如开篇的《上古天真论》中有这样一句话:"肾者主水,受五脏六腑之精而藏之。"意思是"肾控制水,它贮藏五脏六腑的精气",威斯将其译为"Man's kidneys rule over the water which receives and stores the secretion of the five viscera and of the six bowels."我们先撇开术语翻译来谈"which"从句,它应该修饰"man's kidneys"而非"water",此译文令读者一头雾水,无法理解句子的原义。

方廷钰关注"一带一路"倡议,努力发挥中医翻译在中医对外文化传播中的作用。第一,在中外双方之间进行准确而迅速的语义沟通。第二,促进中医药医疗、教育、学术交流与合作、贸易谈判的完成。第三,推广中医药在国际上的传播。中医药文化是中华优秀传统文化的代表。近年来,中医药独特的防病治病功效逐渐被外国人认可,一度在国外掀起阵阵传播和热潮。我国对中医药"走出去"的支持力度也越来越大。但由于受到不同民族、语言、思维和卫生习惯等因素的影响,中医药在国际传播过程中遇到的障碍有很多。如何借助"一带一路"发展契机,通过中医翻译实现中医药国际传播的新的突破,是特别值得我们关注的内容。其中,方廷钰特别关注语言因素是如何导致中医药文化对外传播中的困难的。中医药全球传播中的核心语言问题是"语言不通"的问题。电影《刮痧》讲述了一个5岁儿童在美国生病了,用中医刮痧治病,却被怀疑遭受虐待,因为西方法官无法理解中医刮痧这种传统的治疗方法,儿童的父亲亦不知如何用英语解释其中的医理。如果不能正确翻译中医术语,将无法让西方人了解我国中医药文化的精髓,势必会损耗中医药整体的内在价值,进而损耗中国文化在国际上的传播。介绍中医药文化的许多经典文献均成书于古代,医古文语言晦涩难懂,加之遗失等历史问题导致版本变化,这些因素造成了翻译的困难。当前中医药对外文化小语种翻译人才匮乏,中医各语种翻译中问题较多,一词多译的情况普遍存在,在国内尚未形成统一标准,误译、漏译的现象颇为严重。我们需要发现:解决这一问题的关键在于中医名词术语的翻译缺乏标准化和规范性,不能介绍清楚中医药蕴含的深层文化,这既降低了中医药的科学性和可信度,又阻碍了外国人对中医药文化好感度和认同度的提升。方廷钰提出,当前要加强中医药对外文化翻译水平,首先,要抓紧培养"一带一路"沿线国家官方语言的中医小语种翻译人才。为此,可通过学历及非学历教育积极培训中医专业及小语种专业人士,从而加快满足"一带一路"倡议下中医药对外传播的语言服务需求。其次,要努力推进中医翻译国内外统一标准的建立。这需要国内译者和国外译者积极接触讨论,推动达成一致的认识。还有很重要的是发现、修订现有译文中的错误,努力避免新的误译。现有译文中的误译,一部分源于译者对中医知识的不了解,另一部分源于译者对外语词法语法的错误使用。因此,中医专业及语言专业人士需要积极合作,共同研究探讨中医术语的深刻内涵和最佳翻译法。

总而言之,当前中医译者的价值认同并不乐观,方廷钰主张统一中医翻译标准体系,修订误译,积极培养多语种翻译人才以提升中医翻译在中医对外文化传播中的作用来改善这一现状。中医译者的价值认同,一方面需要中医译者提高自身水平,另一方面需要加强中医译者与社会多方(尤其是学术界和版权界)的沟通。在法律保障一节,编者会对此进行更加深入的分析。

第二节　文化身份

上一节提到了韦努蒂揭示的翻译之耻,其中第四个耻辱与译作的文化身份相关。为了让异域文本带来最大的读者群,畅销书的翻译必须保证在不同的本土文化身份中可读易懂。这种本土文化身份已经为异域文化所建构,是认同的刻板模型。归化的手法大大加强了译作的可读性。可这一现象并不利于不同文化间的交流。译作的文化身份在中医翻译中也很重要,中医译者无法回避这种文化输出过程中必须面对的问题,因为中医翻译本质上带动的是中国传统医学文化与西方医学文化的交流。方廷钰认为要站在文化立场上看待中医翻译,将中医翻译过程当作对中医文化的提炼和升华。译者在翻译时,不但要提高自身的翻译水平,还要增加其对中医知识的理解和认识,了解中医的理法方药和中医文化的互动关系。当译者站在中国传统文化的根基上看待中医翻译时,中医体现的不仅是中国古代科学智慧,还有古代哲学的文化。译者要坚守自己译作的文化身份,坚守中国传统文化的复兴,坚定中华民族的文化自信。

韦努蒂从全球化角度探讨翻译在文化殖民化的过程中的作用。他将翻译的社会功能上升到一个更高的层次,认为英语国家(尤其是美国)经济上的发达以及英语在语言世界的霸主地位,使得英语文化得以渗透至整个世界。这就导致了翻译上的不平等。韦努蒂认为,深受其害的恰恰是英语国家本身,因为这不利于这些国家文化发展的多元化,更不利于瓦解其文化和语言中的主流力量。韦努蒂在该书的结尾处指出,关键的问题不是通顺或对抗话语这么简单的问题,而在于翻译的意图与影响问题。例如翻译是否能促进文化革新与文化变革。这可以通过修正目的语中业已存在的文化话语的层级、穿越本土文化群体的界限、改变体制价值和实践等诸种方式来彰显异域文本中的异质性。殖民和后殖民状况使这种局势更为复杂,但无论如何,语言与文化的差异都应因地制宜,只有这样,差异才能通过翻译将异质性写入异域文化中。

方廷钰主张在翻译中医文本时要特别注意中国文化层面的内涵,保持译文的民族性特色。他在 2020 年 10 月的翻译分会换届会上做了《中医翻译要精益求精》的报告。他特别提出中医翻译要有民族性、原创性,列举了《世界卫生组织 2019 年全球传统和补充医学报告》中尊重原固定文本翻译,也尊重汉语语境和习惯表达法的一些医学语句译法。例如:

health 卫生,健康,医疗卫生

health center 卫生院,保健中心

primary health care 初级卫生保健

health club 健身俱乐部

health farm/health spa 健身会馆

health visitor 家访护士

health service: public service providing medical care 公共医疗服务

health food 绿色食品

everyone enjoys primary health care in 2000 2000 年人人享有初级卫生保健

health care: the service of providing medical care 医疗(服务)

the cost of health care for the elderly 老年人的医疗费用

primary health care 基础医疗(服务)

national office 国家办公室,国家办事处,国家级行政机构

national research institute 国家研究院,国家级科研院所

claims made about herbal medicines 宣称草药功效,药草要宣称功效,草药广告,草药功效说明

practice, providers, education and health insurance 实践、技术提供者,教育和健康保险/医疗服务从业人员、教育、医疗保险

在凸显翻译的文化身份、保留民族特色和神韵这一点上,方廷钰特别推崇王佐良。他说:"佐良先生和我亦师亦友,关系不错,'文革'时一起劳动、收白菜,后同在汉英词典组。我在一次报告中以他为例,提到文化人和他翻译的诗,以及他治学的情况。我在哈佛大学时,他来访问,我们北京外国语大学的学生还专门会见了他。"

王佐良翻译的培根名篇《谈读书》最为著名。

【例 1】"Studies serve for delight, for ornament, and for ability. Their chief use for delight is in privateness and retiring; for ornament, is in discourse; and for ability, is in the judgment and disposition of business."

译文:读书足以怡情,足以博采,足以长才。其怡情也,最见于独处幽居之时;其博采也,最见于高谈阔论之中;其长才也,最见于处世判事之际。

王佐良的译文略带古风而又明白畅达,遣词炼句无不恰到好处。撇开原文,只读译文,也是一种享受。时下的各种翻译,有几人能达到如此境界?然而,译文并不是脱离原著而任意发挥的。恰恰相反,译文与原文珠联璧合,无一处不贴切。培根是 17 世纪的哲学家和散文家,相对于现代英语而言,他使用的英语表达比较古雅,因而王佐良的译文用的是浅近的文言,二者相得益彰。培

根的文笔简练,然而力透纸背,不论以小喻大还是以大喻小,都能鞭辟入里。文中警句迭出,俯拾皆是。这样的文章要在汉语中再现其神韵,谈何容易,但王佐良做到了。王佐良一贯主张注重形似的同时,更注重全诗的整体效果,即作品的意境、气氛。如果某些形似的细节不足以促成总的效果,那么可以根据语言特点加以变通,以保持全诗整体上的神似。

当代中医翻译研究重在文化,即中医翻译研究不再把翻译看作语言转换间的孤立片段;相反,它把翻译放到一个宏大的中医文化语境中去审视。也就是说,在翻译中医著作时,真正的对等应该是在各自文化里的含义、作用、范围、情感色彩、影响等都相当。在我国早期的中医翻译实践中,归化译法居多,但随着中医药对外文化传播的不断深入,世界上越来越多的人对中医药的了解逐步加深,这就要求译者要在译文中更加凸显中医药的中华文化特色,使中医翻译作品的文化身份归属为中国文化。中医典籍历史悠久,难免会出现一些医古文及古代汉语的表达用法,许多中医专业的学者也因诵读经典较多而文风尚古。在翻译这样的作品时,译者需要为自己的译作选择好文化身份。

例如,编者翻译过一段中医学者所写的《伤寒论》介绍。

【例2】《伤寒论》系东汉时期"医圣"张仲景所著,被尊为中医四大经典之一。张仲景在总结前人医学成就的基础上,结合自身丰富的临床实践经验,系统阐述了外感疾病及内伤杂病的辨证论治,理法方药俱全,在中医发展史上具有划时代的意义和承前启后的作用。

所谓"经者,常也",《伤寒论》详细论述了张仲景的医学心得,所载方剂,选药精当,配伍讲究,主治明确,疗效可靠,经历代医家反复应用,屡试屡效,被后世誉为"众方之祖",尊之为"经方"。

所谓"经者,法也",《伤寒论》全面总结了张仲景诊治外感疾病的临床经验,对伤寒各阶段的辨脉、审证、论治、立方、用药规律等做了较全面的阐述,所倡"六经辨证"成为后世医家学习运用辨证论治的圭臬。

所谓"经者,径也",《伤寒论》深刻蕴含了张仲景精研勤思的学习方法,从参考《黄帝内经》《难经》等经典医学著作,到深入领会经旨,联系实际,活学活用,一经成书就成为学习中医,临床入门的必读之经典。

译文:"*Shang Han Lun* (*Treatise on Febrile Diseases*) was written by Zhang

Zhongjing, a 'medical sage' in the Eastern Han Dynasty. It is regarded as one of the four classics of traditional Chinese medicine. On the basis of summing up the medical achievements of predecessors and combining his rich clinical experience, Zhang Zhongjing systematically expounded the syndrome differentiation and treatment of exogenous diseases, internal injuries and miscellaneous diseases. This book is complete in theory, law, prescription and medicine. It has epoch-making significance, and functions as a link between the past and the future in the history of the development of traditional Chinese medicine.

Ancient Chinese believed 'classic, 'tis of eternity.' *Shang Han Lun* (*Treatise on Febrile Diseases*) recorded Zhang Zhongjing's medical experience in detail. The prescriptions presented in this book were exquisite in selecting and compatibility of medicines, showing clarity in indications and reliability in curative effects. Repeatedly used by doctors through the ages, those prescriptions have been praised as the 'ancestors of all prescriptions,' and respected as 'classic formulas.'

Ancient Chinese believed 'classic, 'tis of law.' *Shang Han Lun* (*Treatise on Febrile Diseases*) comprehensively summarized Zhang Zhongjing's clinical experience in the diagnosis and treatment of exogenous diseases. The book comprehensively expounded the pulse differentiation, syndrome review, treatment, prescription, and drug use rules at various stages of typhoid fever. The 'differentiation of syndromes in accordance with the theory of the six meridians' advocated by Zhang Zhongjing has become the standard of learning and applying syndrome differentiation for later doctors.

Ancient Chinese believed 'classic, 'tis of path.' *Shang Han Lun* (*Treatise on Febrile Diseases*) deeply contained Zhang Zhongjing's learning methods of intensive research and thinking: referring to classic medical works such as *Huang Di Nei Jing* (*Huangdi's Canon of Medicine*) and *Nan Jing* (*The Classic of Difficult Issues*), deeply understanding the essence of the classics, and flexibly integrating practice. This book became a must read classic for learning traditional Chinese medicine theories and practice immediately after its completion."

这段文字很有古风文采,如三个"所谓"的排仗显示出的气势,以及"经者,常也""经者,法也""经者,径也"三处古文所显示出的古韵。在翻译时,译者需要考虑如何才能传达出原作的文化身份。

在方廷钰的指导下,编者发现古风文主要是给国内读者看的,对国外读者意义不大。因此,编者将上述译文进行了修改,采用省译法保留了最主要的内容;另外,编者在初次提到人名和朝代时进行了年代加注,以方便外国读者理解接受,最后将其译为:

"*Treatise on Cold-Induced Diseases* (*Shang Han Lun*) was written by Zhang Zhongjing (c. 150-219), a 'medical sage' in the Eastern Han Dynasty (25-220). It is regarded as one of the four classics of traditional Chinese medicine. By summing up the medical achievements of his predecessors and combining his own rich clinical experience, Zhang systematically expounded the pattern differentiation and treatment of externally-contracted diseases, internal injuries and miscellaneous diseases. This book contains TCM theories, strategies, formulas and medicines. It has epoch-making significance, and it carries on the past and ushers in the future in the development history of traditional Chinese medicine.

Treatise on Cold-Induced Diseases recorded Zhang's medical experience in detail. The formulas presented in this book were after exquisite selection and research on ingredient compatibility. It clarifies indications and curative effects. Repeatedly used by practitioners through the ages, they have been valued as the 'classic formulas.'

The book comprehensively summarizes Zhang's clinical experience in diagnosis and treatment of externally-contracted diseases, and how to do pulse differentiation, analysis, prescription making, and decide medicines given to patients at various stages of the disease. 'Pattern differentiation in accordance with the theory of the six meridians' advocated by him has become the vital learning subject for practitioners of younger generation.

Treatise on Cold-Induced Diseases contains Zhang's skillful learning methods in study of classic medical works such as *Huangdi's Canon of Medicine* (*Huang*

Di Nei Jing) and *The Classic of Difficult Issues* (*Nan Jing*). He read these books thoroughly and with care, finally understood the essence of the classics, and flexibly integrated it in medical practice. As soon as his book was completed, it became a must read classic for pupils of traditional Chinese medicine."

此外,方廷钰指导译者在翻译许多中医药专业术语时,要特别注意保留其原有的民族性特色,其中,音译法就是能展示文化身份的一种常用的翻译方式。中药名称需用拼音加拉丁语,如"黄芩 *Huangqin* (*Scutellariae Radix*)""黄连 *Huanglian* (*Coptidis Rhizoma*)""柴胡 *Chaihu* (*Bupleuri Radix*)""细辛 *Xixin* (*Asari Radix et Rhizoma*)"。中药方剂名称需要用拼音,如"桂枝去桂加茯苓白术汤(*Guizhi Qu Gui Jia Fuling Baizhu* Decoction)""桂枝加芍药生姜各一两人参三两新加汤(*Guizhi Jia Shaoyao Shengjiang Geyiliang Renshen Sanliang Xinjia* Decoction)"。

综上所述,方廷钰中医翻译理念并不是全归化的,他也十分注重异化,通过在翻译中保留中医原作的文化身份,推动中医文化的国际传播。让中医药文化走向国际,就是为了更好地传播和弘扬中华民族的优秀文化和医学知识。中医翻译需要达到的功能就是给外国读者留下积极而深刻的印象,帮助他们理解和接受传统中医药文化并从中受益。编者结合方廷钰在翻译实践中的中医药文化译作的身份选择,分析总结了既有利于保留中医原作的文化,又能扩展外国民众的中医药文化知识的一些译法理念。

第三节　主体之争

中医药文化是中华优秀传统文化的代表。近年来,中医药独特的防病治病功效逐渐被诸多国家认可,我国对中医药走出去的支持力度也越来越大。随着海外对中医了解得越来越深入,很多外国译者开始翻译中医文本,使得中医翻译的主体之争逐渐受到关注。谁来翻译中医文本?以西方为主,还是以中国为主?西方人认为应由他们领跑,因为他们有语言优势。方廷钰不否认他们的优势,但一些中医术语和表述特点,西方译者因不了解中医医理,很难完全理解并将其准确译出。

方廷钰在 2019 年 5 月的广州会议上就《红楼梦》和《西游记》里有关中医的译法,举了几个例子以说明其理念。

据统计,《红楼梦》有 9 种英译本,其中涉及的医药卫生知识有 290 多处,5 万余字,使用的医学术语 161 条,描写的病例 114 种,中医病案 13 个,方剂 45 个,中药 125 种。

《红楼梦》最具代表性的译者为赫·本克拉夫特·乔利和大卫·霍克斯。乔利翻译的 *The Dream of the Red Chamber* 是第一个正式出版的英语节译本,共两卷 56 回。该译本中间无删节,较之其他《红楼梦》的节译本来说更为完整。霍克斯的则是全译本 *The Story of the Stone*。

【例 1】……每日早起,拿上等燕窝一两,冰糖五钱,用银吊子熬出粥来,要吃惯了,比药还强,最是滋阴补气的。

霍本:"First thing every morning you ought to take an ounce of the best quality bird's nest and five drams of sugar candy and heat them up in a silver skillet until they make a sort of syrup. If you were to take that regularly, it would do you more good than medicine. There's nothing like it for building you up if you have low vitality."

乔本:"... As soon as you get out of bed, every morning, take one ounce of birds' nests, of superior quality, and five mace of sugar candy and prepare congee with them in a silver kettle. When once you get into the way of taking this decoction, you will find it far more efficacious than medicines; for it possesses the highest virtue for invigorating the vagina and bracing up the physique."

这里的"滋阴补气"有两层意思,第一个是"滋阴",指滋养阴液的一种治法,适用于阴虚潮热、盗汗,或热盛伤津而见舌红、口燥等症。"补气"是中医治疗气虚证的方法,又称"益气""属补法"。气虚证常因饮食失调、年老体弱、久病所致,临床表现出脏腑功能衰退的证候。

《西游记》的英译历程始于 1895 年,至 20 世纪 80 年代达到巅峰。最初出现的主要是片段译本,最早的节译本为英国传教士李提摩太所译,全译本有英国利兹大学教授詹纳尔翻译的 Journey to the West。

【例2】头乃六阳之首，砍下即便死矣。

詹本："Your head is the chief of the Six Positives, and when it's cut off, you're dead."

中医十二经脉中，有手三阳、足三阳（阳明、太阳、少阳）六经脉，谓之六阳。六阳经脉皆聚于头部，故亦称头为六阳或六阳会首、六阳魁首。詹纳尔将六阳中的"阳"译为"Positives"。根据牛津词典，此词作为名词时有两个意思："优势"和摄影的"正片"；作为形容词时，指医学上的"阳性"反应，意思是"阳性的"，与中医所说之"阳"，差之千里，可译为"convergence of the six yang meridians"。

【例3】只是元气尽绝，得个人度他一口气便好。

詹本："Now that his own vital breath has gone someone has to give him a mouthful of air."

【例4】切脉明经络，浮沉表里是何般……

詹本："Be clear about the veins: Are they deep, shallow, external or inside..."

由上述译文可见，国外译者虽有语言优势，但他们对医古文、中国传统文化（尤其是中医药文化知识）的掌握情况是难以与中国相关专家相比的。因此，方廷钰认为中医外译的工作应由中国翻译工作者承担。这是中国发展的需要，更是由中国语言文字的特殊性决定的，因为目前其他国家没有足够的翻译人员能替中国人承担庞大的、日益增长的中医外译任务。季羡林指出："无论是从历史的长短来看，还是从翻译作品的数量来看，以及从翻译产生的影响来看，中国翻译都是世界之'最'。"从先秦的"序""庠""典客"到明清的四夷馆、同文馆，历朝历代所设置的官方翻译机构几乎从未间断，民间翻译也曾兴起三次大潮。除此之外，译者是翻译的主体，也是民族文化建构的重要参与者。中国的中医译者需要在国际中医领域有发言权。编者曾在课堂上和学生提起过这一话题，学生也很认同这一观点。

译介主体即"谁来翻译"。近年来，这一问题在中医翻译领域受到越来越多的关注。王银泉、徐鹏浩在《中医典籍译介与中医药文化国际传播模式新探》中探讨了这一问题。目前，一些中医典籍经由不同译者翻译，所拥有的译本远不止一部。以《金匮要略》为例，该著作为东汉末年医圣张仲景所著《伤寒杂病论》中论治杂病的部分，被誉为"方书之祖""医方之经""治疗杂病的典范"。迄今，《金匮要略》已有多部英译本问世，代表性的译本有许鸿源译本（*Chin Kuei You Lueh*，1983），阮继源、张光霁的汉英对照译本（*Synopsis of Prescriptions of the Golden Chamber*，2003），罗希文的大中华文库译本（*Synopsis of Prescriptions of the Golden Chamber: Jing Gui Yao Lue*，2007），宋旭明（*Sung Yuk-Ming*）的中医英语教材译本（*Understanding the Jin Gui Yao Lue: A Practical Textbook*，2009），魏迺杰和萨宾·威尔姆斯的译本（*Jing Gui Yao Lue: Essential Prescriptions of the Golden Cabinet, Translation & Commentaries*，2013）和李照国的汉英对照译本（*Essentials of the Golden Cabinet*，2017）。这些译本的出版有力地推动了《金匮要略》对外传播的步伐，为海外读者了解中医辨证论治打开了重要窗口。《金匮要略》的英译鲜少采用中外译者合作的翻译模式，而这一模式能有效保证中医典籍以不被扭曲的"姿态"走入目标读者群。一方面，我国数千年来传承下来的中医典籍浩如烟海，如果仅仅依靠国外译者，是无法满足现实需求的。同时，较之国外译者，国内译者由于其自身的语言文化背景，在源语文本理解上往往更具优势。因此，中医典籍翻译需要国内译者参与其中。另一方面，由于国内译者对目标读者阅读兴趣、阅读习惯、阅读审美、阅读期待的了解往往不及国外译者，因此，为使中医典籍译本更好地为目标读者所接受，国外译者的参与也是不可少的。中外译者相互协作，一方面能够在较大程度上确保译本的准确性和可读性，保证一定的译介规模与速度，同时可借助中外译者的知名度和被认可度提高译本的推介效果。

从翻译的社会学层面上讲，译者的主体意义更为深刻。韦努蒂认为，第二次世界大战以来，英语一直是译出最多的语言，同时是译入最少的语言。这一格局的不对等维持了英美享有政治、经济与文化等多方面的霸权。但是，翻译能释放出巨大能量，可以建构并再现异域文化。选译不同的异域文本，制定不同的翻译策略，能为异域文学、文化建立起独特的本土经典。也就是说，翻译可以塑造身份的形成。因而，通过译者主体的选择及构建，可以塑造译本的身份，确立其文化归属。

方廷钰一直主张中医要由中国人主要翻译。一方面是民族归属感，另一方面是中国人懂汉语和中国文化,容易理解自己的民族传统医药。另外,方廷钰举了文树德把翻译和考古结合在一起的例子。由于跨领域学术性过强,导致译文的受众群体非常有限,大众读者很难读懂理解其译本,反而导致中医药国际传播的困难。方廷钰指出,威斯是第一位翻译《黄帝内经·素问》的西方学者,但她是以一个史学家而非汉学家的身份翻译本书的,因此,我们不能完全用今天的眼光和要求来评价她的译本。她在对中医的理解、术语的翻译方面存在诸多问题,而国外译者往往模仿她的译法,以致"以讹传讹",影响了中医知识的正确传播。而我国译者也有短板,需学习掌握古籍翻译的原则,如学习许渊冲的一些论点,面向广大读者,要通俗易懂。中医古籍中有很多是文言文,而文言文是书面语言,老百姓日常并不用其来进行口语交流。我们的中医对外文化传播和中医英译一方面要注重理解价值,另一方面要注重应用价值。他主张多出精品,让世界听到我们的声音,要掌握中医的话语权;语言上要讲究,正确理解中医术语和掌握外语表达方法,这样才能在国际中医领域有发言权。翻译要从一个字、一句话入手,要认真对待每一个字,不懂一定要查。要了解国外中医术语的新译法,如"acupoint""meridian""tonify"已被收入国外权威词典,我们可放心使用。

我们还需从翻译动机和目的上区别国内译者和国外译者的中医译介主体。为了避免在解释译者身份及其翻译活动的性质时出现不一致,夏登山、邵有学提出积极翻译和消极翻译的区分。在积极翻译中,译者意识到文化交流的需要,主动投身于翻译事业,自发地承担起沟通源语文化和译语文化的重任,其翻译目的是个人而非官方的,源文本的选择、翻译策略的选择以及译作的去向等通常由译者自主决定。徐光启、严复的翻译也鲜明地体现了积极翻译的特点,前者在《〈几何原本〉杂议》中明确声称自己选择该书是因为其"为用至广,在此时尤所急需",而后者所译十余种著作更加系统、完整地体现了译者救国保种、自觉诉诸翻译的文化动机。而在消极翻译中,译者不是由文化需要推动,而是由雇主支配,进而从事指定的翻译活动。译者因为其翻译才能而得到雇佣,在源文本选择、翻译策略选择以及译作去向等方面都受制于雇主的需求。官方翻译机构所从事的翻译活动,不论是事务性的还是文化性的,大多属于这一类型。按照这一区分,积极翻译主要是文化性的,但文化性翻译并非都是积极的;

事务性翻译大多是消极的,但消极翻译也包括一部分文化性翻译。我们必须意识到,中医翻译活动中的消极翻译往往更多出现在国内的官方翻译活动中,积极翻译往往更多出现在国外译者由兴趣引发的自发中医翻译中。为了更好地发挥国内中医译者的主体地位,我们要特别调动其中医翻译及对外文化传播的兴趣和动机。当前中医典籍小语种译本严重缺失,数量远不及英译本。付璐在其博士论文中介绍了《本草纲目》的两个法语译本,郭小云在其硕士论文中介绍了《黄帝内经》的四个俄语译本。这些外文译本中均没有中国译者参与。为快速应对"一带一路"中医翻译人才不足的情况,中医院校可以培训专门外语学院的小语种专业师生学习中医药典籍和医古文知识。

在中医译介问题上,基于中医药文化的民族归属、理解和传承,方廷钰主张中医要由中国人主要翻译。因此,要提高中国译者的英语语言翻译水平,提升他们对中医翻译和对外文化传播的兴趣动机。

第四节　寻求合作

编者将重点介绍方廷钰倡导的中外合作翻译方法,充分发挥中外译者的长处。

习近平总书记给外文出版社外国专家回信时说:"各位专家来自不同国家,有着不同文化背景,都热爱中国、喜爱中华文化,为中国对外翻译出版事业做出了重要贡献。"他指出:"翻译是促进人类文明交流的重要工作。中国历史上佛经汉译,近代西方学术文化著作汉译,马克思主义经典翻译传播,十七、十八世纪中国文化经典在欧洲的流传,对人类文明进步产生了积极作用。"中国共产党领导人民成功走出中国式现代化道路,创造了人类文明新形态,通过准确传神的翻译介绍,让世界更好地认识新时代的中国,对推进中外文明交流互鉴很有意义。习近平总书记表示,各位专家长期在中国工作,对中国历史文化、民族特点、发展历程有着深刻的理解。希望他们继续发挥自身优势,用融通中外的语言、优秀的翻译作品讲好中国故事,引导更多外国读者读懂中国,为促进中国和世界各国交流沟通、推动构建人类命运共同体做出新贡献。

方廷钰十分重视研究国外译者的中医译作正确与否与翻译风格。例如，他研究的《素问》英译本由四位译者翻译。经过审读，方廷钰发现他们对"道""德"的翻译各有千秋，遗憾的是，也存在某些误读误译之处。于是，方廷钰尝试从以下译例进行对照分析。

【例1】从之则苛疾不起，是谓得道，道者，圣人行之，愚者佩之。

今译：顺从这个根本，就不会引发重病，这就是养生之道，对于养生之道，圣人身体力行，愚人背离逆违。

文本："If one follows them, severe disease will not emerge. This is called 'to achieve the Way.' (他本人在《上古天真论》中注释 'Way=Way of self-cultivation') As for the Way, the sages practice it, the stupid wears it [for decoration only]."

威本："Those who disobey the laws of the universe will give rise to calamities and visitations, while those who follow the laws of the universe remain free from dangerous illness for they are the ones who obtained Tao, the Right Way. Tao was practiced by the sages, and admired by the ignorant people."

李本："This is what to follow the Dao (law of nature) means. The Dao (law of nature) is followed by the sages, but violated by the foolish."

罗本："... following such laws will bring people to the safe side without contracting serious illness. Those who can follow the natural law are people knowing the Tao. The Sage behaves with the Tao, but laities behave against it."

方廷钰认为，文本把"道"译为"way"，即"Way of self-cultivation"，理解为"修身"，与原意"养生"尚有差距。威本把"道"音译为"Tao"，后面加一个补足语"the right Way"，可以理解为"规律"。李本把"道"音译为"Dao"，后加说明"law of nature（自然法则）"。罗本干脆把"道"音译为"Tao"，倒是省事，但外国读者会不知所云。而文本和李本中把"愚"字译为"the stupid"和"the foolish"。这两个是同义词，指"(action or behavior) not showing good sense or judgment"。这里的"圣人"和"愚人"指的是有学问和没有学问的人，故威本的"the ignorant people"合乎逻辑。

【例2】故合乎道,所以能皆度百岁而不衰者,以其德全不危也。

今译:所以符合养生之道,他们之所以活到百岁而行动不显老,就是他们养生之道完美无瑕,因而身体不受外邪干扰危害。

文本:"They were one with Way (作 self-cultivation 解). That by which all of them will be able to exceed a lifespan of one hundred years while their movements and activities did not weaken,［that was the fact that］their virtue was perfect and they did not meet with danger."

威本:"They are in harmony with Tao, the Right Way. Thus they could live more than one hundred years and remain active without becoming decrepit, because their virtue was perfect and never imperiled."

李本:"［Such a behavior quite］accorded with the Dao (the tenets for cultivating health). This is the reason why they all lived over one hundred years without any signs of senility. Having followed the tenets of preserving health,［they could enjoy a long life from diseases］."

罗本:"… and therefore can follow the right way of self-cultivation. That is why they could remain their vitality while they are over hundred years of age. They are the people of virtue."

方廷钰认为问题出在最后一句"以其德全不危也"。这里的"德"是指"养生之道",而非"道德",故文本、威本、罗本将其译为"virtue",显然错了。文本之错受《庄子·天地》中的"Those who stick to the Way, their virtue is perfect."的影响而误读了《素问》。此处的"危"指"不受干扰危害",文本译得比较笼统,还算符合原意;李本用"from disease"意思也到了;罗本漏译;威本的译文和原文不一样,她的译文是"because their virtue was perfect and never imperiled",她还将"德"错译为"virtue",原文应该是"身体不受危害"。

【例3】谨道如法,长有天命。

今译:按照正确的方法去做,就能健康长寿,尽享天年。

文本:"If the Way is carefully observed as the law［demands］, the mandate of heaven will last long."

威本:"If, furthermore, the people carefully follow Tao as though it were a law, theirs will be a long life."

李本:"Close abidance by such a way [of cultivating health] [will enable one to enjoy] a full natural span of life."

罗本:"Those who follow such ways of health preservation will live to their full span."

方廷钰认为这里的"道"指的是"方法",不是上面所说的"道"。文本译为大写的"Way (self-cultivation)",威本译为"law"不对,李本和罗本译为"way(方法)"是对的。《素问》里,"道"作"方法"解的不止一处。《汤液醪醴论篇第十四》中有"针者,道也"之说,解读为"针石是一种治疗方法而已"。《经脉别论篇第二十一》中也有"诊病之道"之说,解读为"诊察疾病的方法"。

【例4】非其人不教,非其真不授,是谓得道。

今译:对于那些不是有志于医学或不具备一定条件的人,切勿轻易传授,这才是爱护和珍视这门学问的正确态度。

文本:"If it is not this kind of person, do not teach hm. If it is not this kind of truth (a person with a true heart sincerely loving the medical profession) do not confer it. This is called achieving the Way."

威本:"Not to teach it to the wrong person and never to tell or act a lie is called the achievement of Tao."

李本:"But do not teach these abstruse theories to anyone not eligible or unqualified to study them. This is the right way [to pass on such valuable theories]."

罗本:"Doctors who know the Tao will only pass on this skill to those who are suitable to the study with the quintessence of the theory."

方廷钰认为这一句中的"得道"是名词,意思是"正确的态度",与"道"的原意毫无关系,属于引申意义。文本译为"achieving the Way",如果照他的"Way"的原意解释,就说不通了。威本译为"the achievement of Tao",远离原文意思。罗本只是将其音译为"Tao",没有做出任何交代。只有李本将其译为"the right way",符合原文意思。

【例5】精光之道,大圣之业,而宣明大道,非斋戒择吉日,不敢受也。

今译:精纯透彻的道理,这是伟大圣人的事业,对于这圣明的宏大理论,如果不专心修省而选择吉祥的日子,是不敢接受的。

文本:"(I have heard) the Way of the essence light, this is the achievement of the great sages. But as far as [their] great promulgation of the Great Way is concerned, if it is not after [a period of] fasting and chastity and if [I] have not selected an auspicious day, do not dare to accept it."

威本:"(I have been told) that Dao, the Right Way of essence and brightness, was the great calling of the Emperor and that he proclaimed and illustrated the great Tao; he warned those who were not pure and temperate, and he selected a lucky day when no one dared to inflict suffering."

李本:"I have heard pure and clear Dao (theory or idea). This is the foundation [based on which] the great sages [have accomplished] their cause. Such a great and enlightening Dao [theory or idea] cannot be accepted without [the ceremony of] Zhaijie (fast) and selecting an auspicious day."

罗本:"(I was told that) before accepting the Dao of great purity and the instruction from the sages, one should fast and practice self-cultivation for a few days and choose a fortunate day first."

方廷钰指出本段中的第一个"道"指"道理",第二个"道"指"理论"。文本把两个"道"都译为"Way",且没有注解,那么我们只好按原先注解解读为"Way of self-cultivation",与原文不符。威本将第一个"道"译为"Dao, the Right Way",与原文不符;将第二个"道"译为拼音"Tao",不解何意。李本将两个"道"都译为"theory or idea",符合原文意思。威本在同一段中把两个"道"分别译为"Dao"和"Tao",不知何意。罗本把两个"道"合并为一,使用拼音"Dao",含义不清;而且他在不同的篇章出现"Dao""Tao"不同体系的拼音,令人不解。

【例6】拘于鬼神者,不可与言至德。

今译:凡是迷信鬼神的人,是不可能与其谈至深的医学理论的。

文本:"If someone is in the grip of demons or spirits, it is impossible to talk to [them] about perfect virtue." (Note: "至德" is high virtue. Here it refers to medical theory.)

威本:"Those who would restrain the demons and the gods (good and evil spirits) cannot attain virtue by speaking about it."

李本:"Do not discuss medical theory with those who are superstitious."

罗本:"To those who devoutly believe in the gods and the sprit, explanation of the noblest art of healing is unnecessary."

方廷钰指出"不可与言至德"中的"德"指"医学理论"。文本虽将"德"译为"virtue",但将其注释为"medical theory",为什么不直接译为"medical theory"呢？也许和其忠于古文的翻译风格有关,这也是当前一些外国译者的译风。威本坚持将"德"译为"virtue",只是对了字,没有对上意。李本的中英文完全相符。罗本将"德"译为"art of healing（医疗技术）",离原文的意思远了点儿。

【例7】中古之世,道德稍衰,邪气时至,服之万全。

今译:到了中古时代,养生之道稍衰,因此外界邪气时常乘虚袭人,但只要服些汤液醪醴,病就可以治好了。

文本:"As for the people of middle antiquity, [their adherence to] Way and virtue had decreased, evil qi occasionally reached [into the body]. [People consumed [decoctions and they still] achieved success in a myriad case."

威本:"In medieval times, when morality deteriorated, these medicines were first taken at the time when evil influences appeared and they worked very effectively."

李本:"In the middle ancient times morality declined and Xie qi (Evil-Qi) frequently attacked [human beings and caused diseases]. [However] [these diseases] can be cured by taking [Tangye]."

罗本:"In the medieval times, virtue degenerated a bit. Therefore, pathogenic factors attacked infrequently. Decoctions and dense wines were used very effectively when necessary."

方廷钰认为本段中的"道德稍衰"意为"养生之道稍衰",所以"道德"对应的是"养身之道",而非"道德"之本意。编者在文前谈及《太平经》时,对此已有涉及。但是这四个文本的翻译均为"virtue"或"morality",从上下文和逻辑上讲不通,因为道德衰败何以引起病邪侵袭人体？

《素问》中"道""德"出现多次,篇幅所限不再赘述。但从上面的7个例子可以看出,《黄帝内经·素问》几个英译本中的"道""德"和"道德"的译法各有异同,也存在误读误译。究其原因,和汉字的一字多义有关,也和译者的古文修养有关。

改革开放40多年来,我国大批学者(不论访学还是留学)从国外学成归来,外语水平有显著的提高,而且他们对于中国的文化、古文掌握得比较好。因此,在当今倡导民族自信、文化自信的背景下,翻译的大旗应由他们扛起来。方廷钰认为中外合作是最理想的方式。他认为讨论很重要。他在指导青年教师翻译《伤寒论》时,并没有要求他们直接使用他之前出版过的字典中的术语,而是耐心地和他们讨论,以身作则地让他们看到中医翻译是要不断进步的。这也正是他一贯坚持的精益求精的作风。

中国译者有汉语语言文化的优势,外国译者有外语语言文化的优势,二者结合才能更好地关照原文内容和译文读者接受。当前中医英译的中外译者沟通相对频繁,常有国际会议交流及中外译本的相互研读学习。但是当前小语种的中医外译比较匮乏,中外译者的沟通交流合作还需加强,从而使更多优秀的中医外译作品得以问世,惠及全世界更多人,让中医翻译架起医学文化外交的桥梁。

第五节 伦理诉求

详审韦努蒂从异化翻译到因地制宜伦理的翻译理论研究,不难发现,他思考的根本问题是如何对待语言和文化之间的差异性以及如何衡量由这些差异性所带来的社会、语言及文化变革。他认为,翻译首先是文化问题,然后是社会问题,最后是伦理问题。他以此告诉我们,不能对翻译在人类文明发展史中所取得的辉煌成就视而不见。韦努蒂提倡的翻译伦理,预设了当下世界的不平等,他刻意地揭示语言、文化之间的不平等性,试图通过张扬"差异"来伸张正义。他一直思考着译者、译作的地位及身份、翻译在学术界的地位以及翻译与社会、翻译与文化、翻译与伦理的关系等诸多问题。

中医翻译难以避免文化伦理的问题。首先,过度的归化翻译虽然照顾到读者的接受需求,但很容易丢失中医文化的本质精神。例如,当前有些译者还是特别愿意借用西医的病名词汇翻译中医病名词汇,导致翻译出的译文读起来很像西医著作。一方面,中医的病症和西医病症不尽相同,代替使用并不准确;另一方面,中医著作的译文如果体现出的不是中医文化特色,而是西医文化特色,实际上是对中医药著作原文文化的一种暴力行为,是有违翻译伦理的。同理,在中医小语种翻译中,如果药材的名称直接使用目的语国家的词汇表述,也会出现这样的问题。当前有些中药被外国人率先申请了专利,成了外国药,世界卫生组织大会上,日本、韩国提出把"Traditional Chinese Medicine (TCM)"译为"Traditional Medicine (TM)",使中国的瑰宝文化"去中国化",引起中医界哗然。由此可见,中医翻译的伦理问题并不是一件小事。

方廷钰早年特别推崇归化翻译,因为当时的中医药文化传播还处于起步阶段。如果不借用西医术语及外国人更易理解接受的词汇,读者很难读懂译文的意思,也就难以达到中医药文化对外传播的目的。但是近年来,方廷钰特别强调了中医翻译的民族性原则。例如,他在指导中药方剂翻译时,特别强调使用《中国药典(2015版)》和《中国药典(2020版)》中的汉语拼音译法,涉及中西方两种医学文化元素的翻译应特别尊重现有中医翻译的民族性原则,在追求国际性的同时不忘民族性,在译文结尾在括号内标注该方剂的剂型,如"汤(decoction)""丸(pill)""散(powder)""膏(plaster)""丹(pellet)""露(distillate)"。"清开灵注射液"这样的中药方剂用异化策略下的音译法译为"Qingkailing Zhusheye (Qingkailing Injection)",而不采用归化策略下的译法"Sedative and Tranquillizing Injection"。

方廷钰在《现代化中医药术语英译的时代差异——基于近30年辞典语料库研究》中指出,任何事物的跨文化翻译与传播都受其所处的历史时代背景的影响。医学也不例外,中西医开始大规模接触、进行跨文化交流是在清朝末年。由于中西医隶属两个不同的医学体系,医药名词术语跨文化翻译注定要经历一个循序渐进的过程。西医名词术语在清末刚传入我国时,很多西医里的词汇在中医里找不到对应词,导致不少混乱译法。为达到西医名词术语汉译的统一化,我国译者起初遵循了翻译时应考虑汉语的习惯和特征的原则,而后逐渐形成了独有的规范术语体系。作为中医西传的中医英译也同样需要一个循序渐进的过程。中医进入快速发展时期是在改革开放以后,中医药产品逐渐走向国际市场,激起了中医英译的需求,中医术语英译成为这项工作中的重难点。20世纪70年代,学者们开始编写相关辞典。在中医药名词术语的英译过程中,起初是从西医中寻找对等词借用,找不到对等词的情况下,才按照约定俗成的原则进行能体现中医特色的翻译。然而,由于长期借用西医名词术语词汇,当前连国人都少有知道"肠痈"等包含传统中医文化及智慧的术语词汇。1991年在山东召开的第一次全国中医翻译大会上,有学者提出随着中医药在国际上认可度的逐渐提高,中医药术语跨文化翻译必然需要走向一种规范的民族化体系。20世纪80至90年代,中医现代化和多学科研究的发展,催生出许多现代化中医学术语,这些术语呈现多维度发展的趋势,在一定程度上增加了翻译的难度,致使一些概念和术语存在错误翻译,严重妨碍了中医药的国际交流。其翻译的重要性及准确性需求在20世纪90年代初逐渐得到译界重视。辞典译者及翻译研究者开始更多地关注术语背后的中医药文化内涵传达,趋于选择使用异化策略下的音译法和直译法。在这一思潮下,国家药典委员会编纂出版了《中国药典(2015版)》,其中中医今方名称全部采取了异化策略下的音译法。

中医药对外传播进入21世纪以后,随着西方国家逐渐了解并接受中医,更多中医英译研究者开始关注译文的准确性及文化性。一方面如文中所提,由于中西医基础理论和诊疗方法不同,现代化中医名词术语直接借用西医名词术语会出现不准确,导致所指内涵扩大或缩小,影响医疗术语正确意思的传达;另一方面,归化译法丢失了中华传统医学文化特色,使西方读者难以看到中医文化本身的魅力。对西方医学的过度崇拜和中医药文化的长期忽视,导致一些现代化中医药产品取名故意避开中医元素,甚至很多我国病人都越来越不了解、不接受中医,只知有希腊不知有伏羲。因此,现代化中医药发展过程中急需彰显中医文化,其术语英译与对外传播应突出中医特色,才能在世界长久立足。此时,异化策略翻译方法刚好能够顺应这一形势需求,但这并不是一蹴而就的。通过收集语料库,数据显示:异化策略译法的使用最早出现在几个被西方医学辞典收录的传统中医术语音译上,如"Qigong""Qi""Yin""Yang"。而后,异化策略译法大规模出现在中医药相关产品的名称上,作为专有名词音译,如中医计算机系统名称、中医令方名称。但归化策略还是普遍使用在中药成分的英译上,中医药诊疗方法及仪器名称的英译也包含很多归化译法元素。这很大程度上缘于当前中医药对外文化传播的需要。一部分中医药的基本理论概念和产品药物已被国外接受认可,还有一部分尚在磨合过程中,彻底异化翻译不利于有效介绍宣传,还有些跨学科研究领域专有名词术语的归化翻译有助于当前与国际研究前沿接轨。

当今,许多海外的中医教学、科研、治疗方面的名词术语已全面采用异化策略下的翻译。例如在澳大利亚,中医药品产品名称、中医诊疗方法理论名称和针灸穴位名称都采用音译法,并没有出现难以被接受的情况。人们对于翻译伦理的认识会随时代发展而逐渐发生变化、强化。未来,随着中医药产品全面进入国际市场,中医药对外文化传播逐渐成熟深入,中医药名词术语必将沿着异化翻译的趋势继续发展,以更凸显其民族性特色。

第六节　法律保障

在近代中医西传的过程中,有很多丢失的中医药宝贵文献和资源。例如,当前欧洲学术体系中的法国自然博物馆中存留了大量的中医药文物。"维护中国当地出土物归属""保护中医药秘方不外传"的观念,与"推动中医药文化走出国门"的观念更是形成了一种对峙。因此,在解决中医翻译文化伦理等问题上,法律是很重要的圭臬。然而,中医在中国和西医具有同等的法律地位,但西方国家的医疗管理体制与我国的医疗管理体制存在着很大的差异。例如,目前中医药在美国的合法地位还处在争论中。美国学术界、医务界、教育界对中医药的认识还处于初级阶段,在西医西药长期处于垄断地位的美国,中医无法与西医享受同等的法律地位。

方廷钰曾指出,当前中医翻译过程中存在的一些亟待解决的问题对中医翻译提出了要求,中医译者要紧跟当前中医药立法的脚步,推进中医术语标准化。

多年以来,我国对中医药英语翻译的研究方向主要集中在中医药翻译是否侧重忠于原文,以保持文化特性;或用汉语拼音表达,以忠于中医特色;或在目的语中找到对应语,以满足交际目的;或对中医术语的翻译争论不休。然而我们一直没有意识到翻译用词不当会造成法律上的不良后果。中医英译过程中,在不同国度、不同体制和不同法律文化背景下,中西医法律地位的差异也是值得翻译人员重视和研究的问题。在中医翻译及对外文化传播的过程中,译者要特别注重现有法律上的保障。当前世界各国对中医的立法不同,译者在翻译时需要学习了解不同文化下的中医翻译及对外文化传播的法律保障。方廷钰对世界各国对中医的立法做过专门的研究,发表了一些相关的论文进行推介,希望引起广大中医译者的重视。

2021年,方廷钰研究撰写了论文《〈世界卫生组织2019年传统和补充医学报告〉的解读》,指出:

> 《世界卫生组织2019年传统和补充医学报告》基于全球范围内三次调查及各会员国更新的数据,披露了全球传统和补充医学的现状,包含各会员国传统和补充医学的国家框架,草药监管情况,各国医疗服务、从业人员、教育和医疗保险情况,各会员国面临的困难挑战以及149个会员国概况五个主要部分。这份报告解决了该领域缺乏可信数据和信息的难题,为决策者、卫生技术专业人员及公众提供了有价值的参考信息。报告的中文版于2021年1月面世,本文对这份报告的背景及各部分主要内容进行了解读和梳理。报告涉及的各国传统和补充医学的法律法规及对执业者和草药产品的监管措施,为中医药更好地走向世界指引方向,有助于中医药为人类健康做出更大贡献。

2009年,方廷钰研究撰写了论文《〈传统医学决议〉是进军号角》,指出:

> 1978年,世界卫生组织通过了《阿拉木图宣言》,首次倡议各国政府把传统医学纳入初级卫生保健体系。31年来,世界传统医学不仅在发展中国家得到广泛应用,而且在发达国家中也加快了传播。正如'传统医学决议'指出的那样,近年来传统医学在全球迅速发展,并取得了积极的成果。传统医学在满足多元化的卫生需求方面体现了巨大的潜力。各国政府正在推广传统疗法,重视传统医学的立法,逐步将传

统医学纳入法制轨道,给予规范化管理,对传统医学从业人员实行注册,为他们提供执业机会。正是在这样一个历史背景下,世界卫生组织通过了敦促会员国全面发展传统医学的决议,其深远的历史和现实意义不可低估。

2008年,方廷钰研究撰写了论文《澳大利亚的〈维多利亚州中医注册法〉》,指出:

> 关于中医注册,澳大利亚没有全国性统一的立法,但是有州立法。这里介绍的是澳大利亚《维多利亚州的中医注册法》有关章节。澳大利亚维多利亚州议会于2000年通过了第18号法案——《中医注册法》,2002年12月12日生效,于2005年12月12日修订。本法分10大部分,112款,共计2万余字。这是西方中医史上第一部中医法。这部法律令中医获得了与西医相同的法律地位。

2008年,方廷钰研究撰写了论文《加拿大对针灸师的管理》,指出:

> 1998年,加拿大阿尔伯特省针灸师管理委员会制定了针灸师'执业能力标准'。在此基础上,2001年11月魁北克省、阿尔伯特省和大不列颠哥伦比亚省根据相关文件,对针灸师'执业能力标准'进行了修订并增添了新的内容。加拿大针灸师管理委员会经过审查认可后,制定了加拿大针灸师必须具备的基本知识、技术能力大纲。需要指出的是,这里的能力是指'基本'能力,也就是'初级知识',因为基本能力属于初期要求。在每个领域中,熟练的能力或进一步的能力要随着时间的推移而提高。因此,不能要求初级针灸师具备熟练的能力,但是要求基本合格。

2007年到2008年,方廷钰研究撰写了论文《南非传统医学执业管理情况简介》和《南非对传统医学执业的立法管理》,指出:

> 南非共和国位于非洲大陆最南端,人口4000多万,70%为黑人,30%为白人和其他人种,华人有20多万。南非政府为了解决多数人的医疗保健问题,解除艾滋病的困扰,对传统医学采取宽容的态度。目前南非的传统医学有顺势疗法、自然疗法、正骨疗法、芳香疗法、脊柱按摩疗法和按摩疗法、反射疗法、中医和针灸。

方廷钰在文章中结合南非的第 63 号法《卫生服务相关专业法》对南非传统医学执业管理情况进行了介绍。

由上述研究可见,方廷钰不仅对中医英译的法律保障进行了研究,还对中医在不同国家文化下的法律进行了对比分析。他沿着历史脉络,对与之相关的会议、事件、法规进行了细致、深入的整理,为我们介绍了不同国家对中医师、中药剂师、针灸师的地位认同及工作规定的法律。

方廷钰关于国外对中医立法的研究,对国内中医译者的工作意义重大。掌握了这方面的知识,译者在翻译时就可从不同国家法律法规的角度考虑译文的译法策略,如是否需要意译、是否需要添加释义,以及如何恰当地翻译表述一些跨文化差异较大的中医术语。法律是对中医原文、中医译者的规范,也是保障,因此,这是当前中医翻译者需要特别了解和重视的。

第七节　规范之路

方廷钰特别注重中医翻译的规范性。他在 2019 年武汉会议上指出,中医翻译不容易,其学科本身带来巨大挑战,译文要体现文化精神和绝对的正确性。他提出,翻译工作者要加强学习,中医译者要特别注意中医术语翻译的规范标准化问题。

方廷钰在 2020 年北京中医药大学研究生入学讲座上指出,当前翻译缺乏标准化规范化,并举了一些例子:"阳明(*Yangming*, Yang Brightness)""少阴(*Shaoyin*, Lesser Yin)""三焦(Three burners, Three Heaters, Triple Energizer, *Sanjiao*)""脏腑(Viscera, Internal Organs, *Zang-fu* Organs, Depot, Palace)"。这些一词多译现象中有很多中医翻译不规范的情况。

口语化的翻译很难达到书面语的规范标准。19 世纪西医传入我国后,有些西医术语译名很奇特,使用口语或方言翻译,如"lobe of ear(耳珠)""asthma(气紧)""epilepsy(羊吊)""glaucoma(眼珠发绿)""cataract(绿水灌瞳神)""jaundice(黄食)"。中医翻译中有很多直接借用这些西医词汇的情况,中医翻译的规范化也因此受到了影响。

方廷钰对中医翻译规范化的倡导并不局限在对中医术语的翻译上,更多体现在句子上。首先是一些四字格的翻译法。他主张采用"主语＋动词＋宾语"的形式。"情志不畅—moodiness（名词）""禀赋不足—poor born gifts（名词短语）""精神恍惚—wearing a faraway（动名词短语）""神不守舍—out of one's mind（介词短语）""热伤肺络—lung impaired by heat（名词＋过去分词）""胃气上逆—upward attack by stomach-qi（名词＋介词短语）""发散表邪—dispersing exterior pathogenic factors（动名词或分词短语）"。中医句子翻译中还有因果关系,如"血虚不孕—sterility due to deficiency of blood""寒冷损伤—injury due to cold"。另外,并列关系也很常见,如"祛风养血—expelling wind and nourishing blood"。方廷钰倡导使用规范译法,他对当前很多不够规范的译文进行了修订并说明了理由。

方廷钰还将翻译标准、翻译过程、翻译方法和策略选择相结合,探讨如何推动中医翻译的规范化。

一、翻译标准

（一）翻译的三原则

1797年,英国学者泰特勒在《翻译论的原则》(*Essay on the Principles of Translation*)中提出翻译的三原则：

第一,译文应完整地复述出原著的思想。

第二,译文的风格和笔调应与原著的特点相符。

第三,译文应和原著一样流畅。

（二）功能对等或动态对等标准

动态对等的标准是指译文的著作和原文的读者在感受上基本相同。这对中医翻译规范化具有重要意义,因为这个标准实际上就是以翻译实践的效果来检验翻译的准确性的,可以说是翻译理论的一个重大发展。奈达理论的核心概念是功能对等。所谓功能对等,是说翻译时不求文字表面的死板对应,而要在两种语言间达成功能上的对等。为使源语和目的语之间的转换有一个标准,减少差异,奈达从语言学的角度出发,根据翻译的本质,提出了著名的动态对等翻译理论,即功能对等。在这一理论中,他指出:"翻译是用最恰当、自然和对等的语言从语义到文体再现源语的信息。"奈达有关翻译的定义指明,翻译不仅是词汇意义上的对等,还包括语义、风格和文体的对等,翻译传达的信息既有表层词汇信息,也有深层的文化信息。这里的对等包括词汇对等、句法对等、篇章对等、文体对等四个方面。奈达认为,意义是最重要的,形式其次。形式很可能掩藏源语的文化意义,并阻碍文化交流。因此,在文学翻译中,根据奈达的理论,译者应以动态对等的四个方面作为翻译原则,准确地在目的语中再现源语的文化内涵。

二、翻译过程

(一)理解

广义的理解是指对作者个人、产生时代背景、内容和读者的反映。狭义的理解是指对原作文本的理解,包括语法分析、语义分析、语体分析和余篇分析。理解是翻译成功与否的主要条件,务必正确可靠。应强调双向理解,也就是对本族语和外族语两个方面做全面的理解,而不仅仅是对一种语言字面上的理解。例如,"对外开放政策(the policy of opening to the outside)",刚开始有人将其译为"the open door policy(门户开放政策)",意思是不对的,因为鸦片战争后,美国为了和欧洲、日本争夺在中国的殖民利益,提出"open door policy",这显然不是我们所说的"开放政策"。

(二)表达

表达是理解后能否成功保证译文的关键步骤,是理解深化的体现。在表达过程中,译者要经常想着读者,考虑如何用他们能够自然接受的语言,传达原作的思想和风格。理解是表达的基础,表达是理解的结果,作者要恰到好处地再现原文的思想内容和语体色彩,使译文既忠于原文,又符合目的语的语法和表达习惯,在选词用字、组词成句、组句成篇上下功夫,在技巧运用上下功夫,能直译时尽量直译,不能直译时考虑意译,灵活运用翻译技巧。

（三）核对

核对是对理解和表达质量的全面检查，即纠正错误和改正错误。优秀的译者应善于运用这一步骤。对于初学者而言，核对尤为重要。

三、翻译方法

最常见的翻译方法有直译和意译。

（一）直译

为了把原文的意思完整、正确地表达出来，基本保留原文的语言形式（词语、句子结构、修辞手法），同时译出文字明白易懂，符合语法规范。例如：

"冷战（cold war）""热线（hot line）""连锁商店（chain stores）""黑市（black market）""支柱产业（pillar industry）""交通灯（traffic light）""血浓于水（blood is thicker than water）"。

对于含义广为流传、读者较为熟悉的短语、习语等，可采用直译法。例如：

"He walked at the head of the funeral procession and every now and then wiped his crocodile tears with a bigger handkerchief（他走在送葬队伍的前面，还不时用一条大手绢抹去那鳄鱼的眼泪）.""The Senate Foreign Relations Committee today extended the olive branch to the Clinton Government by pleading for cooperation in developing foreign policy（参议院外交委员会，今天向克林顿政府伸出了橄榄枝，要求在发展外交政策上合作）.""In the court action, Alain sprang his tramp card, by calling a surprise witness（在法庭诉讼中，阿兰突然打出他的王牌——请出一位意想不到的证人）."。

英语句子结构与中文较为接近时，采用直译法更通顺自然些。例如：

"'Merry', as you may know has two meanings: happy and drunk（你可能知道，'merry'有两层意思—快乐和醉酒）.""I'll always remember Thanksgivings as the time we ate good food, sang old fashioned songs, and shared a lot of love with family and friends（我将永远记得，感恩节是我们吃美食、唱老歌以及同家人朋友分享爱的时刻）.""Although I don't visit it often now, it was once the center of my life（尽管我现在不常去那儿，但那里曾经一度是我生活的中心）."。

(二)意译

英语和汉语是两种不同的语言,有时,译者采用直译法行不通。在这种情况下,译者应想办法摆脱原文的句子结构,用不同的汉语形式来表达原文的意思。为此,译者必须吃透原文的意思,在正确理解原文的基础上重新遣词造句,把原文的意思表达出来,这就是意译。

由于意译法可供译者自主发挥的空间较大,中医翻译的意译法是否能够使用得当,对中医翻译规范化具有决定性作用。中医译者选择何时采用意译法要有所依据。奈达提出了意译的五个条件:

第一,直译会导致意义上的错误时。

第二,引入外来语形成语义空白,读者可能填入错误的意义时。

第三,形式对等引起严重的意义晦涩时。

第四,形式对等引起作者原意所没有的歧义时。

第五,形式对等违反目的语的语法或文体规范时。

英汉两个民族在历史渊源、文化传统、风俗习惯、地理环境等方面存在差异,这种差异会反映在语言表达上。译者在翻译时应不拘于原文的语法结构,根据汉语的语言习惯加以调整,使意思得到较为完整的转换。意译的几种情况:

(1)英语和汉语的语义表达有较大差异,需根据汉语习惯进行表达,以防止违反文化习惯。例如,"It rains cats and dogs (大雨滂沱)."。

(2)英译汉时能找到汉语的对等含义,但是语义有所差异,此时,可按照汉语语言习惯表达。例如,"Where there is a will, there is a way (有志者事竟成)."。

(3)根据上下文语境,对有些词汇、句式做适当调整转换。例如,"First, Christmas takes you out of the ordinary routine of life (首先,圣诞节使你摆脱日常生活的轨道)."。

当然,直译和意译并不是绝对独立的,有些句子需直译和意译相结合,综合处理。例如:

原文:"But a broader or more generous, certainly more philosophical view is held by those scientists, who claim that the evidence of a war instinct in men is incomplete and misleading, and man does have within him the power of abolishing war."

这个句子的主句部分可采用意译法,从句部分采用直译法。

译文：有些科学家的观点更开阔，更富有普遍性和哲理性。他们指出，有关人类战争的本能证据尚不完全，而且容易引起误解，事实上，人类自身具有消除战争的能力。

此外，归化与异化是翻译中常面临的两种选择。所谓归化，是指在翻译过程中尽可能用本民族的方式去表现外来的作品；异化则相反，认为既然是翻译，就得译出外国味儿。钱锺书相应地称这两种情形为汉化与欧化。

归化和异化，一个要求接近读者，一个要求接近作者，具有较强的界定性。相比之下，直译和意译比较偏重形式上的自由与否。有的译者把归化等同于意译，把异化等同于直译，这样做其实不够科学。两对术语相比，归化和异化涉及更多的是有关文化的问题，即是否要保持原作洋味的问题。

（三）归化

归化是指翻译上恪守本族文化的语言传统，回归地道的本族语言表达方法。译者应向目的语读者靠拢，让作者靠近读者，如将"went angrily（发怒而去）"译为"拂袖而去"。鲁迅说："世界上没有完全归化的译文，倘有，就是貌合神离，从严辨别起来，它算不得翻译。"用具有译语色彩的词语来翻译源语词句，适当归化的好处是能使译文读起来地道生动。

翻译成语或典故时，可采用归化的方法。例如，"cry up wine and sell vinegar（挂羊头卖狗肉）""live a dog's life（过牛马一样的生活）""seek a hare in hen's nest（缘木求鱼）"。

方廷钰让大家在翻译中体会二者的关系：

异化保留原来的语言风味，这样的翻译内容新颖，但没有归化后容易理解。

原文："She could not desert Tara she belonged to the red acres far more than they could ever belong to her."

译文：她不会放弃塔拉；她属于这些红土地，远比它们属于她更加真实。

上述译文是按照原文的句法结构把"far more than..."译为"远比它们属于她更加真实"，语言表达较生硬，意思不明确，让读者难理解。因此，用归化法将其译为"她不能放弃塔拉，这块红土地是属于她的，而她更是永远属于这块红土地。"似乎更合适。

原文:"Thus I got into my bones the essential structure of the ordinary English sentence—which is a noble thing."

译文:就这样,普通英语句子的基本结构便深入到我的骨髓里——这可是件了不起的事。

"get something into one's bones"意思是"牢固掌握",如果这样归化翻译就舍弃了原文的形象语言,显不出原文的味道。译者用异化法将其译为"深入到我的骨髓里"很生动。

原文:"High buildings and large mansions are springing up like mushrooms in Beijing."

译文:在北京,高楼大厦犹如雨后春笋般涌现。

将"like mushrooms"译为"雨后春笋"符合我国的地貌风情和语言表达习惯。如果采用异化译法将其译为"犹如蘑菇般",虽体现了原文的风格,但会让我国读者难以接受。

异化是让读者向作者靠拢。异化翻译的前提是文化的差异性,它有如下作用:

(1)有助于读者扩大文化视野,获得知识和启迪。英语中很多说法形象生动,寓意深刻,表达独特。例如:

原文:"I got into my bones the essential structure of the ordinary English sentence."

(异化)译文:普通英语句子的基本结构深入我的骨髓。

(归化)译文:我牢固地掌握了普通英语句子的基本结构。

(2)有助于读者更好地比较两国文化,增强对源语文化的理解,促进文化交流。两国文化中的语言形象,有的形义对应,如"all the rivers run into the sea, yet the sea is not full"译为"百川归海,而海不盈";有的形义不对应,如"狼吞虎咽"译为"eat like a horse","笑掉牙齿"译为"laugh off one's head"。

(3)极大地丰富了译入国的语言。一方面,许多英语表达传入我国后被我们接受并广泛流传,甚至被认为是我国本土化的语言,如"dark horse(黑马)""flea market(跳蚤市场)""a stick-and-carrot policy(大棒加胡萝卜政策)"。另一方面,一些中国式表达进入英语国家后,也成为约定俗成的习语,如"旧瓶装新酒(new wine in old bottles)""君子协定(gentleman's agreement)"。

原文:"Rome was not built in a day."

(归化)译文:冰冻三尺,非一日之寒。

(异化)译文:罗马不是一天建成的。

同样反过来:

原文:冰冻三尺,非一日之寒。

(归化)译文:"The thick ice is not formed in a day."

(异化)译文:"Rome was not built in a day."

有些异化表达方式经不起长时期的实践检验,如"英特纳雄耐尔(international)""德律风(telephone)""德谟克拉西(democracy)""赛因斯(science)""布尔乔亚(bourgeois)"。异化词在汉语里盛行一时,但是逐渐归化为"国际""电话""民主""科学""资产阶级"。极端异化得来的词往往缺乏生命力。

异化归化兼容:归化消除了英语读者的理解障碍,提高了他们对中国文化的接受度。异化提高了译文的充分性,为传播中国文化起到应有的作用。翻译要融入英语世界,同时保有相当的中国元素。林语堂将"君君臣臣父父子子"译为"the Doctrine of Social Status"(异化),将"坐吃山空"译为"sit and eat and do nothing, even a fortune as big as a mountain will vanish"(异化),将"圣人不死,大盗不止"译为"Sages no dead, robbers no end"(归化),将"好好学习,天天向上"译为"good good study, up up every day"(归化)。

以上部分例子虽未涉及具体的中医英语翻译问题,但能给中医翻译及相关教学带来一些启示。方廷钰认为中医译者最重要的素养是英语翻译能力。对英汉翻译基础的学习犹如达·芬奇学画鸡蛋的过程,在培养中医英译人才的过程中是必不可少的。同时,我们能感受到,方廷钰为中医翻译寻找的规范之路不仅在术语翻译中,也在句子翻译中。他还从翻译标准、翻译过程、翻译方法和策略选择多维度探讨中医翻译规范化的方法路径。这些都给我们带来了重要的启示。

第八节 统一之路

方廷钰一直致力于推动中医翻译的标准统一化。实际上，2018年，他在世界中联翻译专业委员会成立十周年暨第十届学术年会上就做了《从西医名词术语统一谈中医名词术语标准化》的报告，从近代西医东渐的历史入手，介绍了西医学名词的命名原则。随着西方医学译著大量涌现，一词多译的现象随之产生。随着大批留学生回国，医学名词统一被提上日程。1915年相继成立了中华医学会和中华民国医药学会，这些学会承担起医学名词统一工作。1916年成立了医学名词审查会，从1917年到1927年，名词委员会举行了13次会议，出版了《医学词汇》《汉英医学字典》和《医学名词汇编》等辞书，为西医名词术语统一和西医教育的推广打下了坚实的基础。新中国成立后，由于医学领域新理论、新概念、新技术不断涌现，新的医学名词也相应产生，为了适应医学科学技术和教育的发展，卫生部于20世纪80年代组织全国上百人的专家队伍，集中几年时间编写了译文统一的医学大词典，分成汉英、汉法、汉德、汉日和汉俄等五部大型医学词典。

方廷钰认为，中医名词术语统一可以借鉴西医名词术语译文的统一经验。

方廷钰专门研究了中医名词术语标准化工作的历史脉络，重点关注了一些中外译家。例如，明朝末年的波兰神父卜弥格致远翻译了王叔和的《脉经》，但是后来的中医译本很少出现。詹姆士·赫德圣（伦敦教会）深入研究中医典籍，在1864年做学术报告时，概括了《医宗金鉴》的成就。还有一些是对中医研究的零零星星的史料。

20世纪中期，首先在北京、南京、上海和成都建立了四所中医学院，随后世卫组织的三个针灸培训中心落户中国，在往后的十年中，1000多名来自120国家和地区的外国学生参加了培训。中医的国际传播逐渐展开，1987年，中国中医研究院主编的《中国针灸学》被译为多种文字，成为国外学生学习中医和针灸的教科书。

随着中医著作外译需求的增加，1980年北京医学院出版了由谢竹藩和黄孝楷主编的《英汉常用中医药词汇》。该书共分八章，收录2500多条词目，涵盖了中医基础理论、病因病机、诊断、辩证、治则治法、药物等。这是新中国成立以后第一部汉英中医药术语的词书,具有开创性意义。

随后,谢竹藩教授总结了前人的经验,编写了《新编汉英中医药分类词典》,于 1994 年在外文出版社出版。他受命国家中医药管理局,开展"中医药名词术语标准化研究"。在此基础上,他于 2002 年出版了《英汉常用中医药词汇》修订本,收录 7000 多条词目,包括中医基础理论、诊断学、治疗学、临床各科和医史五大类。

方廷钰认为中医翻译的标准化制定具有迫切性。没有统一标准、统一规范的学科不是一个成熟的学科。可是当前中医药学名词术语英译的标准化师出多门,世界卫生组织西太区于 2007 年出版了《WHO 西太平洋地区传统医学名词术语国际标准》(*WHO International Standard Terminologies on Traditional Medicine in the Western Pacific Region*)。世界中联于 2008 年出版了《中医基本名词术语中英文对照国际标准》。

但是中医翻译界各自为政的现象很严重,译文的随意性很大,特别一些中医基础名词的译名至今不能统一。例如,"脏腑"译为"viscera and bowels""*zang-fu*""internal organs""depot""palace";"督脉"译为"*Du* Channel""Governor Vessel""*Du Mai*";"三焦"译为"*Sanjiao*""three burners""three heaters""triple energizer"。至于病名,也有多种译法,如"消渴"译为"wasting thirst""*Xiaoke*""diabetes""wasting-thirst disorder""consumptive thirst"。

尽管国家名词委所属中医药名词审定委员会、世界中联和国际标准化组织(ISO)所属的中医药技术委员会(ISO/TC249)发布了英译标准,但国内外的中医药翻译家对此并不完全认同,严重影响了中医药的国际传播和教育。有的学校派出的讲学老师对同一术语采用不同的译法,结果出现"上一堂课是这么译的,下一堂课又出现另一译法"的情况,学生无所适从,难以理解。

就此,方廷钰提出了一些推进中医翻译统一标准的建议和措施。他指出,由于中医药典籍中的语句文化意蕴深远,不同译者对其进行翻译时常有不同考量,这导致了一词多译现象的普遍出现。当前国内外大规模研究中医翻译标准的时间较短,还难以达到规范。西医名词术语的统一已历经 100 多年,看来达成共识需要时间,所以中医名词术语的标准化是无法一朝一夕能完成的。只有大量译著出现后,经过专家和读者的检验,最终方可达成共识。根据历史经验,民间组织应该发挥重要作用,但主导者应该是国家机构,西医名词术语统一由国家卫计委起主导作用,中医名词术语标准化可由科技部名词委或国家中医药管理局主导,集中全国的财力人力,分期分批制定标准化术语英译,供翻译界使用。方廷钰指出,制定过程中应听取国外专家的意见,吸收合理的意见。

由此可见,中医翻译统一标准的建立意义重大。方廷钰的著作和译作为加快这一进程添砖加瓦。

第九节　学科建设

方廷钰非常关注中医药外语的学科建设,尤其是中医翻译方向。他结合自己的实践经验,总结出以下非文学翻译的特点:

(1)了解翻译的目的、原文和译文的读者。

(2)准确无误地重现原文所反映的客观事实。

(3)意思连贯,数字没有前后矛盾,推理没有前后矛盾,发现矛盾时应检查是译者理解错误、表达错误,还是原文存在错误。

(4)语言准确,句子表达严密。

(5)意思明确,没有歧义;若作者无意中造成歧义,应通过语篇内外知识消除歧义。

(6)若发现原文有错误,应视情况纠正或指出。

(7)对原文的删节应不损害原文基本信息的准确性。

(8)反复核对,保证意思准确。

(9)语言朴实:句子符合语法规范,词语搭配准确,不追求新奇的表达方法。

(10)简洁明了:直截了当,不说客套话、废话,不绕弯子,讲究遣词造句,不啰唆。

(11)尽量用短句,便于理解。

（12）翻译比喻要传达基本意思,不宜使用比喻、拟人、夸张等修辞法。

（13）文风要朴实,对浮夸的原文进行改写或重写。

他还总结出以下几点中医翻译的不易之处：

（1）学科本身带来的巨大挑战。

（2）目的语的掌握能力。

（3）体现文化精神。

（4）绝对的正确性。

（5）原文质量差。

方廷钰编写了多部重要的中医英语及双语教材、辞典和专著,通过自己的学术成果助力学科建设。例如,他在《中医英语300句》中不仅翻译了中医、经络、针灸、推拿、方剂及临床各科的句子,还通过翻译技巧、词汇、语法分析,让学生知道如何才能正确并符合英语习惯地翻译中医。《中医英语300句》虽为中医翻译专著,但注重教授学生方法,而不只是告诉他们术语的翻译结果。方廷钰充分认识到,学生应该通过学习例句的译文及译法解释,更好地掌握基本的中医翻译技能。

同时,他十分关注不同种类形式的翻译,主要有中医笔译和口译能力的培养。他在《中医翻译导论讲稿》中分类别总结了这些重要内容,并在授课时将其介绍给学生。在中医翻译类课程中关注这两部分内容,并对学生进行分类培训是十分重要的。

一、笔译

笔译是指不同语言之间的书面交际,通过文字符号把一种语言转换成另一种语言。与口译不同,笔译的交际对象可以是明确的,也可以是不明确的。一般来说,应用性文本(包括商务、法律、科技类)的读者对象是比较明确的,而文学文本的读者对象相对模糊,翻译理论探讨以笔译为主。

二、口译

口译的特点是转瞬即逝。口译的对象明确,标准是准确、通顺、及时。口译主要分为以下几类。

（一）同声传译

同声传译和发言人的讲话几乎同时进行，一般先后相差半句话到一句话。第二次世界大战结束后，在纽伦堡国际军事法庭上审讯欧洲战犯时开始采用同声传译，至今已有 70 多年的历史。当时采用英、法、德、俄四种语言，如果连续翻译，要用三倍时间。在 1952 年北京召开的亚洲太平洋区域和平会议上，我国开始使用同声传译，采用中、英、法、西、俄五种语言。同声传译是对人的心理、生理和自身能力的极大挑战，译者耳、脑、口并用，精神处于高度紧张状态。同声传译一般没有条件去借助表情、手势等辅助手段，声音是唯一的承载工具，通过适当的抑、扬、顿、挫，使译文清楚易懂、悦耳动听。同声传译对译者的身体消耗是比较大的，无论能力高低，"multi-tasking" 对大脑负荷都很大，译者还面临着心理压力、临场应变等问题。每次同声传译进行的时间不宜太长，要多名译者替换翻译。

（二）交替传译

交替传译也称为即席翻译或连续翻译，是指发言者讲 5～10 分钟，译者翻译。优点是翻译较为正确、完整，缺点是占时过多。

（三）学术口译

口译中还有一种叫学术口译。其特点是专业性强、时间性强。学术口译是一种较高层次的翻译，要求高，强度大。译者要做好译前准备。专业知识比语言知识更重要，外行或缺乏准备是译不好的。

从内容上看，中医药翻译属于非文学翻译。非文学翻译的标准为"信（faithfulness）""达（expressiveness）""雅（elegance）"或"切（closeness—the style of the origins）"。中医药翻译错误可能导致严重的后果，因而中医药口译的难度会更大，更需要译者加强专业学习和训练。

当今中医药学术交流频繁，对口译及笔译的需求量越来越大。方廷钰关注到这一点，在《中医国际学术会议译前准备的方式与作用》中指出了此方向人才培养的方法：中医国际学术会议中的源语因信息密度极高，对同声传译译者的听力与分析精力、语言产出精力、短期记忆精力均提出了额外需求。译前准备应以降低各项工作精力为导向。长期准备主要通过构建中医知识体系、在知识场中熟悉术语、积累中医笔译经验、熟读中医经典来降低源语的陌生度,减轻听辨压力,支撑译者灵活产出译语。会前准备是面向具体会议的更有针对性的集中准备,目的在于提前掌握传译难点,寻找对策,降低语言产出精力负荷。

在被问到与中医、医古文老师合作培养人才、师资的问题时,方廷钰肯定了跨专业能起到帮助理解中医的作用,也提出可以和外国语大学合作,鼓励外语硕士生和博士生进修中医。实际上,随着"中医热"在海外持续升温,这一人才培养方式已被提上日程,如北京外国语大学有法语博士专门研究中医西传,尤其是在法国及其他欧洲国家的传播情况,还与北京中医药大学的师生分享了自己的研究成果。方廷钰能够做出这样判断,是基于他对当前国家"一带一路"倡议的分析以及他对中医药翻译现状的研究。

方廷钰曾在中医翻译导论课上提出,中医药系统外译的历史较短(也就100多年),翻译版本主要为英语。哈佛大学燕京图书馆收藏了一部出版于20世纪30年代有关中医基础理论书籍的英译本。1925年至2003年,《素问》出现了九个译本。李约瑟的《中国科技史》涉及部分中医药内容,但过于零散,没有形成全面系统的中医药概念。20世纪50年代初,为推广针灸,我国首次出版了《中国针灸学》英译本,但该书只局限于针灸,初版译文并不理想,但它使用了一个关键词"point(穴位)",这是从英语借用的词,国际上接受了这个词。后来出现的"acupoint"则是根据构词法衍生的词,这个词最初未被收入英语词典,但最近被收入多兰士医学词典。多少年来,《中国针灸学(英文版)》(后来还出版了法文版、西文版等)一直是不少外国人学习针灸的教科书,目前已经过第三次修订。20世纪80年代,随着改革开放和中医药逐步走向世界,国内外学者翻译和撰写的词典、专著和教材增多了,其中包括中医基础、中医临床、中药、方剂、针灸、气功、养生、美容等,语种既有英、法、德、西、俄等大语种,也有日、韩、荷兰、波兰、瑞典、芬兰等小语种。中医药翻译历史较短,翻译人员的学术、语言水平差异较大,使得中医药名词术语翻译尚未达成统一,仍旧各说各的,一个名词出现多种译法,错译、误译也不在少数,这妨碍了中医药的传播和交流。为了使外界对中医药有正确、全面的了解,实现国内外正常传播和交流,提高译者的中医英译水平刻不容缓。译者应该重视中医翻译的基础工作,把原本高深的中医知识以受众易懂的通俗外语表达出来。

方廷钰曾在中医翻译导论课上提出中医药小语种翻译的重要性。在一次针对"一带一路"中医对外文化翻译传播人才培养的采访中，他专门提出：当前中医小语种翻译人才过于稀缺，导致中医小语种译本严重缺失，数量远不及英译本，中医翻译的小语种教材也严重缺失。由于中医院校小语种专业教学不足，为快速应对"一带一路"中医翻译人才不足的情况，国家可以组织专门外语学院的小语种专业师生学习中医药和医古文知识。课程教学要抓住"一带一路"倡议下的中医药对外文化传播实践机遇，加强真实情景下的口笔译实务辅导，组织并指导学生参与中医药相关对外交流的翻译服务。以知促行、以行求知，对于中医英译及中医小语种翻译的学习和提高都非常重要。这首先需要授课教师多方了解"一带一路"倡议下中医翻译服务的实际需求，为学生寻找实务锻炼机会，如中医对外诊疗、中医国际学术交流论坛、中医药对外文化展览、制作介绍产品药品国际宣传片的翻译工作。中医对外诊疗和中医国际学术交流论坛可以为学生提供口译实践的机会。有条件的学校可以组织学生到"一带一路"沿线的中医药对外交流合作示范基地参观学习，参与志愿服务，定期实习，从而更有针对性地进行口笔译的实践训练。中医药对外文化展览和国际宣传片翻译能够给学生提供很好的笔译实践锻炼机会。疫情防控期间，可组织学生搭建中医药的海外展示网络平台，帮助学生更好地巩固所学的中医翻译知识，提升学生的中医翻译应用能力；还可以帮助更多外国友人了解中医文化，助力"一带一路"倡议下中医药的海外传播工作。在实践指导中，教师要努力找到课堂教学中的不足，以便有针对性地予以改进、完善。在实践学习中，学生会遇到很多课堂上及自主学习时难以发现的问题，要通过和老师、同学们分析问题、探讨译法策略，及时解决这些问题，有效弥补课堂学习的不足。

方廷钰特别关注中医药外语学科相关的课程教育情况。他积极参与中医双语教材及课程建设，2019年担任北京中医药大学中医双语师资培训班的主讲教师。他于《中医诊断学（双语）课程教学模式的研究与实践》一文中，在分析中医院校中医课程双语教学的背景及目标的基础上，从理论基础、教学目标、操作规程、实现条件、教学评价方法和标准五个方面阐述了建立的"中医诊断学（双语）"课程教学模式，介绍了在两轮教学实践的基础上，通过学生对本门课程的网上评价、心得体会及与同期用中文讲授中医诊断学班级的期末统考成绩的比较结果,验证了该教学模式具有良好的教学效果,受到学生好评。方廷钰对于海外中医药高等教育也很有兴趣,对北美、欧洲、拉美、大洋洲、亚洲的中医高等教育都进行过调查研究。他在《海外中医药高等教育的现状分析和对策》中指出西方对中医的研究日益深入,愈来愈多的西方学生要求在正规的西方高等院校内学习中医,这与过去单科的针灸教育完全不同。目前,海外中医教育向高层次发展,课程包括中医基础理论、中药学、方剂学、古典医著、经络学、针灸、拔罐、推拿、气功、太极拳和西医学基础知识。

方廷钰在接受访谈时提到的中医翻译学习的动机和方法,对学科建设也有重要启示。由此可见,方廷钰对中医药外语学科的建设,尤其是中医翻译人才培养的理念主要是从翻译难点入手,关注中医英语口笔译教育、小语种翻译教育、中医双语教育和海外中医药高等教育,结合自身经历来探讨中医翻译教材建设和人才、师资培养。

第十节　学科发展

中医翻译学科归根结底还是隶属于翻译学科的,因此,其学科发展注定离不开翻译学科的整体发展情况。翻译是一种跨语言、跨文化的信息与情感交流过程。它通过把一种语言(即源语 source language,SL)表达的信息,用另一种语言即译语(target language,TL)再现出来的方式,帮助译语使用者了解原作者想要传达的信息内容,并获得与源语使用者大致相同的感受,以达到帮助不同语言的交际者进行信息与情感交流的目的。对于中医翻译的学科发展,方廷钰在其中医翻译导论讲稿中是从史学的视角进行透视的。

他首先谈及西方翻译发展史的六个阶段。

(1) 公元前 4 世纪末,希腊文学(戏剧)被译为拉丁语,介绍到罗马。

(2) 罗马帝国后期到中世纪初期,用希伯来语和希腊语写成的《圣经》被译为拉丁语和其他语言。

(3) 11 至 12 世纪,西方翻译家云集西班牙,把大批作品从阿拉伯语译为拉丁语。

（4）14 至 16 世纪，翻译活动深入思想、政治、哲学、文学、宗教等领域，民族语言翻译开始兴旺。

（5）17 世纪下半叶到 20 世纪上半叶，大量古典、近现代作品得以翻译。

（6）第二次世界大战以来，出现职业翻译、翻译教育、翻译机器。这对当今的中医翻译有所影响，如中药名称使用拉丁语翻译，中医翻译教育受到越来越多的重视，中医机译 App 功能也逐渐发展完善。方廷钰还提到《圣经》翻译是西方翻译的一条主线。公元前 285 至 249 年，72 名犹太学者聚集在埃及的亚历山大图书馆，将希伯来文的《旧约》(*Old Testament*)译为希腊语，称作《七十子希腊文本》。它立足于正确、照字面直译、措辞生硬，此后成了"第二原本"，有时取代希伯来语文本。随后《圣经》被译为拉丁语、斯拉夫语和阿拉伯语译本。《新约圣经》是用叙利亚语和拉丁语翻译的，后来为适应基督徒需要，被译为科普特语、爱埃塞俄比亚语、哥特语、格鲁吉亚语和亚美尼亚语。早期的《圣经》翻译均有"重词句，轻神理"的倾向。公元 384 年，哲罗姆受罗马教皇委托，主译了拉丁语版本的《圣经》，即《通行本圣经》，其基础是《七十子希腊文本》和希伯来语《旧约》。这是受罗马天主教承认的唯一标准《圣经》译本（基本还是直译本）。此后又有西班牙语、英语译本。影响最大的是 16 世纪西欧马丁·路德翻译的《新约》和《旧约》，用通俗易懂的德语翻译，被称为第一部民众的《圣经》。威廉·廷代尔首次把《新约》译为现代英语，17 世纪被当作钦定本的主要参考书。1934 年出版了《新约》修订本。这与《黄帝内经》翻译作为中医翻译的主线有异曲同工之妙。

而后，方廷钰讲到了中国翻译史。中国历史上有东夷、南蛮、西戎、北狄的记载，"货币不通，语言不达"。最早关于翻译活动的记载见于《周礼》。《礼记》载："五万之民，言语不通，嗜欲不通，达其志，通其欲，东方曰寄，南方曰象，西方曰狄，北方曰译。"寄意为传，象意为仿，狄意为知，译意为易。汉世多事北方，所以四者统称为"译"。后与"翻"字连用，这就是"翻译"一词的由来。中国的口译早就存在，文字翻译始于先秦时期的诗歌翻译——《越人歌》。中国的翻译史分期尚无定论，大概分为四期。

（1）古代：东汉到宋的佛经翻译。

(2) 近代：明末清初的科技翻译，鸦片战争后的西学翻译。

(3) 现代：五四运动前后到 1949 年。

(4) 当代：始于 1949 年。

方廷钰提到了不同阶段中出现的外来僧人佛经译者、明末清初来华传教士译者，这与当今中医翻译的外国译者身份和翻译思路类似。他还提到近代派遣留学生之类的文化交流，因为一个民族的文化往往是各种文化的汇聚和交融，世界上没有一种文化不受外来文化的影响。在跨文化交流过程中，涌现了一大批翻译家，他们提出了一些翻译理论并进行了很多翻译实践活动。这些对中医翻译理论的形成有着巨大的影响。方廷钰还研究了历史上的翻译机构以及清代的翻译考试，这些对中医翻译教育和考试具有启发意义。

对于中医翻译的史学发展，方廷钰还将其按照时间和不同国别进行了分类研究。

(1) 中朝：514 年，针灸传入朝鲜。朝鲜医书《百济新集方》被收入《肘后方》的方剂。隋唐时期，朝鲜送来 8000 名留学生。《伤寒论》《千金方》《诸病源候论》《外台秘要》被传至朝鲜。《本草经集注》中有人参、五味子等药物来自高丽。两宋时期，中朝交流达高潮，《太平圣惠方》《神医普救方》《难经》等传至朝鲜。1093 年，朝鲜送来《黄帝针经》八卷，国内已无，宋朝重刻。

(2) 中日：562 年，知聪携带《明堂图》等中医书 164 卷赴日，开始交流。630 年、645 年，日本遣使赴唐，带回中医医经。日本医生必读的《甲乙经》《脉经》《针经》《脉诀》等就是从中国带至日本的中国医经的一部分。754 年，鉴真到达日本，在日本讲医学。宋金时期，日本以中国医学为蓝本出版了《顿医抄》《万安方》等。1487 年至 1498 年，日本田代三喜在华学医，崇尚李杲、朱丹溪，倡导李、朱学说。曲直濑道三写《启迪集》，发挥李、朱学说。1606 年，《本草纲目》传至日本，即印行。

(3) 中印：佛经中的四大致病因素：地、水、火、风，不调即病。《千金要方》载天竺按摩法，《外台秘要》载金针拨障术，《肘后方》内有印度药物。据《隋书》记载，译为汉语的印度医书有 11 种。

(4) 中阿：公元 2 世纪，丝绸之路起，阿富汗僧人译《胞胎经》。518 年，梁朝波斯药物进入中国。7 世纪，大食（阿拉伯帝国）来唐，献龙脑香，后有乳香、犀牛、血竭、木香等。阿拉伯医生阿维森纳撰写的《医典》中有《脉经》的资料。宋金时期,药物交流更多。

(5)中国和东南亚:两宋时期,我国从东南亚进口药物,以香料药物为主,如乳香、沉香、檀香、木香、茴香、丁香、安息香;从泉州进口江海乳香;从印尼进口胡椒;从吉普寨、马来半岛、缅甸进口象牙、犀角、玳瑁、龙脑。1402年至1533年,郑和下西洋,途经波斯湾、非洲东岸,船队27000人,有医生进行医学交流。《医学入门》于明清时期传至越南。

(6)中欧:明清时期,大量中欧医书传入我国,邓玉函译《泰西人身说概》《人身图说》。中医书籍译为西方文字的有1656年的《中国植物志》(拉丁语)。

方廷钰提到了当代译家对中医翻译学科发展起重要作用的译著。

(1)文树德:《黄帝内经·素问》《难经》《本草史》《中医伦理学》《中国医学思想史》。

(2)Giovanni Maciocia: *Tongue Diagnosis in Chinese Medicine, Diagnosis in Chinese Medicine, The Practice of Chinese Medicine, The Foundations of Chinese Medicine, The Channels and Acupuncture, Obstetrics and Gynecology in Chinese.*

(3)Nigel Wiseman: *Foundations of Chinese Acupuncture, A Practical Dictionary of Chinese Medicine, Shang Han Lun: On Cold Damage, Instruction to English Terminology of Chinese Medicine,*《英汉汉英中医词典》《中医文法译与词汇》《英文中医词汇入门》。

(4)Dan Bansky: *Chinese Herbal Medicine: Materia Medica, Chinese Herbal Medicine, Formulas and Strategies.*

(5)杨洁德:*Shanghanlun Explained by Grate Yang, Quaint Old Quilt, Shanghanlun Formulae, Wenbingxue Formulae.*

(6)谢竹藩:《打开中医之门:针对西方读者的中医导论》《中医药常用名词术语英译》《实用中药学》。

(7)李照国:《中医基本名词术语》《熵化、耗散、重构、汉英翻译法探微》《中医英语翻译技巧问难》《养心札记》《简明汉英〈黄帝内经〉词典》《黄帝内经》以及《灵枢》(1~3)、《汉英对照中医外治常见病图解》。

方廷钰深入思考中医翻译学科的困难、发展和进程。中医翻译学科的发展会随着中医药对外传播的接受度而不断推进。方廷钰指出的一条重要理念就是中医翻译学科的发展要满足不同时代的具体需求。在全球一体化的背景下,中医学逐渐从民族走向世界,开始了其国际化之路。在这一过程中必将借助英语这一流行度最高的语言工具,以求克服语言文化方面的障碍,依托中医英译而发展,二者相辅相成并相互促进。中医英译的重点也由广而范向精而深的层面发展转变,以满足外国人对中医进行更深层次的学习和理解。由于中西医有着不同的理论体系,中医英译的突破点在于中医经典的翻译,如何能在英语文化背景下尽可能地还原各中医经典著作的精髓,是中医译者面临的最大挑战。

对此,方廷钰近年专门研究了很多中医经典的翻译,尤其是作为中医家之宗的《黄帝内经》的翻译。《黄帝内经》的核心观念是中医理论的基石,贯穿中医理论的全部,是中医传承和延续的关键,保障了中医理论发展、创新而不离其本。方廷钰撰写并发表了多篇与《黄帝内经》翻译相关的论文,如《评〈黄帝内经·素问〉第一部英译本》。他全面探讨了威斯对中医在西方传播的贡献、其采用的翻译策略、译文的成功之处,同时实事求是地指出其误读误译之处及其后果,分析了产生的原因,以便让读者全面了解《黄帝内经·素问》第一部英译本。方廷钰在《〈黄帝内经〉"百"字英译探析》一文中特别指出,中医语言具有显著的模糊性特征,不同译者的理解会导致译文存在巨大差异。方廷钰在《〈黄帝内经·素问〉中"道""德"的翻译讨论》一文中选取四位中外英语译者的译文,对其中"道""德""道德"的翻译进行对比,发现四位译者的翻译有很多可圈可点之处,但存在误读误译现象。他在译文对比的同时提出了修正意见,继而探讨了中医典籍翻译的策略。在《中医典籍翻译以"信"为首——以〈黄帝内经〉为例》一文中,方廷钰强调,近年来,中外学者纷纷加入中医典籍翻译的行列,中医典籍翻译必然牵涉对古文的解读,且古汉语和现在的白话文相去甚远,纵然历代医家、学者对其加以注释,但由于解释各不相同,会为后世带来理解上的困惑。尽管如此,翻译典籍应坚守以"信"为首,让读者更好地了解著作的原貌。

总之,方廷钰从翻译史的角度考察了古代翻译对现当代翻译的影响,研究了中西方翻译的关联,总结了中医翻译的关键突破点并进行了有益探索,这些可给中医翻译学科的未来发展带来很多启示。

结　语

方廷钰致力于中医翻译实践、教育教学和中医对外传播40余年,是该领域居主导地位的专家之一。他编写、出版了大量中医词典、译著和中医英语教材,在国内外中医翻译界具有较大影响力。但长期以来,关于方廷钰中医翻译的研究论文稀缺,致使其中医翻译理念尚未获得充分重视与展示。因此,通过全方位研究,继承并发扬方廷钰中医翻译理念迫在眉睫。谱系学方法恰好顺应了这一研究需求。我们必须先弄清译家的理论背景和渊源,只有这样,才能真正知道译家的理念术语含义,才有可能找到通往译家理念的道路,进而更真切、更深入地理解译家在翻译理论界的意义。

方廷钰的中医翻译成果众多。课题组全面梳理方廷钰编写的辞典、译著、教材、中医翻译论文、讲座稿后,按知名度筛选出他编审的代表性辞典、著作、教材、中医翻译论文和讲座稿。经初步统计、分析得出:方廷钰主要中医译作中使用最多的是拼音文字对等,其次是汉字对等,然后是其自己的创造。通过对方廷钰论著中的具体中医翻译策略原则进行分析,编者厘清了其中医翻译理念的主线:正确理解原文,忠于原文,坚持追本溯源,也特别注重读者的接收能力,考虑译文读者的理解推断。通过访谈,编者还发现了方廷钰主张灵活地运用翻译策略和方法,坚持与时俱进,根据时代发展的需求有目的地选择恰当的中医翻译策略和方法。

方廷钰亲历了新中国成立后中医药事业的发展。他从事中医翻译研究40余年,其理念形成过程具有珍贵的价值。研究组先通过半结构访谈确认方廷钰中医翻译理念,再通过深度访谈获得叙事性话语,从中分析得出对方廷钰中医翻译理念形成具有重大影响的翻译理论和翻译事件。方廷钰中医翻译理念有很多是"拿来的",可这并没有产生什么消极影响,反而体现了其中医翻译理念的博采和站于巨人肩上的事实。

方廷钰所学专业为英语,后在偶然机会下接触并从事中医翻译,因此,其理念多源于英汉翻译理论。在我国传统译论中,方廷钰受"信、达、雅"翻译理论影响最大,认为中医翻译应以"信"为先。在西方众多译论中,对方廷钰中医翻译实践启发最大的当数奈达的功能对等翻译理论,即翻译时不求文字表面的死板对应,而要在两种语言间达成功能上的对等。由此可见,他忠于原文的中医翻译理念根源于中西方英汉翻译的直译派理论。这种选择一方面与方廷钰严谨的翻译精神有关;另一方面与中医翻译的医学属性有关,事关各种治法、用药,甚至病人的生命,不能有半点错误信息。在接受访谈时,方廷钰说他的中医翻译直译主张自始至终没有变过。

实际上,在20世纪初,王吉民和伍连德率先开创了中医翻译的中方流派——简约派,使用的翻译方法是与直译法相对的意译法,即用简短的表述代替原文的复杂内容。这一译法仅适用于当时的简单科普介绍需求,并不能传达中医全貌。20世纪70年代起,随着西方人对中医了解得越来越多,一些西方医生及病人开始有用中医治疗的需求,这时简约派的译文已无法满足西方读者。方廷钰开始与谢竹藩、欧明、帅学忠等专家进行交流,一起研究如何将中医翻译介绍到西方。他们首先锁定了概念术语的翻译问题,采取词典解释性译法,形成了中医翻译的中方流派——释义派。汉语是人治语言,故而短;英语是法治语言,故而长。方廷钰并非不希望中医翻译的译文和原文能够在风格和文体上对等,也并非不希望译文简洁,只是在内容对等和风格文体对等不可兼得时,才舍弃风格文体,秉承直译理念将医学内容传达清楚到位。方廷钰非常欣赏许渊冲的诗歌翻译"三美"思想,即意美、音美和形美,但作为医学翻译者,他不得不放弃一些富有灵感的文学创作。

另外,方廷钰并未止步于释义派的成果和理念,他对而后出现的中医翻译的中方流派——词素派进行了研究思考,提出了反对使用西医英语词素自造中医词,因为自造词不但难以被读者理解接受,还会造成译者使用混乱。但方廷钰支持联合派、理法派和规范派的理念,并参与过很多与之相关的活动,为推动中医翻译标准化、中医翻译理论研究做出了积极的贡献。与此同时,方廷钰对中医翻译的西方流派,如拉丁派、考据派、通俗派有过研究学习,并且在其翻译实践中恰当运用。例如,他在翻译中药名称时除了使用拼音,还特别喜欢加入拉丁语,因为拉丁语指代单一、确切,不易出现混乱,不会导致误读。而在翻译古代医学文献时,他会钻研一些药物的考古正名问题,强调古代医生有地域、方言等区别,即使同一味药也会有不同的叫法。在翻译过程中,他会照顾读者的理解,选择尽可能通俗易懂、见词明义的表达。由此可见,方廷钰中医翻译理念的诞生具有鲜明的时代特点,其理念资源源于多样的英汉翻译理论和中西方中医翻译流派,但最终应当归属于直译理论派系。

作为中医英译的中方重要专家,方廷钰善于融汇各种思想资源,是站在古今中外巨人肩膀上进行思辨的学者。在悠久深厚的中西方英汉翻译理论和中医翻译实践基础上,他构建了自己的翻译理念系统。编者在方廷钰的教材、译著、论文、讲座稿和访谈中收集到有关其中医翻译理念的关键话语,分类归纳出方廷钰中医翻译理念的内部系统和外部系统。

通过提炼方廷钰中医翻译理念中的主要话语,我们可以深入研究其中医翻译理念的内部结构与缘起。方廷钰中医翻译理念可被归纳为两个层面:名词术语翻译和句子翻译。他认为中医术语翻译是中医文章、书籍翻译的基础,需要特别关注,并且形成了其中医术语翻译理念的话语系统。第一,"信、达、切"。这受启于清代翻译家严复的翻译三原则"信、达、雅"。方廷钰认为词语翻译一般较短,故而很难强调优雅,但必须追求中医术语确切无误的译文。第二,对应性、简洁性、约定俗成性、回译性、民族性。这受启于李照国于1996年发表的《中医名词术语的翻译原则》中"自然性、简洁性、民族性、回译性、规定性"原则。但方廷钰更加明确地强调译文和原文应对应,还特别指出这里是词义对应而非字与字的对应。第三,归化、异化。方廷钰提倡考虑西方读者思维方式使用语法、句法、词法,增强可读性,还特别注重语句间的逻辑关系、冠词的使用、介词的小动词意义,以突出英语特色。另外,他倡导"解释性的意译","反对不顾语义的字对字翻译"。他经常强调:"中医的英译文是给外国人看的,中医原文中有很多术语外国人不懂,若不解释清楚,而只是进行字对字翻译,等于没译。"例如,"太阳病""少阳病",要先告诉他们这是人患的病,然后再进一步解释。又如,译者若将"脏结"译为"organ bind",外国读者将无法理解,此为中医翻译的败笔。方廷钰中医翻译理念是归化与异化翻译的有机结合,一方面他照顾译文读者的理解接受,另一方面他忠于原文意思和文化的完整确切传达。

在中医英译句子层面,方廷钰直接沿袭了严复的翻译三原则"信、达、雅"。很多中医重要典籍文献都被多次英译,但前人多数不是搞语言的,所以译文不够严谨、精彩。"雅"是指行文漂亮。中医翻译所要求的"雅",主要是指译文行文要简洁流畅。例如,"其人喜忘者,必有蓄血。所以然者,本有久瘀血,故令喜忘。"原句中前后意思有重复,方廷钰支持将后面句子简译为"This is the cause of the problem."以避免重复,从而增强译文的可读性。另外,在中医文章中,尤其是中医典籍中的古汉语文章里,有许多比拟、艺术化的文句,翻译时必须考虑恰当译法策略的选择。在翻译中医四字格时,方廷钰指出要认清结构关系以增加译文的严谨性。例如,"血虚不孕"和"寒冷损伤"是因果关系,应用介词"to"连接;"祛风养血"中的"祛风"和"养血"是并列关系,应用介词"and"连接。方廷钰提出,这些重要译点需要译者特别注重文采,增加译文的严谨性和可读性。

方廷钰中医翻译理念外部话语是以更大的视角考察中医翻译所能起到的社会作用。长期以来,中医翻译出于传播的目的,多采用归化翻译,在翻译界处于少数化翻译的地位。方廷钰旨在推动中医翻译民族化身份的形成,从翻译伦理学方向推动中医翻译向翻译学科中心发展,他的外部话语对解除中医翻译学科边缘化的困境具有启示意义。首先,方廷钰从中医翻译发展的角度,结合不同时代的需求,提出了中医翻译需要不断进步。在中医对外传播的初始阶段,更多的是要注重中医基础知识在目标读者中的科普性传播,应做较多的解释,以便读者理解接受;在中医对外传播发展的更高阶段,要注重加强中医民族性文化的传播,如增加中医专有药名和方剂名称术语的音译,以强调药的中国文化属性。随着中医逐渐被世界各国接受认同,有些中医方剂被西方国家抢先注册了商标和知识产权,中医对外文化传播者有义务在中医英语翻译过程中为保护中国宝贵的医学文化遗产努力。另外,对于中医英译的标准化建设,方廷钰认为术语的规范需要一个过程。但当前有些术语急需统一规范,以增强中医药的国际影响力,如应如何翻译"中医"?是"TCM"还是"CM"?政府工作报告中将"中医"译为"TCM",国家中医药管理局将"中医"译为"TCM",但是好多学校将其译为"CM"。近年来,"健康中国"和"一带一路"倡议的提出为中医对外传播提供了良好的政策土壤。中医走向世界,一定是语言先行,但中医翻译不仅是语言问题,更包含了医学、文化、社会伦理方面的问题,意义重大。方廷钰一直思考着译者目的、读者接受、翻译与医学、文化和社会伦理的关系。

结　语

　　通过对方廷钰中医翻译理念的谱系学研究,我们厘清了方廷钰中医翻译理念的主线,探究了其中医翻译理念的形成过程,分析出其中医翻译理念的内、外部话语系统。方廷钰中医翻译理念具有历史研究价值,给当代中医翻译的理论及实践发展注入了新的活力,并引发译家对中医翻译问题进行更深入的思考和研究。方廷钰以其独特的方式促进学术界正视并重视中医翻译理论研究与中医翻译实践研究所具有的珍贵价值,从而加速了翻译研究从学术边缘走向中心的步伐。

1. Unschuld, P. U. , Tessenow, H., & Zheng, J.S. *Huang Di Nei Jing Su Wen: An Annotated Translation of Huang Di's Inner Classic—Basic Questions*[M]. Los Angeles: University of California Press, 2011.

2. Venuti, L. *The Translator's Invisibility: A History of Translation*[M]. New York: Routledge, 1995.

3. Wiseman, N., Ye, F. *A Practical Dictionary of Chinese Medicine (2nd ed)* [M]. Beijing: People's Medical Publishing House, 2003.

4. 柏文婕. 中医学国际化进程与中医英译发展[J]. 中国实用医药,2014,9(7):275-276.

5. 曹明伦. 翻译理论是从哪里来的?——再论翻译理论与翻译实践的关系[J]. 上海翻译,2019(6):1-7,95.

6. 崔娜. 中医英语翻译指导思想初探[J]. 文学教育(中),2013(9):90.

7. 陈静. 从操纵理论和译者主体性看"文革"语境中的外籍译者群[J]. 上海翻译,2017(4):31-33.

8. 陈晓华,施蕴中. 从翻译目的论看 Nigel Wiseman 的中医英译翻译思想[J]. 辽宁中医药大学学报,2008(5):182-184.

9. 董俭,王天芳,吴青,等. 借用西医词汇翻译中医病症名的再思考[J]. 中华中医药杂志,2018(5):1901-1904.

10. 端木赐香. 严复与《天演论》[J]. 同舟共进,2021(3):29-30.

11. 方梦之. 译学词典[M]. 上海:外国语教育出版社,2004.

12. 方廷钰. 澳大利亚的《维多利亚州中医注册法》[J]. 中国卫生,2008(9):82-83.

13. 方廷钰.《传统医学决议》是进军号角[J]. 中国卫生,2009(7):55.

14. 方廷钰. 南非传统医学执业管理情况简介[J]. 世界中医药,2007(6):372-373.

15. 方廷钰. 南非对传统医学执业的立法管理[J]. 中国卫生,2008(8):83-84.

16. 方廷钰. 中医翻译历史和中医术语翻译[J]. 中国科技术语,2015,17(6):26-29.

17. 方廷钰. 中医翻译探讨[J]. 中医教育,2005,24(4):34-36.

18. 方廷钰,陈锋. 加拿大对针灸师的管理[J]. 中国卫生,2008(11):82-83.

19. 方廷钰,陈锋,包玉慧. 中医翻译历史和中医术语翻译[J]. 中国科技术语,2015(6):26-29.

20. 方廷钰,陈锋,都立澜. 中医英语300句[M]. 北京:中国医药科技出版社,2018.

21. 方廷钰,陈锋,王梦琼. 新汉英中医学词典[M]. 北京:中国医药科技出版社,2003.

22. 方廷钰,嵇波,陈锋,等. 海外中医药高等教育的现状分析和对策[J]. 中医教育,2007(5):62-64.

23. 方廷钰,嵇波,吴青. 新汉英中医学词典[M]. 北京:中国医药科技出版社,2013.

24. 方廷钰,张清怡,刘平. 评《黄帝内经·素问》第一部英译本[J]. 翻译与传播,2021(1):17-27.

25. 付璐.《本草纲目》在欧洲的流传研究[D]. 北京:中国中医科学院,2020.

26. 国家药典委员会. 中华人民共和国药典[M]. 英文版. 北京:人民卫生出版社,2005.

27. 郭先英. 浅谈归化和异化在中医术语英译中的选择原则[J]. 中国中医基础医学杂志,2010(4):334-336.

28. 郭小云.《黄帝内经》中文化素的俄译研究[D]. 上海:上海外国语大学,2020.

29. 何阳. 中医英译与功能对等[J]. 中华实用中西医杂志,2006,19(4):485.

30. 洪梅. 近30年中医名词术语英译标准化的历程[D]. 北京:中国中医科学院,2008.

31. 黄婧,方廷钰,刘子宁,等.《世界卫生组织2019年传统和补充医学报告》

的解读[J].北京中医药大学学报,2021,44(7):668-672.

32. 金欢,方廷钰,都立澜.词典编纂系统性原则下中医双语词典的宏观结构[J].中医教育,2020,39(2):44-49.

33. 蒋俭.没有翻译就没有世界文学——诺贝尔奖评委马悦然细说莫言[N].申江服务导报,2012-10-31.

34. 蒋基昌,文娟.《黄帝内经》四个英译本的对比研究——基于广西中医药大学短期留学生调查问卷的统计学分析[J].学术论坛,2013,36(1):197-200,210.

35. 蒋童.关于"译"字的现代阐释[J].智慧中国,2021(12):68-69.

36. 蒋童.韦努蒂翻译理论的谱系学研究[M].北京:商务印书馆,2016.

37. 蒋学军.中医典籍中的文化图式及其翻译[J].中国科技翻译,2010,23(1):34-38.

38. 兰凤利.《黄帝内经素问》英译事业的描写性研究[J].中国中西医结合杂志,2005,25(2):178-179.

39. 兰凤利.中医英译的历史回顾[J].中华医史杂志,2008(1):28-32.

40. 李俊杰,彭庆华.中医英译的文化图式阐释[J].中华中医药学刊,2012,30(5):1117-1119.

41. 李明丽.呕心沥血,为了中西医结合的明天——记我国中西医结合医学的奠基人之一欧明教授[J].科学中国人,2006(1):32-33.

42. 李珊珊.浅析世中联与WHO中医名词术语英译国际标准[J].现代交际,2016,426(4):82-83.

43. 厉秀昀.德国慕尼黑大学满晰博教授认为中医对外传播需理论先行[J].中国中医药报,2006(1):5.

44. 李永安,李经蕴.奈达的翻译理论在中医翻译中的应用[J].中国中西医结合杂志,2006(9):857-859.

45. 李照国.Nigel Wiseman的中医翻译思想评介[J].中国科技翻译,1998(2):41-43,51.

46. 李照国.译海心语[M].上海:上海中医药大学出版社,2006.

47. 李照国.中医翻译研究教程[M].上海:上海三联书店,2019.

48. 李照国. 中医术语英译的原则与方法[J]. 中国科技翻译,1996(4):32-35.

49. 李照国. 中医名词术语英译国际标准化新进展——从世界卫生组织传统医学国际分类东京会议谈起[J]. 中西医结合学报,2011,9(1):113-115.

50. 李照国. 中医英语——一门正在形成中的新学科[J]. 上海中医药大学学报,1999(3):3-5.

51. 李照国,李鼎. 试论李约瑟的中医翻译思想[J]. 上海科技翻译,1997(2):20-21.

52. 李照国,刘希和. 论中医翻译的原则[J]. 中国翻译,1991(3):41-45.

53. 梁俊雄,王冠军. 中医文献英译的异化和归化[J]. 中国中西医结合杂志,2006(10):950-952.

54. 林颖. 翻译的非文本目的分析——以中国翻译史上四次翻译高潮为例[J]. 英语教师,2020,20(11):87-89,101.

55. 刘宓庆. 当代翻译理论[M]. 北京:中国对外翻译出版公司,1999.

56. 刘娜,孙红梅,张婷婷,等. 基于语域视理论的3本中医药双语教材研究[J]. 中医药导报,2016,22(11):111-113,118.

57. 刘平,王乐鹏,方廷钰. 《黄帝内经·素问》中"道""德"的翻译讨论[J]. 环球中医药,2019,12(7):1070-1073.

58. 刘平,张清怡,方廷钰. 从西医术语中译标准化谈中医术语英译标准化[J]. 中医药导报,2019,25(14):135-137.

59. 刘时觉. 中医研究的基本语言学问题[J]. 中医研究,1992(2):7-10.

60. 罗磊. 10年中医英译的研究回顾[J]. 广州中医药大学学报,2004,20(5):410-414.

61. 吕俊. 论翻译研究的本体回归——对翻译研究"文化转向"的反思[J]. 外国语(上海外国语大学学报),2004(4):53-59.

62. 马平. 中医药文化国际传播视角下看中医翻译的重要性[J]. 佳木斯教育学院学报,2013(8):358-359.

63. 毛红,赵震红. 从异化与归化看中医文化因素的翻译[J]. 中国中医基础医学杂志,2007(1):76-78.

64. 欧明．汉英常用中医词汇[M]．广州：广东科技出版社，1980．

65. 欧明．汉英中医辞典[M]．广州：广东科技出版社，1986．

66. 钱翰．福柯的谱系学究竟何指[J]．学术研究，2016（3）：155-159，178．

67. 沙珊珊，都立澜，叶若舟．近十年国内中医英语教材评价研究[J]．西北医学教育，2016，24（1）：92-96．

68. 申光．中医药学文本中四言词组的英译[J]．中国中西医结合杂志，2006，26（5）：468-469．

69. 盛洁．基于奈达功能对等理论的《伤寒论》病证名英译研究[D]．南京：南京中医药大学，2013．

70. 石径，陈锋，方廷钰．中医国际学术会议译前准备的方式与作用[J]．中国中医药现代远程教育，2018，16（24）：38-41．

71. 施蕴中．新世纪中医英语教程[M]．上海：上海外语教育出版社，2006．

72. 束慧娟．动态投射与译者主体性[J]．上海翻译，2012（3）：13-15．

73. 苏艳．中国传统译论中的社会维度——梁启超《论译书》的现代阐释[J]．解放军外国语学院学报，2008（3）：76-80．

74. 孙慧，曹玉麟．基础中医英语[M]．青岛：中国海洋大学出版社，2010．

75. 孙致礼．中国的文学翻译：从归化趋向异化[J]．中国翻译，2002（1）：39-43．

76. 汤思敏．关联翻译理论指导下的中医隐喻翻译[J]．嘉应学院学报，2010，28（3）：76-81．

77. 屠国元，朱献珑．译者主体性：阐释学的阐释[J]．中国翻译，2003（6）：10-16．

78. 涂雯，刘艾娟．"双一流"背景下中医药英语教材研究现状分析[J]．西部中医药，2019，32（2）：83-86．

79. 王丹．从文树德中医隐喻翻译思想看中医隐喻的翻译[J]．中国多媒体与网络教学学报（电子版），2017（4）：263，265．

80. 王尔亮，陈晓．美国学者Ilza Veith对中医典籍的研究及其贡献[J]．中国中西医结合杂志，2017，37（3）：270-273．

81. 王洪图，贺娟．黄帝内经灵枢白话解[M]．北京：人民卫生出版社，2017．

82. 王利民. 解释过去,了解现在——从系谱学看福柯的历史社会观[J]. 社会,2000(12):22-24.

83. 王娜. 中医词汇翻译中的归化与异化[J]. 湖北中医药大学学报,2011,13(2):80-81.

84. 王庆其. 内经选读[M]. 北京:中国中医药出版社,2014.

85. 王书城. 中国卫生事业发展[M]. 北京:中医古籍出版社,2006.

86. 王曦,方廷钰. 现代化中医药术语英译的时代差异——基于近30年辞典语料库研究[J]. 上海翻译,2019(5):27-32,94.

87. 王晓路. 论翻译的历史文化功能:认知模式与知识谱系[J]. 外语教学与研究,2021,53(2):263-272,320.

88. 王银泉,徐鹏浩. 中医典籍译介与中医药文化国际传播模式新探[J]. 外国语文研究,2020,6(3):86-94.

89. 魏迺杰. 中医西传与翻译问题[J]. 医学与哲学,2001,22(7):53.

90. 魏迺杰,冯晔. 实用英文中医辞典[M]. 北京:人民卫生出版社,2002.

91. 吴静. 王吉民、伍连德《中国医史》与陈邦贤《中国医学史》比较研究[D]. 广州:广州中医药大学,2015.

92. 伍连德,王吉民. 中国医史[M]. 上海:上海辞书出版社,2009.

93. 夏登山,邵有学. 中国翻译史上的"李约瑟之谜"[J]. 中国外语,2013,10(3):94-99.

94. 夏明方. 民国时期自然灾害与乡村社会[M]. 北京:中华书局,2000.

95. 谢羽璐,戴翥,贺霆,等. 西方中医医家腊味爱的学术思想及其影响[J]. 中医药导报,2020,26(6):112-117.

96. 谢竹藩. 关于中医名词术语英译的讨论[J]. 中国中西医结合杂志,2000,20(9):706-709.

97. 许钧. "创造性叛逆"和翻译主体性的确立[J]. 中国翻译,2003(1):8-13.

98. 薛俊梅. 论医古文比喻修辞格的翻译[J]. 中国科技翻译,2008(1):39-41.

99. 姚欣,盛洁. 功能对等理论视角下中医病证名英译探析[J]. 医学与哲学(A),2012,33(10):72-74.

100. 尤洋,郭明杉,王研.如何看待中国医学史与中医的海外发展——访伦敦大学维尔康医学史研究中心马堪温教授[J].山西大学学报(哲学社会科学版),2011,34(1):14-18.

101. 查明建,田雨.论译者主体性——从译者文化地位的边缘化谈起[J].中国翻译,2003(1):21-26.

102. 翟双庆.论《黄帝内经》核心观念[J].北京中医药大学学报,2022,45(9):913-918.

103. 张晶.方廷钰中医术语翻译理念实证研究[R].北京:北京中医药大学,2018.

104. 张晶,吴青,王志杰.中医译家翻译思想研究的概况与思考[J].亚太传统医药,2018,14(9):85-87.

105. 张士东,张兵兵.《韦努蒂翻译理论的谱系学研究》评介[J].外语论丛,2018,3(1):63-68,170.

106. 张堂会.民国时期瘟疫与现代文学书写[J].北方论丛,2012(2):27-31.

107. 张维.浅议西方翻译理论的发展[J].文学教育,2009(2):103.

108. 张晓枚,陈宁,沈艺,等.《黄帝内经》"百"字英译探析[J].世界中西医结合杂志,2019,14(3):324-329.

109. 郑金生.德国文树德教授主持的《黄帝内经素问》译注系列著作完璧问世[J].中华医史杂志,2011(5):310.

110. 郑金生.文树德教授的中国医学研究之路[J].中国科技史杂志,2013,34(1):1-18.

111. 中医研究院,广东中医学院.中医名词术语选释[M].北京:人民卫生出版社,1973.

112. 周恩,贺维.中医英语教材的现状与编写路径[J].中医教育,2013,32(3):64-67.

113. 周开林.一带一路,语言为先——对话中医翻译家方廷钰[J].亚太传统医药,2017,13(17):3-5.

114. 周义斌.中医药文化传播和中医翻译研究——以中医翻译名家魏迺杰为例[J].中国中医药现代远程教育,2018,16(18):5-7.

115. 朱剑飞．中医的和谐思想与和谐的中医翻译[J]．中国中西医结合杂志，2009，29（9）：847-848．

116. 朱建平．新中国成立以来中医外传历史、途径与海外发展[J]．中医药文化，2019，14（3）：7-15．

117. 朱文晓，童林，韩佳悦．中国中医药翻译研究40年（1978-2018）[J]．上海翻译，2020（1）：55-61，95．

118. 邹益民．谱系学：尼采与福柯对主题哲学的批判[J]．上海交通大学学报（哲学社会科学版），2019，27（2）：97-107．

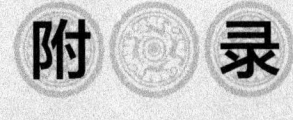

附录一　方廷钰重要著作及发表年份

表1　方廷钰编审的主要辞典

名　称	时间（年）	出版社
《医学缩略语速查词典》	2015	中国医药科技出版社
《中华人民共和国药典》	2015	中国医药科技出版社
《新汉英中医学词典（第二版）》	2013	中国医药科技出版社
《新汉英中医学词典》	2003	中国医药科技出版社
《英语常用词语法词典》	1984	外语教学与研究出版社
《汉英词典》	1978	商务印书馆

表2　方廷钰翻译的主要作品

名　称	时间（年）	出版社
《世界卫生组织2019年传统和补充医学全球报告》	2021	人民卫生出版社
History and Philosophy of Chinese Medicine	2016	人民卫生出版社
《中医英语300句》	2016、2018	中国医药科技出版社
Anticancer the Chinese Way: Successful Cases of Nontoxic Treatment	2014	新世界出版社
"北京中医药数字博物馆（英文版）"	2009	北京市科学技术协会
《聋童教育指南》	1989	华夏出版社
The Essential Book of Traditional Chinese Medicine	1988	美国哥伦比亚大学出版社
《传统医学和卫生保健工作》	1985	人民卫生出版社

表3　方廷钰编写的主要教材

名　称	时间（年）	出版社
21世纪高等中医英语规划教材	2010—2015	中国海洋大学出版社
《中医诊断学（第2版）》	2008	人民卫生出版社

续表

名　称	时间(年)	出版社
北京中医药大学外国进修生教材(汉英对照)	1993	中国中医药出版社

表4　方廷钰撰写的中医翻译论文

名　称	时间(年)	期　刊
《〈世界卫生组织2019年传统和补充医学报告〉的解读》	2021	北京中医药大学学报
《经验功能对等视角下的〈伤寒论〉英译研究》	2021	中国医药导报
《词典编纂系统性原则下中医双语词典的宏观结构》	2020	中医教育
《现代化中医药术语英译的时代差异——基于近30年辞典语料库研究》	2019	上海翻译
《译者主体性视域下方廷钰中医术语翻译理念解读》	2019	国际中医中药
《从西医术语中译标准化谈中医术语英译标准化》	2019	中医药导报
《〈黄帝内经·素问〉中"道""德"的翻译讨论》	2019	环球中医药
《中医典籍翻译以"信"为首——以〈黄帝内经〉为例》	2019	中医教育
《黄帝内经》"百"字英译探析	2019	世界中西医结合杂志
《〈西游记〉英译本中的中医药文化误读》	2019	中医药导报
《中医国际学术会议译前准备的方式与作用》	2018	中国中医药现代远程教育
《功能对等理论关照下的中医病名翻译》	2018	世界中西医结合杂志
《一带一路,语言为先——对话中医翻译家方廷钰》	2017	亚太传统医药
《术语"中医"英译探讨》	2016	中医药管理杂志
《中医翻译历史和中医术语翻译》	2015	中国科技术语
《论〈红楼梦〉英译本中的中医文化误读》	2014	中国翻译
《北京中医药数字博物馆(英文版)》	2010	中国会议

续表

名　称	时间(年)	期　刊
《中医翻译探讨》	2009	中国会议
《评魏迺杰先生的〈实用英文中医辞典〉(续)——论中医英文词汇中的西医名词》	2005	中国中西医结合杂志
《评魏迺杰先生的〈实用英文中医辞典〉——论魏氏直译法》	2005	中国中西医结合杂志

表5　方廷钰的主要讲座稿

名　称	时间(年)	组织机构(含地点)
《医学英语特点和中医英语翻译》	2015	浙江江山中医药名词术语规范通则及其成果应用培训
《翻译——通向中医国际化》	2008	上海第18届世界翻译大会
《世中联发言稿》	2008—2019	中国
《简明英语》	2019	教育部培训
《谈谈〈内经〉中的"道""德"的翻译》	2019	教育部培训
《英汉语言对比》	2019	教育部培训
《中医翻译技巧》	2019	广州会议
《中医翻译导论》	2019	教育部培训
《中医术语统一》	2018	上海会议
《中医翻译以"信"为首》	2018	杭州会议

附录二 采访问题及回答内容总结

（一）

【问题1】您第一次接触中医翻译是在什么时候？

答：1954年。我19岁进入北京外国语大学学习，出于一个偶然的机会开始接触中医。1971年，《汉英词典》编纂工作在北京开展，这是新中国编纂的第一本汉英词典，由当时的北京外国语学院英语系主任吴景荣教授主持编纂。我因为在北外工作多年且具备较好的英语语言能力，被安排了一项任务——整理300个中医英语词汇术语。可我在大学学习的是英语语言文学，对中国传统医学毫无认知，于是我决定到中国中医研究院去学习和请教。

中国中医研究院有许多知名的中医学学者，我向他们咨询中医词条。在那里，我结识了时任中医研究院文史研究员的马堪温。当时，马堪温还是一名正在学习中医学知识的西医学者。他对我的工作非常感兴趣，我们俩经常在一起讨论译法，交流心得。马堪温把中医词条逐一解释给我听，为我整理和翻译中医词汇提供了很大的帮助。我也向马堪温介绍了不少英语方面的知识，我们逐渐成了好朋友。值得一提的是，马堪温后来去英国传播中医学，成为中国医学史界与世界医学史界联系的最早代表。

1976年，我完成了学校布置的任务。第一版《汉英词典》于1978年出版，收录了我在四年内整理的300个中医英译术语。这虽然是我第一次接触中医翻译，但激发了我对这个新兴领域的浓厚兴趣。

【问题2】是什么让您决定从事中医翻译的呢？

答：出于对英语教育和中医翻译事业的热爱，我最终于1980年选择进入北京中医学院，担任英语老师。四年的中医翻译基础，再加上扎实的英语功底，使我能够很好地胜任北京中医药大学的教学工作。由于当时北京中医药大学外语教研室师资薄弱，我在授课的同时多次为硕士、博士生编写修订中医英语教材，并翻译了多本中医学专著。

【问题3】您是否有留学经历？留学期间，您有怎样的收获和体会？

答：1984年，我赴哈佛大学教育学研究生院做访问学者。在美国，我每月只有国家资助的400美元，生活比较拮据。由于美国餐馆收费很高，我在结束了一天的课业之后，自己买菜回家做饭。日常生活中，我不会错过任何一个学习英语的机会，每周都会抽时间去附近的波士顿博物馆做志愿者，给游客介绍展品，这有助于提升我的英语口语表达能力和人际交往能力。

【问题4】在您的翻译生涯中，您有哪些代表作？它们是在何时编写的？讲述了什么内容？

答：1982年，世界卫生组织向全世界征集各个国家传统医学的介绍。作为国内的中医翻译者，我受邀编写了 *The Essential Book of Traditional Chinese Medicine*。该书的中文内容由北京中医药大学教授刘燕池撰写，我负责英文版的翻译。*The Essential Book of Traditional Chinese Medicine* 于1988年在美国哥伦比亚大学出版社出版，是中国大陆学者在美国翻译出版的第一部系统介绍中医的专著。全书分为上下册，对中医起源、气血阴阳等基础理论、中药方剂及中医各科均有详细的介绍。

在这期间，针灸也在海外流传。我担任了《中国梅花针》英译本的审稿人。《中国梅花针》是1984年人民卫生出版社出版的针灸类中医著作。全书分上下篇。上篇概述梅花针的发展史、治病原理、工具制作、持针和手法，梅花针疗法的特殊诊断（脊柱两侧检查法）、施治部位、主治，以及经脉、穴位等基础知识；下篇重点阐述治疗部位和配选法、70种常见病的证治，每病按概述、脊柱检查所见、治疗部位、手法、效验等项进行阐述，附有验案。该书的英译版于1986年出版，极大地推动了中医针灸学的对外文化传播。

此外，我将一些英语的医学类著作译为中文。例如，将班纳曼的《传统医学和卫生保健工作》译为中文，于1985年在人民卫生出版社出版。在世界各地，传统医学是提供卫生保健服务的主要支柱，但在有些国家，传统医学或非常规医学被称为补充医学。传统医学和补充医学是卫生保健的一个重要却常常被低估的部分。我的译本旨在帮助国人了解中医等世界各地传统医学的特色与应用状况。

我翻译了罗杰·弗里曼的《聋童教育指南》，于1989年在华夏出版社出版。

1961年教育部成立了全国聋哑协会,聋哑儿童的语言启蒙成为焦点,因为聋哑儿童或成人面对的最大难题即缺乏发音的技巧。全国聋哑协会决定引入美国的口手标音教学法。我的译本旨在帮助国人了解并学习国外聋哑儿童的教育经验。

1984年,我翻译的《英语常用词词典》出版。该书是英语教学专家帕默为帮助外国人学习英语而写的一本参考书。帕默从20000多个英语常用词中选出外国语学院学生感到难用的1000个单词,按词典方式编排,从语法、词义和用法方面进行分析,用大量实例说明它们的确切意义、习惯用法、派生形式、比喻用法等。全书共收短语、例句20000余条,都是常用的、规范的,能体现英语特点的日常用语,有助于解决一般语法书或词典未涉及的许多问题。例证均另加汉语释义或译文。

1985年,我回到祖国,继续在北京中医药大学从事教育工作。在这期间,为了辅助教学,我翻译编写了一些著作和工具书。

我参编的主要作品有北京中医药大学外国进修生教材,《中医诊断学(第二版)》(2008年),《新汉英中医学词典(第一版)》(2003年),《中国药典(2005版)》。

《新汉英中医学词典》是以一种创新的方式编写的,共收词条6200条、例语3600条、例句3000句。与其他同类词典不同,该词典不仅提供了中医词条的英语对应词,还提供了例语和例句,为读者提供了科学、规范的英译文参考。很多中医药专业大学生、研究生和中医学翻译人员对我说,该词典成了他们案头的必备工具书。

2010年,我担任"21世纪大学中医英语"系列教材的总主编。该教材分为四册,分别是《中医英语视听说》《临床中医英语》《基础中医英语》和《中药英语教程》,于之后几年在中国海洋大学出版社出版。

2015年,我主持了《医学缩略语速查词典》的编写工作。该词典不仅收录了精心挑选的常用的西医基础医学、临床医学、生物化学、生物技术、药物化学、微生物学、遗传学、诊断技术的缩略语,还收录了常用的中医经络缩略语和针灸穴位编码。该词典既具有教科书性质又具有工具书的特点,既便于读者系统地学习又便于携带。

2016年,我主译的《中医历史与哲学》出版。该书旨在向读者介绍传统中医的文化背景、起源和历史发展。本书传达中医药的发展模式,让读者了解中医药的特色。因此在翻译时,我特别注重中医文化内涵的传播。

2021年,我主译的《世界卫生组织2019年传统和补充医学全球报告》出版。该书基于全球范围内调查及各会员国更新的数据,披露了全球传统和补充医学的现状。该书的翻译为中医药更好地走向世界指引了方向,有助于中医药为人类健康做出更大的贡献。

【问题5】您在翻译中医著作时经历了哪些过程?采取了怎样的策略?

答:1990年以前,我在翻译时主要采取抄用别人译文的方式;1990年以后,我意识到中医翻译需要创新和辨别词义。在翻译中医著作时,我的团队首先会统一翻译体例,包括中医术语参考书、次序编号、正体、斜体、年代标记等。遇到问题时,我会与合作者进行探讨,但基本遵从他们的意见。

我主张运用英语的对等语来进行翻译,实在找不到对等语时,才采用解释性翻译或直接使用中式英语。若西医中的某个病名与中医中某疾病的内涵相同,则直接使用西医中的英语病名;若不同,则按照意思进行翻译。

我认为应当将"里""外""虚""实"用对应词"interior""exterior""deficiency""excess"进行翻译,完全根据英语词典的释义。对于一个中文词汇对应好多英语词汇的,我会对英语词汇进行辨析。例如,"湿"对应的英语词语有"wet""damp""dampness",但我认为只有"dampness"适用。"dampness"指"潮湿,湿气",而其他两个词没有这层意思。

我还提倡与时俱进,要有敢于否定自己的勇气。我起初把"相生相克"中的"相"译为"mutual"。后来我发现不对,就改为"sequential",表示"依次生克"的意思。我还注意到英语词典收词的变化。例如,《牛津高阶英汉双解词典(第8版)》收入"tonify",与中医的"补"相当,我认为应该用其来翻译"补";美国《道兰图解医学词典》收入"acupoint",我认为这是英语认可的"穴位"的译法,在此词条下,出现了"body meridian(经络)",我认为这是美国对"经络"的译法,可以采用;*American Heritage Dictionary* 收入"qi",这是西方认可的"气"的译法,于是,我将其用到自己的翻译中。

另外,我认为中医翻译应做到简洁明了。我对直译、意译、词的加减、词性转换、倒译、对仗、四字格的翻译比较有研究。这些在我的学术报告中有所体现。

【问题6】听说您参加了很多国内知名学会,您在其中发挥了怎样的作用?

答:2008年8月2日,"世界中联翻译专业委员会"成立大会暨"首届中医药与中国文化翻译国际交流会"在上海师范大学开幕,来自全国各高校、科研院所、医院及港澳地区和海外的200多名中医药和中国文化翻译专家出席会议。我也参加了,被聘为世界中联翻译专业委员会顾问。世界中联翻译专业委员会的成立,结束了中医翻译长期以来缺乏国际学术组织的历史,为中医药与中国文化的对外传播和翻译开辟了更为广阔的前景。

2012年,我被聘为中华中医药学会翻译分会首席顾问。2013年开始,翻译分会受国家中医药管理局有关部门委托,组织各中医院校中医英语专家学者开展了"中医英语水平考试"的论证、考纲的编写以及模拟试题库的建设。我起草了考试大纲,为中医英语学科规范化贡献一分力量。

【问题7】您建设的"北京中医药数字博物馆(英文版)"是如何建成的,有什么作用?

答:2009年,中国互联网技术飞速发展。为响应国家号召,让中医药文化紧跟时代变化,我和北京中医药大学的另外两位老师——贾德贤、嵇波,开始着手"北京中医药数字博物馆(英文版)"的初步设计和开发。"北京中医药数字博物馆(英文版)"下设12个分馆:中医文化与历史馆、医疗馆、中药馆、针灸馆、医学气功馆、养生馆、美容馆、推拿馆、宫廷医学馆、教育馆、科技馆和国际交流馆,从不同侧面勾画出华夏五千年的中医药发展历史,展示了北京地区的中医药发展现状。

考虑到数字博物馆主要面对国外读者,我在翻译时制定了中医术语翻译标准和行文体例,把各馆中医术语翻译统一起来。"北京中医药数字博物馆(英文版)"于2009年4月正式运行,受到国内外关心中医药发展、使用中医药的人们的关注,被雅虎、谷歌等网站收录。2011年,"北京中医药数字博物馆(英文版)"获得联合国教科文组织信息峰会电子健康与环境组大奖。

【问题8】您编写的《中医英语300句》非常实用。请问您当初的编写目的是什么?

答:2016年,我主编的《中医英语300句》出版。我在该书第一版售罄后对其进行了修改,第二版于2018年出版。该书精选出300句有关中医经典经文、中医、经络、针灸、推拿、方剂以及临床各科的句子,通过翻译技巧、词汇和语法分析让学生知道如何正确且符合英语习惯地翻译中医。编写该书的初衷:我发现很多学生只注重学习中医术语的英译,而忽略了句子层面。中医翻译实践中,译者既要能准确表达中医关于某个术语的真正含义,又要能将其连贯成符合英语的表达习惯的语句。《中医英语300句》中每个句子的译法均配有详细的解释,使读者在遇到一些书外的问题时也可举一反三。

【问题9】您发表过哪些学术论文,分别讲述了什么内容?

1.《一带一路,语言为先——对话中医翻译家方廷钰》

该篇讲述了在"一带一路"为中医对外传播创造新机遇的大背景下,我就中医翻译、中医术语标准化、中医翻译人才培养等问题表达的一些观点,整理如下:

第一,当前中医翻译暴露出的一个问题是译者缺乏中医学的基本知识,而且语言功底不够扎实,无法将其翻译得精准到位。现代中医翻译的研究者需要借鉴西医的科研思路和方法提高综合学术素养。

第二,中医翻译者在翻译中医专著尤其是年代久远的中医作品时,需要追根溯源,不断考证,力求准确,有理有据。

第三,中医翻译者在翻译时还应加强与医史学家、文献研究者的业内合作,利用多方资源完善翻译作品。

第四,中医术语标准化如今还存在许多争议,术语的统一仍需要时间。

2.《论红楼梦英译本中的中医文化误读》

《红楼梦》是我国古代文学的巅峰之作,其中蕴含着丰富的中医药文化知识。据统计,《红楼梦》中涉及中医药卫生知识290处,50000余字。《红楼梦》译者众多,限于文化背景,他们难免会对其中的中医文化产生误读和误译。该篇选取三个代表性英译本:乔利的 *The Dream of the Red Chamber*、霍克斯的 *The Story of the Stone*、杨宪益的 *A Dream of Red Mansions* 中的平行句子或语段进行分析和修正,旨在促进中外文化交流。

3.《评魏迺杰先生的〈实用英文中医辞典〉论魏氏直译法》

该篇以魏迺杰编写的《实用英文中医辞典》为依据,对其倡导的"一个汉字对应一个英语单词的逐字翻译法"进行了评论,对其认为用此法仿造中医英语词汇能忠实呈现中医原貌的观点产生怀疑。魏氏直译法首先确定了单个汉字的英语对应词,如"神(spirit)",然后在翻译中医术语时用对应词直接代换,从而产生仿造的中医英语名词,如"神明(spirit light)"。这种译法不但混淆了中文字与词的概念,认为词就是简单地将字的意思进行叠加,而且忽略了单音词的多义性,硬性规定了汉字的对应英语词,因而在翻译时产生了很多谬误。

4.《〈黄帝内经〉"百"字英译探析》

中医语言具有显著的模糊性特征。中医典籍中的语义模糊现象引起了不少研究者的兴趣,但目前研究尚不充分。该篇根据代表性、权威性和译者的文化背景三个原则,将文树德的《黄帝内经》英译本和李照国的《黄帝内经》英译本进行对比分析,研究他们持不同翻译观点对数词"百"字及其所在句子的英译策略。

研究发现:两种版本在处理"百"字及其所在句子时存在巨大差异。文树德英译本常采用"字面含义 + 脚注模式",而李照国英译本则直接将其解读并进行英译。这些不同的翻译策略与译者的翻译文化观密不可分。中医典籍成书年代早,所以历代医家对某些章节的真正含义存在着不同的解释。"百"字虽小,却折射出中医典籍英译之艰难。

5.《功能对等理论下的中医病名翻译》

中医是中国传统医学的瑰宝。近年来,随着对外开放的不断深入,中医已从古老的中华大地走向世界,并受到世界各地人民的青睐和接受。"一带一路"倡议和"健康中国"规划的提出为中医对外传播提供了更好的契机。中医植根于悠远的中国文化,以中国文化为载体的中医药学的发展必然要依赖翻译走向世界。中西医体系不同,代表的文化亦不同。但是通过分析不难看出:二者之间有密切的联系,译者在翻译时需要有这种跨文化意识,在功能对等理论的指导下,根据中西医病名的不同情况采取不同的直译、借译、重创等策略。只有这样,才能借"一带一路""健康中国"之东风,最大限度地保留中医特色,展现中医文化的魅力,同时,兼顾目的语读者的接受性,让中医及中医文化得到广泛的传播。

【问题10】听闻您在国内外做过不少演讲,可以挑选一篇演讲稿谈谈具体内容吗?

答:《翻译——通向中医国际化》非常全面,从中医翻译的发展历程讲起,提到了中医翻译需要遵循的五个基本条件和包含的两个层面。由于中医药翻译的发展历程短,中医术语翻译无法达到统一,故误译、错译不少。演讲时,我通过实例指出当前中医翻译存在的问题,并对中医术语标准化提出了自己的见解。

一、中医药翻译历史回顾与现状

系统地将中医药译为外语始于20世纪20至30年代,翻译版本主要为英语。哈佛大学燕京图书馆收藏了一部出版于20世纪30年代有关中医基础理论的英译本。20世纪40年代,一个美国人选译了《黄帝内经》,这两个译本中错译和误译之处不少。李约瑟的《中国科技史》中有关中医药的内容,但过于零散,形不成中医药全面系统的概念。

20世纪50年代初,为推广针灸,国内首次出版了《中国针灸学》英译本,但仅限于针灸,译文并不理想。

20世纪80年代,随着改革开放和中医药逐步走向世界,国内外学者翻译和撰写的词典、专著和教材增多了,其中包括中医基础、中医临床、中药、方剂、针灸、气功。语种有英、法、德、西、俄等大语种,也有日、韩、荷兰、波兰、瑞典、芬兰等小语种。当然以英语为主,仅《伤寒论》一书就有国内外两个英译本。由于中医药翻译的历史较短,从事翻译人员的学术、语言水平差异较大,中医药名词术语翻译不能达到统一,一个名词出现多种译法,错译、误译之处不少,妨碍了中医药的传播和交流。为了使外界对中医药有正确、全面的了解,达到正常交流、传播的目的,提高译者的中医英译水平刻不容缓。

二、中医翻译的两个层面

(一)中医名词术语翻译是中医文章、书籍翻译的基础

1. "信、达"

中医术语名词翻译要做到"信"和"达",即正确无误地表达中医名词术语的含义。有人提出要做到"信、达、雅",我认为在名词翻译方面不能强求"雅",

也难以办到。

2. 对应性

译名词义与中文相应,这里指的是词义,不是词与词的对应,词与词的对应必然出现死译和硬译。例如,"贼风(thief wind)""虚补(enrich deficiency)""面风(facial wind)"。

3. 简洁性

翻译时少用释义性译文。

4. 约定俗成

可以采用通行的已被认可的译名。

5. 回译性

这点其实不需要强调,中英文的词句结构和表达方式明显不同,如"烘干(drying over heat)"结构就不一样。

6. 不要轻易造词

西医医学英语教科书认为,尽管通过前后缀和词干可形成不同的医学术语,且能被人看懂,但词典里没有收的词不要轻易去造。例如,可在词典里找到"periodontal(牙周的)",但找不到"circumdental(牙周的)"。中医名词翻译也不要轻易造词(有些汉语拼音词例外),如"针灸学(acupunctureology)""中药学(herbology)"。其实后缀"-logy"意为"study",所以可用"study of acupuncture"来表示。

(二)中医句子文章的翻译

1. "信、达、雅"

句子文章翻译应做到"信、达、雅",因为中医文章有许多比拟化、艺术化的文句,翻译时不能不考虑文句优美,同时,要充分注意中英两种语言的不同表达方式。例如,中文中常重复使用指代同一事物的主语,而英语中则使用代词"it""they"。

2. 活用汉英中医词典

翻译时要随机应变,不要死搬。例如,"先补后攻"在词典中的翻译是"reinforcing before attacking",但在翻译时,应灵活掌握译文。

3. 注意词的搭配性和语义上的相容性

例如,"increase production"和"improve production"在意思上是不一样的。又如,"改善症状(symptoms were improved)"和"我们热爱中医(we deeply love Traditional Chinese Medicine)"的语法对,但搭配不当,不相容。前一句应改译为"symptoms were relieved",后一句的正确翻译是"we feel great affection for TCM"或"TCM is held in great affection (fondness)"。

搭配性和相容性是用词造句中非常重要的问题。许多学生在翻译时只注意字面意思,而不考虑搭配性和相容性,常出现错误。

4. 以动词、形容词、名词为中心的翻译

1) 以动词为中心

动词是语言中最活跃的因素,也是传递信息的主要手段。既然以动词为主,必须有名词、介词、副词、动名词和动词不定式与之连用,才能构成一个有意义的句子。

(1) 动词 + 名词 + 介词（v.+n.+prep.）:

【例1】医生诊断为良性肿瘤。

译文:"The doctor diagnosed the tumor as benign."

【例2】病人的胸腹部产生不同的感觉。

译文:"Patients may experience a variety of sensation in the chest and abdomen."

【例3】医生诊断正确,所以治疗成功。

译文:"The doctor owed his success to correct diagnosis."

【例4】健脾燥湿可治脾水。

译文:"Strengthening the spleen to remove dampness may be used in treatment for edema due to invasion of the spleen by water."

(2) 动词 + 副词 + 介词（v.+adv.+prep.）:

【例5】过度劳累引发钝痛。

译文:"A dull pain is brought about by overexertion."

【例6】当西医治不好时,医生们要向中医求助。

译文:"Doctors sometimes fall back on TCM when Western medicine does not work."

(3) 动词 + 动名词(v.+ger.):

【例7】戒烟。

译文:"Quit smoking."

【例8】不要饮甜的饮料。

译文:"Avoid drinking sweet beverages."

(4) 动词 + 不定式(v.+inf.):

【例9】上行与大肠经相交。

译文:"It descends to connect with the Large Intestine Meridian."

【例10】血不滋养脏腑。

译文:"Blood fails to nourish the *Zang* and *Fu* organs."

2) 以名词为中心的翻译方法

这种句型在中医翻译中被广泛使用。

【例11】寒邪犯肺恶热发热无汗。

译文:"Cold attacking the lung triggers chills, fever and absence of sweat." 或 "Invasion of the lung by cold triggers chills, fever and absence of sweat."

【例12】热入心包。

译文:"Invasion of the pericardium by heat."

3) 以形容词为中心的翻译方法

使用的句型有"it is imperative (important, advisable)"等,或用"be +*adj.*"。

【例13】祛寒非常重要。

译文:"It is imperative to remove cold."

【例14】孕妇慎服。

译文:"Be cautious about pregnant women."

5. 四字格的翻译法

中医四字格的汉语结构往往是"主语 + 动词 + 宾语",如翻译"热入心包""热结膀胱""热伤肺络""寒凝经脉"时,译为名词性短语,不要译为句子。若将"热入营血"译为句子"heat invades the nutrient and blood aspects",那么在"热入营血应与热入血室区别"一句中就无法处理了。该句的正确译法是"In differential diagnosis it is necessary to tell invasion of the nutrient and blood aspects by heat from invasion of the blood chamber by heat."。

一些其他四字格译法,如"热伤肺络(lung impaired by heat)""胃气上逆(upward pervasion of stomach-qi)""肺气不足(inadequate lung-qi)""肝阳上亢(hyperactivity of liver-yang)";表示因果关系的,如"血虚不孕(sterility due to deficiency of blood)""脾虚泄泻(diarrhea due to deficiency in the spleen)""寒冷损伤(injury due to cold)";表示并立关系的,如"祛风养血(expelling wind and nourishing blood)"。

(三)当前中医翻译中的用词不当、错译误译举例

1. 用词不当

【例1】"虚火(fire of deficiency type)"应译为"fire in a deficiency condition"。

【例2】"虚火上炎(flaring-up of fire of deficiency type)","flare=burn brightly but unsteadily""flare-up=sudden burst of light or flame",因此,应译为"fire blazing in a deficiency condition"。

【例3】"实秘(constipation of excess type)"应译为"constipation in an excess condition"。

【例4】"寿斑(senile plaque, plaque)"不妥,指"area of incomplete necrosis in the senile cerebral cortex",应译为"aged spot"。

【例5】"水土不服(climate sickness)"不能说明问题,应译为"unaccustomed to different climates"。

【例6】"饮片(decocting slices)"应译为"processed medicinal materials"。

【例7】"强健筋骨(strengthening the muscles and bones)",应译为"toning up muscles and bones",因为"tone=cause sth more vigorous"。

2. 画蛇添足

【例1】"湿热下注(downward pouring of damp-heat)","pour=flow",包含"向下"之意,可省去"downward"。

【例2】"男子阳痿(impotence in men)","in men"多余。

【例3】"女子带下(leukorrhagia in women)","in women"多余。

【例4】"发枯(dry and withered hair)",由于"wither=become dry",所以

"dry"多余。

【例5】"烊化(melting by heat)",由于"melt=become liquid through heating",所以"by heat"多余。

3. 误译、错译

【例1】"踩法(trampling)","trample=tread heavily on sth./sb. so as to cause damage",应译为"gentle stepping"。

【例2】"小儿札目(incessant wink of eyes in children)","wink"指"close one's eyes very briefly, esp. as a private signal to sb","wink"是眼睛的动作,"eyes"在此多余,应译为"blinking in children","blink=shut and open the eyes quickly"。

【例3】"走方医(wandering healer)","wander=move around without any special purpose or destination",应译为"travel healer"。

【例4】"神不守舍(mental derangement)","derange=unable to act and think normally esp. because of mental illness",应译为"out of one's mind"。

【例5】"神光充沛(fullness of energy with visual acuity)",实际上是"bright eyes"。

【例6】"舌苔(tongue coating/fur)",但是他们是有区别的,"tongue coating=the layer or covering on the tongue",指正常的舌苔,而"fur=coating on a person's tongue during illness",指不正常的舌苔,二者不能混用。舌苔是"tongue coating",而不是单一的"coating"。

【例7】"脑鸣(tinnitus cranii)","tinnitus=noise in the ears",应译为"noise ringing in the head"。

【问题11】您近期为中医翻译工作做了哪些贡献?

答:我除了自己做中医翻译研究实践,还经常带领北京中医药大学的年轻老师、学生钻研中医翻译理论、技巧和方法,发表学术研究论文。

2015年至2017年,我指导年轻教师、学生撰写出版中医翻译著作《现代化中医药常用术语英译》,对第一次参与书籍编写的编者提出了严格的学术要求。例如,因为现代化中医药常用术语英译语料库的词汇基数相对较少,他们想通过降低入书词汇在语料库中出现的词频来增加书的字数,我当即表态不可以,并强调必须规范选用最常见的术语高频词。科学研究的精神一定要实事求是,不能带有功利性。作为该书的主审，我从语料库的收集、整理和筛选开始便指导他们，最后还对每个术语进行了校对。该书出版后非常畅销，编书的教师、学生也表示收获颇丰。

2019年末，新冠感染开始在武汉传播，引起了国内外对中医药的需求和关注。2020年3月，北京中医药大学人文学院收到信息，要接受一项紧急任务。王琦、谷晓红、刘清泉担任《新型冠状病毒肺炎中医诊疗手册》一书的主编，当时中文已完成电子版，学校要求组织教师尽快将其译为英语，向世界宣传推广中医抗疫成果。这时，学院领导找到我，希望我能在线指导接受此项翻译工作的八位青年教师。这是很重要的工作，我马上就答应了。因为时间紧、任务重，老师们心里都很紧张，不知道如何仅用三周时间就完成在正常情况下需要三个月才能完成的翻译工作。我鼓励大家不要慌，一定要把自己的真本事拿出来，好好翻译，为抗击疫情做点贡献，也为中医药对外文化传播努力。我把自己的中医翻译理念、技巧经验告诉大家，给老师们的译文指导把关，还催促他们尽快交回修改稿。最终我们一起努力，提前完成了任务。我亲自审核、修订了老师们的译文，这些译文最后获得了中国中医药出版社评审专家的高度评价。此外，我还带领北京中医药大学的青年教师翻译了《中医文化》和《伤寒论》（即将出版问世）。

（二）

【问题1】对您中医翻译理论形成影响最深的翻译理论有哪些？

答：一个是严复的"信、达、雅"，另一个是奈达的功能对等理论。

严复提出译文忠实原文谓之"信"，文辞通顺谓之"达"，文辞得当谓之"雅"。中医翻译中，在中医名词术语翻译层面，要做到"信"和"达"，而"雅"不能强求。中医是中华民族传统文化的重要宝库，其术语中包含着丰富的文化元素，如气、经络、阴阳五行。那译者如何做到忠实原文、准确无误地传递原文的意思呢？这就要求译者具备较高的英语、汉语和医古文水平，了解中西医药知识，熟知西医词汇，通晓中医英语表达法。

以"消渴病"为例，许多人将其译为"diabetes（糖尿病）"。根据该病的临床表现，它与糖尿病类似，但与西医尿崩症的临床表现也有相似之处。那么，此种译法就无法准确传递"消渴病"的实际内涵，也难以处理中医特有的"上消、中消、下消"。我把"消渴病"译为"wasting-thirst disorder"。"wasting"作为形容词，指某种疾病令人消瘦、虚弱，"thirst"对应"渴"，"disorder"表示疾病，故此种译法既忠于原文，又展示了中医特色。另外，我们在忠于原文的同时，要注意两种语言在结构、语法等方面的差异，避免片面追求字面意义的吻合，简单机械地进行字字对应翻译。

以魏迺杰编撰的《实用英文中医辞典》为例，他认为"惟有籍仿造为主的翻译方法重新制定一套中医英语词汇，才能有望西方人对中医真实面貌一览无余"。因此，在《辞典》中，他先列出638个常用的中文单字及其英文对应词，之后只要中医术语中出现这个汉字，就用其英语对应词置换，再根据英语语法稍加调整词性。如"神"的对应词是"spirit"，"神水"和"神膏"则被译为"spirit water"和"spirit jelly"。而"spirit"实际上也有"酒精"的意思，因此这种译法容易造成误解。

中医翻译不是机械的活动，需要译者在理解原文的基础上考虑多种因素，如译文读者的文化背景、中医的形象。

【问题2】您提出了以动词、名词、形容词为中心的翻译方法，您认为它们应在什么情况下使用呢？

答：这需要根据原文的内容和结构来分析。

首先，就动词而言，它是英语句子的必备成分，还需搭配其他词性一起使用。所以，当原文是一个完整的句子或是强调动作的祈使句时，我们可以考虑以动词为中心进行翻译。如"健脾燥湿可治脾水"是一个完整的句子，可译为"strengthening the spleen and draining the dampness may be used in treatment of edema due to invasion of the spleen by water"。"可治"是原文的动词成分，将原文分为"健脾燥湿"和"脾水"两个部分。我们分别对其进行翻译，再用动词进行组合就可以得到上述译文。"不要喝甜饮料"是祈使句，可译为"avoid drinking sweet beverages"。

其次，以名词为中心的翻译方法应用广泛，如中医四字格的翻译。中医汉语四字格结构通常是"主语 + 动词 + 宾语",如"热入心包""热结膀胱""热伤肺络"。我认为这样的结构应译为名词性短语而非完整的句子,因为四字格往往是作为句子成分出现的。例如,"热入营血应与热入血室区别"可译为"in differential diagnosis it is necessary to tell invasion of the *ying* and *xue* systems by heat from invasion of the blood chamber by heat"。

最后,以形容词为中心的翻译方法常可使用句型"it is imperative (important/advisable)"等,或者使用"be+*adj.*"。例如,"祛寒非常重要"可译为"it is imperative to expel cold","孕妇慎服"可译为"be cautious about pregnant women"。

【问题3】在进行中医翻译时,您认为直译、意译、音译等翻译方法应在哪些情况下使用?

答:以中医病名翻译为例,我总结了以下三种情况的中医病名:中西医病名相同,含义相同;中西医病名相同,含义不同;中西医病名不同,内涵有交叉。

首先,对于病名相同且含义相同的疾病,我们可直接借用相应的西医术语。例如,"感冒""黄疸"在中西医中内涵相同,故可直接译为"cold"和"jaundice"。

其次,对于病名相同但含义不同的疾病,我们可采用借用或者重创的翻译策略。例如,"咳嗽"在中医中,有声无痰为"咳",有痰无声为"嗽",因一般多为痰声并见,故以"咳嗽"并称。另外,"咳嗽"既是独立的病症,可作为病名,也是肺系疾病多见的一种症状。而在西医中,"咳嗽"仅指症状,多见于急慢性支气管炎、部分支气管扩张症、慢性咽炎等。所以"cough"在含义上并不能与中医完全对应。但我们可以把"咳嗽"笼统地译为"cough (with or without expectoration)"或者将"咳"译为"cough (usually refers to non-productive cough or to the sound of coughing)",将"嗽"译为"cough (usually refers to cough with expectoration)"。"伤寒"的中西医含义大不相同,中医泛指一切外感急性热病,而西医指由伤寒杆菌引起的急性传染病。故西医对应的"typhoid fever"并不能传达中医"伤寒"的实际内涵。我们可用重创译法将"咳嗽"译为"cold-induced disease"或"cold damage disease"。

病名不同但含义有交叉的疾病有以下两种情况:一是虽然病名不同,但内涵对应,可采用借译;二是中医特有病名,且内涵与西医病名不完全对应,可采用重创。对于第一种情况,我们可根据中医病名的实际内涵,直接借用与其相对应的西医病名。例如,"肺痨"的临床表现和传染特点和西医的"肺结核"基本相同,因此,借用"pulmonary tuberculosis"是可以接受的。另外,人民卫生出版社把"肺痨"译为"lung consumption",我认为这样的翻译在形式上很好地呼应了源语,而且符合中国文化的传递,也是可以接受的。对于第二种情况,"消渴"就是如此。

另外,我们要特别注意音译和直译的使用。以方剂名称的翻译为例,如"玉屏风散",有的人直接音译为"Yu Ping Feng San",有的人译为"Jade Screen Powder"。从外国读者的角度来说,这两种译法都无法令其了解该药的成分和功效,甚至会造成误解,且中医药方剂背后往往有象征隐喻和深厚的文化内涵,仅翻译方剂的名称是远远不够的。因此,我们需要在特定的语境下加以说明。

总体而言,如何使用翻译策略要具体情况具体分析,以向外国读者真实传递原文的实际内涵为最终目的。

【问题4】您认为归化、异化的翻译理论对中医药翻译有什么启示吗?

答:首先,我们要明确,归化法要把异域文本带向目的语的文化价值,而异化法则是尽可能地保留原语言和文化的差异。具体来说,进行中医药翻译时,直接借用西医名词术语体现了归化法,而使用直译、重创等翻译策略则体现了异化法。

(三)

【问题1】您参加过哪些重要的中医翻译会议?给您留下的最深刻印象是什么?

答:我参加了国内外举办的绝大多数中医会议,包括但不限于中医翻译会议、中医传播会议等。会上,中医药的翻译专题常与其他内容共同讨论(如中医文化、中医药传播、中医药教育与人才培养),而非单独进行研讨;会上,并不专门去制定中医药翻译的系列标准或翻译方法,而是为中医药翻译专家与学者提供一个学术交流的平台。通过交流,彼此或坚持自家观点,或就某一方面达成共识。至于中医翻译标准,如具体到某一词究竟采用哪种翻译,会上不会做出裁定,而是专家们在交流探讨的基础上做出自己的翻译。例如有一次,翻译学者们在会议上对某一内容该如何翻译进行过多次激烈的讨论,但是会上并未推选出最终的版本。可见,每位专家在多年的实践过程中对于翻译都有自己独到的经验与见解,因此,很难制定出一套绝对的"国际标准"。但是,这并不意味着讨论毫无成效;相反,中医药翻译事业的进步离不开彼此思想的碰撞。在激烈的讨论下,最后留下的一定是那些经得起考验与推敲的翻译版本。

【问题2】请您就中医翻译及文化传播类会议谈谈自己的看法。

答:我们通常说的"中医药文化传播"在本质上还是传播中医。文化的概念涵盖内容非常广,而中医本身的内涵便是文化的一方面。在谈到具体传播方式时,我们应当立足中医本身,将中医的理论、疗法传播出去(即传播中医药文化)。再者,由于西方反对我国对其进行文化传播,因此,我们应当将着眼点放在中医作为医学本身,而非脱离其医学本质谈文化。

(四)

【问题1】您认为现在中医翻译国际标准化所面临的问题有哪些?

答:中医名词术语英译标准化存在一些问题。第一,当前中医药学名词术语英译的标准化师出多门,没有统一标准、统一规范。世界卫生组织西太区于2007年出版了《西太区传统医学国际标准术语》,其中收录了许多中医药名词术语。世界中联于2008年出版了《中医基本名词术语中英语对照国际标准》。有的出版社自己制定了一套中医药英译术语,凡是在该出版社出版的中医药英语书籍必须使用他们制定的术语英译。第二,中医翻译界"各自为政"的现象很严重,译文的随意性很大。一些中医基础名词的译名至今不能统一,如"脏腑"译为"viscera and bowels" "*zang-fu*" "internal organs" "depot" "palace","督脉"译为"*Du* Channel" "Governor Vessel" "*Du Mai*","三焦"译为"*Sanjiao*" "three burners" "three heaters" "triple energizer"。至于病名,也有多种译法,如"消渴"译为"wasting thirst" "*Xiaoke*" "diabetes" "wasting-thirst disorder" "consumptive thirst"。第三,尽管国家名词委所属的中医药名词审定委员会、世界中联和国际标准化组织(ISO)所属的中医药技术委员会(ISO/TC249)均发布了英译标准,但是国内外中医药翻译家对此并不完全认同,还是"你吹你的号、我打我的鼓",严重影响了中医药的国际传播和中医药教育。课堂教学中,同一术语存在不同译法,结果出现"上一堂课是这么译的,下一堂课又出现另一译法"的情况,令学生无所适从、难以理解。

【问题2】您认为应如何解决当前中医翻译国际标准化的问题?

答:从19世纪50年代到20世纪80年代,西医名词术语译文的统一经历了100多年的时间。目前,中医名词术语英译尚未形成统一的标准。因此,我建议中医名词术语的英译统一工作可向西医名词术语译文的标准化过程寻找可借鉴之处。达成共识需要时间,西医名词术语的统一经历了100多年,所以中医名词术语的标准化也无法一朝一夕完成。正如在第一次和第二次西医东渐的过程中,大量西医译作不断出现,为后来西医译文的标准化提供了基础。

民间组织应该发挥重要作用,但是主导者应该是国家机构。西医名词术语统一由国家卫计委起主导作用,中医名词术语标准化可由科技部名词委或国家中医药管理局或教育部主导,集中全国的财力、人力,分期分批制定标准化术语英译,供翻译界使用。当然,在制定过程中,应广泛听取外国专家的意见,吸收合理的建议。

【问题3】当前中医翻译国际标准给您带来了哪些启发?

答:我觉得中医英译标准的制定可以借鉴西医中译标准制定的经验。400多年前西医传入中国,这一和中医理论体系完全不同的医学逐渐叩开了中国的大门。要让中国人民了解西医、接受西医,必然要将西医术语译为国人能够接受的语言。然而,经历了100多年的时间,这一艰巨任务才最终完成,西医术语成为中国人家喻户晓的医学语言。今天中国人在向西方传授中医时,同样存在如何把中医术语译为西方人能够接受的语言的问题。尤其是一些中医术语充满了中国哲学和人文的元素,增加了翻译的难度。多年来,一些学术团体和个人试图制定标准化的译语,可是中医术语翻译依然各行其是,严重影响了中医药的国际传播和中医药教育。新中国成立后,短短30年便完成了医学术语统一工作。从历史经验来看,我和很多专家都认为,医学术语译文的统一必须有中外专家参与、民间组织支持和政府主导。这一点可为中医术语英译的标准化提供借鉴。而在中医翻译国际标准化的过程中,尤其不能或缺的是中国相关专家的意见。中医典籍翻译的主体应该是母语为中文的人群,西医是传入的医学,中医是传出的医学,所以中医名词术语的翻译工作应由中国人主导。中医包含中国哲学和人文元素,西方学者在翻译时往往遇到语言障碍。威斯在《黄帝内经·素问》译本的前言中写道:"在所有早期的文明世界中,医学理论都带有强烈的哲学色彩。因此,医学书籍都是哲学思想的重要源泉。"她又说:"对西方学者来说,语言是主要障碍。"威斯坦率地道出了外国人翻译中国典籍的困难。典籍翻译应落在国人的肩上,这是出于中国发展的需要,也是出于中国语言文字特殊性的需要。

(五)

【问题1】编译中医外语教材时,您认为有哪些重要内容和环节?其中有哪些值得注意的要点呢?

答:首先,我们会把题目定下来,比如"中医基础"。然后,我们会商量教材的定位。与一般医学类教材不同,编写中医英语教材应侧重"学生如何提高中医英语水平"这一要点。一方面,教材是给学生看的,它与普通翻译类书籍不太一样。另一方面,要明确英语教材是让学生学语言,而不是通过教材去学医学。如果学医学,那就要重点将医学内容讲得准确;但如果讲语言,就应把医学作为一个引子,然后主要学语言。

那么如何选材呢?我们当时提到,尽量不要选中国人写的中医英语教材,即中国译者英译的过去的中医类文章。旧的教材有的是按中医基础"阴阳五行、经络、脏腑"的顺序来排列的,所用文章是由汉语译为英语的,语言并不地道。现在有条件了,跟以前不一样了,有大量的西方人学中医。他们通过学习中医有所感受、体会后所写的文章或书籍,我们都可以使用。比如讲"阴阳五行"时,不是中国人在讲,而是外国人在讲,是外国人所写的、理解的,让学生学外国人能够理解的语言,这样在语言上比较容易接受。不宜选择内容深奥的,因为教材中加入研究类内容会让学生看不懂;也不用强调文章的系统、条理,因为我们不重点讲医学。

考虑到教材的属性,在敲定选材后,还需要有让学生反复操练的练习内容。所以我们设计了一些主观的、客观的练习题。教材设有"Text A""Text B",有的篇章还有"Text C"。"Text A"可供老师上课时讲解。"Text B""Text C"是对"Text A"的补充,可供学生自学。

【问题2】您主持编译过面向留学生的教材,也编译过面向国内本科生的教材,还编写修订过面向硕士生、博士生的教材。请谈谈面向不同的受众,编译时有何不同的侧重呢?

答:如果编写面向博士生、硕士生的教材,中医西医都要讲。

通常面向博士生的教材包括两本:一本西医教材,一本中医教材。

针对硕士生,我们自己编了一本中医的书。从语言方面来讲,该书要比普通的大学英语深;从内容方面来讲,该书介绍了世界传统医学的情况和相关的一些规矩、章程、管理的方法。比如讲某种病时,要讲这个病中医怎样定位、西医怎样定位、中医采取什么方法来治疗……

【问题3】当所选用外国作者文章中的中医相关术语与我们中国人使用的不统一时,该如何处理?

答:我的方法是暂时用外国作者的术语。原文中,我们用他的术语不做修改,但在注解部分,我们会给一些术语标注。会在标注中对翻译得不合适的地方进行注解,写上我们一般采用什么样的翻译方法,让学生了解一些通用的翻译技巧。如果术语使用得太离谱,有时候我们会稍做修改。

因为英语中有些内容,望文不能生义,翻译错了就不是那么回事。例如,"糖尿病"的对应英语为"diabetes",有人将其译为"消渴"。但"diabetes"和中医的"消渴"并不是一回事。所谓"消"是指人消瘦,"渴"就是想多饮水。如果将其与"diabetes"对应,就误解了"消渴"在中医中的本意。这时我们可通过注解来解决。一般国内外大家公认的翻译是"wasting-thirst",指"消瘦、消耗",再加上"渴"。但只讲"消渴"二字的含义,恐讲不清楚,所以我在后面加了一个"disorder",限定了"消渴"是个病。又如,不能将"疼得四指连心"译为"pain connected with heart"。英语里没有"四指连心"这种说法,但可用"非常剧烈的疼痛"来表达。再如,我们经常说"一个和尚挑水喝",但英译时不能用

"monk"来表达，应使用"one boy"。"One boy is a boy, two boys half a boy, three boys no boy."

同时，一本书里，相同的基本词汇术语要统一。比如"三焦"，不能这一课"三焦"是某种说法，下一课就换了。

【问题4】"互联网+"背景下，中医双语教材有数字化趋势，您对此怎么看？

答：肯定得往数字化方面发展，这是大趋势。比如出差时，需要知道某个词怎么用，我查一查就可知道，难道还要背着工具书吗？以前我出去开会时，经常要携带几本词典，很重的。

【问题5】您认为中医外语教材的创新对于中医英语学科的建设有什么作用和意义？

答：学科建设里面有一项就是教材建设。从语言层面来讲，我们的教材需要不断地跟着时代更新，翻译亦如此。

【问题6】请问您担任主编时，要做哪些工作呢？一本教材从开始到完成，周期一般比较长，您会2～3年始终跟进这项工作吗？稿费情况如何？

答：出版社定下我为总主编，然后我要把具体的主编确定下来，比如分配给哪所大学。一般定下主编后，副主编会由来自几个学校的人担任，这样就不会搞成一言堂。写书的过程中，他们随时和我联系。选的教材会给我看，做的练习也会给我看，我会告诉他们有哪些合适的可以用，有哪些不合适的应舍弃，同时会对错误进行改正。

工作量相当大。身为总主编，每篇文章我都会看，每个练习题都会看，从头看到尾。有的练习题配有答案，我还要检查答案是不是对得上。主编发过来的内容我会马上看，并进行反馈。

没什么收入，基本是义务的，没什么稿费的。

【问题7】您觉得一本好的中医外语教材应该有什么样的特性？

答：第一，语言地道，这是最关键的。第二，练习题要设置精巧，让学生有足够的学习余地。

【问题8】有学者觉得中医外语教材在布局上应注重培养学生听、说、读、写、译全方位的能力，您怎么看？

答：这个要从实际出发。假如一共36个学时，不可能做到面面俱到。主要是培养学生的读、写能力，因为不是每个学生都具备较好的口语能力。全方位很难，还是要看情况，不能硬性要求。

【问题9】您认为教材编者或者说编创团队应具备哪种素质呢？

答：编者的基础英语必须过关，要有判断能力，能够判断所选材料的好坏，能够判断语言层面的优劣，能够判断文章逻辑和术语情况的高低。

【问题10】您认为编写中医双语教材对于中医药的国际传播有什么作用？二者之间有什么联系？

答：学一些语言教材后，就会知道外国人对相关问题是怎么看、怎么说的。然后照葫芦画瓢地传播出去，不要自己去创造一套。我们现在的毛病是自己看懂了，以为人家一定懂。可事实往往是我们看懂了，但人家不懂。一定要想到读者，归化就是要向读者靠拢。

传播的方式有两种：一种是书面的，另一种是口头的。书面的尽量要规范，中文讲究意合，英语讲究形合，因此，语言、语法均要讲究、规范。至于口头的话，一晃就过去了，不一定强求语法多么完美，但要通俗易懂。因为对象是外国人，故宣传时，要让对方听得懂，要把比较枯燥的内容像讲故事一样讲予对方，让其感性地接受，这个很重要。

【问题11】您认为使用中医英语教材的学生和将来从事中医药传播的外语学子应注意什么？

答：学生应想想如何利用这些材料把基础打好，将来进行传播。首先，要学好基础英语，学好中文，具备翻译需要的条件：英语条件和汉语条件。然后，要兼具中医和西医知识。

【问题12】您是教育部中医药外语学科学术带头人，也是国家卫计委来华留学生中医双语教材编委会的顾问。您认为这些荣誉与您真正的工作（即参与中医双语教材编撰工作）有什么辩证关系呢？

答：没什么用（笑）。事情是靠自己做出来的。给一个荣誉，我也不能躺在这个荣誉上面，该做什么还得做什么。

（六）

【问题1】您认为编纂中医双语词典应遵循什么原则？

答：目前，有些中医双语词典中的英语译文条目存在以下问题：对中医原文词条的曲解、望文生义、译文混乱、定义错误、过多的解释性翻译和不规范翻译等。我认为，译者仍需遵守直译、意译、音译、借用、约定俗成等中医翻译指导原则。编纂中医双语词典的过程是对某一领域知识、理论加以梳理、选择并确定词目，继而对词目予以解释的过程。大多数中医双语词典属于以术语词典为主的双语专科词典，规模大小不等，编排形式各异，使用者多为国内从事中医科研、诊疗、教学和对外传播的专业人士及学生。词典编纂分为宏观结构和微观结构。就词典宏观结构而言，狭义的宏观结构是词典中按一定方式编排的词目总体，指能让编纂者、使用者在参考书中找到信息的总体词目结构。广义的宏观结构则包括词典的前言、目录、凡例、索引、附录等。目前，双语专科词典的宏观结构研究大都聚焦在收词立目、编排、索引方面。宏观结构是词典编纂的基础，决定着词典的总体编排框架和质量，其中编纂原则是词典质量的保障。系统性和实用性是指导词典宏观结构编纂的两个最常用的总原则。在编纂双语专科词典的过程中，系统性原则用于指导词典宏观结构编纂中的两个体系：学科专业知识体系和词典编纂体系。前者要求收词专而全，词目比例适当，有层次，有科学专业的收词来源；后者则要体现检索手段的多渠道。此外，凡例中也需统一符号、代码、标注等。

【问题2】您认为中医双语词典的收词有什么要求吗？您是如何收词的？

答：收词有四个方面的要求：收词数量、收词来源、收词种类与立目。

（1）收词数量。双语专科词典系统性原则要求词典收词专而全，词目比例适当，有层次。但是目前双语专科词典在收词上普遍存在收词不足（专业词汇和新术语收录不足）和超范围收词（与专业关系不大的词汇）的现象。早期的中医双语词典收词数目为3000～5000条；中后期的六本词典收词数为5000～9000条。

（2）收词来源。双语专科词典系统性原则要求词典的收词立目有科学及专业的来源，从而确保词典的质量。

（3）收词种类。双语专科词典系统性原则要求词典词目种类的比例要有层次，数量要合适。从系统性原则考量，中医学有自身的学科体系和知识结构，收词时要分学科进行。中医双语词典可根据一级、二级学科目录确定收词种类，使词典编纂更加科学合理。如教育部《学位授予和人才培养学科目录》的中医学为一级学科，下设二级学科包括中医基础理论、方剂学、中医诊断学、针灸推拿学等。在此学科框架下合理分配词目种类的比例和数量，不仅提高了词目编排的系统性，而且有利于使用者充分了解词目的宏观结构。

（4）立目。双语专科词典系统性原则要求立目有层次，包括词素、词、词组、习语/句子四个层次。但在收词立目上，目前中医双语词典存在以下问题：收词数量不一，部分词典收词不专、超范围收词；收词来源和种类不够明确，词目比例分配不当/不明；立目层次有待统一。因此，编纂中医双语词典应遵循词典编纂的系统性原则，从中医学科专业知识体系及词典编纂体系考量，在收词立目数量、来源、种类、比例及层次等方面进行完善，提升中医双语词典的质量。

【问题3】编排词典时要考虑哪些因素？

答：按一定顺序系统编排词典词目能有效发挥词典工具书的作用，便于用户使用。中医双语词典作为一种双语专科词典，在编排词目时不仅要考虑使用者能够更快更准确地查询词目，更要考虑到中医专业知识体系。没有系统性原则作为指导，这些词目就如一盘散珠，无法查找。词典一般采用以下形式编排：形序编排、音序编排、义序编排、聚合编排。形序编排指按英语字母顺序、部首、笔画笔顺、号码等顺序进行排列。音序编排指按注音符号、韵部、罗马字母、注音字母和汉语拼音字母等进行排列。义序编排是按字和词的意义范畴对词目进行分类编排，主要有分类编排、主题编排、时序编排和地序编排。聚合编排是以词集的形式把一些具有形态或词源联系的语词/短语归在同一主词目下的编排方式。形序编排和音序编排是传统的词典编排法，多数双语词典采用此法进行编排。义序编排能够较好地突出主题词目，联系相关词目，逐渐被双语词典所采纳。以目前的八部中医药双语词典为例。

（1）形序/音序编排。在目前的八部中医双语词典中，四部采用形序编排的形式编排词目，其中《汉英中医辞典》《汉英中医药大词典》和《汉英双解中医大辞典》采用汉语笔画编排词目,《实用英文中医辞典》采用英语字母编排词目。汉语笔画编排词目的词典先按词目首字笔画数将词目分类,再按首字第一个笔顺继续分类。如使用者查找脏腑术语"胆气不足",首先要数出"胆"的笔画(九画),找到目录"九画"中笔画【丿】,然后才能查到"胆气不足"。英语字母编排词目按字母顺序,有利于英语为母语的使用者检索词目,但词目编排上缺乏学科专业知识的系统性,不利于使用者检索同类词目。《新世纪汉英中医辞典》采用音序编排(汉语拼音)词目,对母语为汉语的使用者来说,此法非常便利。例如,使用者想查找"阴阳失调"这一词目,查找"yin"的拼音便能找到"阴阳失调"。通常的做法是若词目编排采用形序,则后附音序索引表,反之亦然,方便使用者查询。总体来说,按形序/音序划分词目、辅以音序/形序索引表的编排方式,能使使用者锁定查询词目,但每一词目除首字母/笔画相同外,没有其他语义联系,使用者很难在最短的时间内检索到同类术语,不利于使用者形成中医各科知识体系。

(2)义序编排。八部中医双语词典中,《汉英双解常用中医名词术语》和《新编汉英中医药分类词典》采用义序(主题)编排法。义序编排按词语的主题概念将词目进行分类,大的主题还可分为次主题。义序编排有效地促进了词目之间的形态和语义联系,有利于使用者习得词汇。与语文词典各个独立词目不同,中医双语词典收录的是中医专业术语,同类术语间有一定的关联。从中医学科专业知识系统性考量,义序编排不同于形序和音序编排,它主题层次清晰,突出同类词目的语义联系,有利于读者构建中医各个知识体系。《汉英双解常用中医名词术语》将词目分科编排,设立各个主题,如"阴阳五行""藏象",但大的主题下未设次主题。而《新编汉英中医药分类词典》根据语义将中医双语词典分科编排,词目按主题编排,大的主题下还设有多个次主题,有利于读者形成不同的中医概念体系并查找相关体系下的术语,如"诊断学"下设立"诊法""辩证","辩证"下再设"八纲辨证""六经辨证""卫气营血辨证"。这种系统、条目清晰分主题的义序编排词目符合编排的系统性原则。在查阅"八纲辨证"时,可快速查到与其临近的"六经辨证""卫气营血辨证"术语,这不仅便于前后相关词条的语义照应,而且有利于读者对相关词目进行概念整合和区分。综上所述,编排上,目前中医双语词典编排方面的现状是多数词典采用形序或音序编排,少数词典采用义序编排。形序和音序编排有利于使用者直接锁定词目,但词目间缺乏关联;义序编排促进同类词目间的语义联系,有利于使用者整合中医相关概念,系统学习中医学科专业知识。因此,从中医学科专业知识的系统性考量,正文词目应以义序编排(主题编排下设次主题)为主。但同时词典编者也要考虑便捷、多渠道检索词目,这涉及词典的索引。

（3）索引表。索引表可弥补词目表之不足,是辅助词目编排的检索手段,为读者查检词目提供合适的途径。每部词典都应设置正文词目编排顺序不同的异序索引,而且以多设几个为佳。这些多维的辅助检索手段与词目编排呼应,体现了词典多渠道检索手段,提高了词典检索系统性,方便用户检索词目。索引表一般分为形序、音序、义序索引表,形式上与词目编排类似,位于正文后。① 索引表位置。索引表作为补充正文词目表的辅助检索手段,索引表的位置也要满足词典学的要求。从词典编纂角度看,索引表是对词目表的补充,应位于正文后,使用者可在文后使用索引表查找词目。② 索引表内容。八部中医双语词典中,六部中医双语词典只设置了汉语拼音/汉语笔画索引表。《汉英双解中医大辞典》除设置汉语拼音索引表外,还设置了英语字母索引表,有利于英语为母语的使用者检索词目。《新编汉英中医药分类词典》在义序编排的前提下,文后采用汉语拼音、汉语笔画、英语字母、引文索引等多维检索体系,方便使用者理解并使用词目,是中医双语词典索引设置的典范。例如,检索脏腑相关术语"肾,其华在发"时,使用者可直接在义序编排下找到脏腑主题,当主题词较多时,也可直接在文后查阅引文索引。这种多维检索系统设置了汉语拼音、汉语笔画、英语字母及引文索引表,不仅可以避免使用户查阅时漏词,还丰富了词典查阅途径。

【问题4】您对目前中英双语中医药辞典的发展有何看法与意见？

答:中医的理论体系和诊疗方法与西医迥然不同,术语体系和表述方法也与西医泾渭分明。西方语言中缺乏中医对应语,给中医对外翻译和国际交流造成了很大困难。1980年至今,中医英译界先后出台了六个国内外中医术语中英对照标准,出版了近30本中医双语词典。这些标准和词典是中医翻译必不可少的工具书,为中医英译事业的发展发挥了极为重要的作用。这些中英对照标准和中医双语词典均属于双语专科词典,与大量出版的词典相比,对中医双语词典进行的研究在国内外很少。已有关于中医双语词典的有限研究多是通过词典对比分析探讨词典词目的选择、中医术语及其释义的英译，均属于词典编纂的微观结构；而涉及宏观结构的收词立目、编排、索引、附录、目录等或是简单提及，或是分析力缺乏依据，目前处于研究的初级阶段。中医双语词典有其自身的特色，40余年来，中医英译界中医双语词典层出不穷，是中医英译不可或缺的工具书，未来中医英译的发展呼唤更高质量的中医双语词典，为中医药国际传播和教学服务。面对中医双语词典存在的不足，学者在编撰中医双语词典时要以词典学理论为指导，结合词典学领域已有的研究和实践，完善中医双语词典的宏观结构，使中医双语词典更系统、更符合用户视角，提升中医双语词典的质量。随着中医药国际化进程的加速和"一带一路"中医药文化的传播，国家对其他语种的中医双语词典的需求更加迫切，而汉英／英汉中医双语词典不但为其他语种中医双语词典打下了良好的基础，更为其编纂实践提供了指导和借鉴。

（七）

【问题1】现在有很多中医英译著作，如李照国、欧明翻译的作品。您觉得谁对您的影响大一些？或者您跟谁有知己的感觉？

答：起先是什么也没有，后来他们出了一些书。谢竹藩的书我看得比较多，他是燕京大学毕业的，西学中的，他的英语比较好。欧明比他还要早，20世纪20年代初。李照国是在后头。后来还有马堪温，中医研究院的，搞医史文学的。我不懂就去问他们。

【问题2】那您的翻译想法跟他们的想法是相同的还是不同的？

答：有相同的，也有不同的。有些是我不同意他们的翻译方法，自创的。

【问题3】相同的和不同的有哪些？

答：这个很难说。很多是我自创的。有时候感觉他们的并不是太好，或者中文腔太浓，我打算变一变。

我是搞教学的，考虑到学生经常会写错，即使学生知道这个词的英语表达是什么，也不会在句子里使用。所以我会给学生提供一些例语和例句，告诉他们这个字如果放在句子中是怎么用的，让学生照葫芦画瓢，这样简单多了。我这本词典的创新就在这个地方，专业字典一般不是这么编的，专业字典一对一，综合词典里面才有例子。所以我这样编写就是为了让翻译的人更方便，让学生更方便。

【问题4】您有没有参考过别人的内容？

答：例子没有，别人也没有。

【问题5】完全是您自创的，是吧？

答：我自己弄的，编的时候有学中医的人帮着一块弄的。

【问题6】没有一个词的翻译是参考过别人的译文吗？

答：前面的词条大家都是差不多的，后面的内容他们没有，我的比他们的更精微。我编的词典里有例句，"水谷精微"怎么说，脾胃化生水谷精微，我告诉你了这句句式，如果你要翻，你了解这句话的句式了，差不多就会了，再变一变就译出来了。这次编写是为了学习用的，所以我再去编一本和大家一样的就没意思了。

（八）

【问题1】哪些中医药中文论著对您的影响较大？

答：事实上我是英语专业出身，并没有专门、系统地学习过中医药的论著。我做中医翻译，确实需要了解中医药相关术语的意思内涵，但我的学习都是在实践中进行的。比如，我在翻译的过程中遇到一个新的中医药名词，发现自己对其了解得不到位时，我会去中医药中文著作中查找研究，如果查不到，会向专业的人请教。

【问题2】现在的中医药外语专业学生都需要系统地学习中医药知识，但在翻译时还会遇到很多困难，如中医典籍中有些读不懂的句子。您在做这些典籍翻译时是否也会遇到困难？

答：我做典籍翻译时，不会像现在的年轻学生一样被古汉语难住。这是因为我语文学得比他们多,从小接触的古汉语也比他们多。我在大学时学了很多汉语课程。那时汉语是英语专业的必修课,不像现在,英语专业都不用学大学语文了。我认为做翻译,首先汉语水平要高,然后才是外语水平。中医翻译虽然产出的是英语,但如果读不懂汉语,对原文理解不到位,就没法开始翻译。现在中医翻译的问题很多不是出在英语译文的表达上,而是出在对汉语原文的理解上。

【问题3】您认为哪些中医药(汉语版)书籍值得推荐给中医药外语专业学生?

答:除了大学语文和中医药专业教材之外,学生可以多读些有关汉语音韵学、词汇学、语法学和历史方面的书。中医翻译离不开中医药专业知识,也离不开古文字和历史。现在有些年轻人认为古汉语比较难学,这是因为大家都讲现代汉语,古汉语没有语言环境了,但中医药典籍大多是古汉语,不下决心学习并掌握好它,就没办法切实提高中医翻译水平。

【问题4】请举几个您翻译创新的例子。

【例1】气强者

译文:"high and mighty person"

【例2】气大伤人

译文:"health injured by raving anger"

【例3】酸入肝

译文:"sour flavor acting on the liver"

【例4】泻心

译文:"purging hearty-fire"

【例5】虚寒

译文:"cold in a deficiency condition"

【例6】阳在外,阴之使也。

译文:"Yang stays outside to protect yin."

【例7】圣人行之,愚者佩之。

译文:"The knowledge people follow it; the ignorant people oppose it."

【例8】四时行,万物生。

译文:"When four seasons run as usual, everything grows naturally."

【例9】田夫寿,膏粱夭。

译文:"Farmers usually enjoy a long life while wealthy people die young."

【例10】阴之所生,本在五味。

译文:"Yin comes from our diet and the five flavors."

【例11】主身者神,养气者精,益精者气,资气者食。

译文:"The body is dominated by spirit, and qi is nourished by essence. Essence boosting relies on qi, and qi is supplemented by food."

【例12】仲夏行秋令,则民殃于疫。

译文:"If there is autumn-like weather in midsummer, people may die from pandemic."

【例13】小毒治病,十去其八。

译文:"If medicinals with mild action are used in treatment, they should be discontinued when eight-tenths of the pathogen is eliminated."

【例14】生而勿杀,予而勿夺,赏而勿罚,此春气之应,养生之道也。

译文:"Promote growth instead of destruction, give more and take less, and reward more and punish less. This is in accordance with the principle of spring time to nurture and it is the way to keep fit."

【例15】少不勤行,壮不竞时,长而安贫……养生之方也。

译文:"A person is neither excessively fond of having a good time in childhood nor seeking instant success and quick profits when young, and he is happy to live a simple life in middle age… This is the sound strategy for health preservation."